中国旅游经济高质量发展的供给侧改革动力研究

陈海波　刘　洁　林汉连　著

科学出版社

北　京

内 容 简 介

本书全面梳理了中国旅游经济高质量发展的供给侧结构性改革的基本内涵，从我国旅游业发展态势与供给侧问题入手，对典型旅游城市进行分析。通过对中国旅游经济高质量发展供给侧结构性改革动力的宏观探索与微观验证，对中国旅游经济高质量发展的潜力进行挖掘，构建中国旅游经济高质量发展的供给侧结构性改革动力系统动态仿真模型，提出中国旅游经济高质量发展供给侧结构性改革动力的发展路径。

本书可作为旅游经济高质量发展的相关研究教材，也可作为旅游经济研究相关领域的参考书。

图书在版编目（CIP）数据

中国旅游经济高质量发展的供给侧改革动力研究 / 陈海波，刘洁，林汉连著. -- 北京：科学出版社，2025. 6. -- ISBN 978-7-03-082683-1

Ⅰ. F592.3

中国国家版本馆 CIP 数据核字第 2025DV2211 号

责任编辑：王丹妮/责任校对：王晓茜
责任印制：张　伟/封面设计：有道设计

科学出版社 出版
北京东黄城根北街 16 号
邮政编码：100717
http://www.sciencep.com
三河市骏杰印刷有限公司印刷
科学出版社发行　各地新华书店经销
*
2025 年 6 月第 一 版　　开本：720×1000　1/16
2025 年 6 月第一次印刷　　印张：13
字数：260 000
定价：**146.00 元**
（如有印装质量问题，我社负责调换）

前　言

党的二十大报告在"推进文化自信自强，铸就社会主义文化新辉煌"中，明确把"坚持以文塑旅、以旅彰文，推进文化和旅游深度融合发展"①作为繁荣发展文化事业和文化产业的重要要求。这既是对新时代以来我国旅游业发展路径、发展经验的高度总结，也为新时代旅游业高质量发展提供了重要遵循，指明了发展方向。党的二十大报告将文化建设摆在突出位置，对文化和旅游工作做出重要部署，充分体现了以习近平同志为核心的党中央对文化建设和旅游发展的高度重视。

在 2015 年召开的中央财经领导小组第十一次会议上，习近平总书记首次提出"供给侧结构性改革"概念②。2016 年 1 月，国务院副总理汪洋指出，"加快转变旅游发展方式，着力推进旅游供给侧改革"③。党的十八大以后，习近平多次对旅游业发展做出重要指示，为旅游业高质量发展指明了方向。旅游行业全面贯彻落实新发展理念，坚持文化和旅游融合发展，加快推进供给侧结构性改革，繁荣发展大众旅游，旅游业进一步融入国家战略体系，在满足人民日益增长的美好生活需要方面发挥了积极作用。党的十九大报告进一步指出，"新时代中国特色社会主义思想，明确坚持和发展中国特色社会主义，总任务是实现社会主义现代化和中华民族伟大复兴，在全面建成小康社会的基础上，分两步走在本世纪中叶建成富强民主文明和谐美丽的社会主义现代化强国"④，并就 2020 年到 21 世纪中叶两个阶段做出了相应安排。"两个阶段任务"与旅游业"三步走"战略，正是总体战略部署和具体领域发展指导的关系，将推进旅游业更好更快发展，推动中国由世界旅游大国走向世界旅游强国。2022 年，党的二十大报告指出我国要着力推动高质量发展，加快建设质量强国①，在此背景下，研究中国旅游经济高质量发展的供给侧结构性改革具有重要的理论和现实意义。

---

① 《习近平：高举中国特色社会主义伟大旗帜　为全面建设社会主义现代化国家而团结奋斗——在中国共产党第二十次全国代表大会上的报告》，https://www.gov.cn/xinwen/2022-10/25/content_5721685.htm[2024-10-15]。

② 《习近平主持召开中央财经领导小组第十一次会议》，https://www.gov.cn/guowuyuan/2015-11/10/content_5006868.htm[2024-10-15]。

③ 《汪洋：大力促进旅游供给侧改革　推动我国旅游业发展迈上新台阶》，https://www.gov.cn/guowuyuan/2016-01/11/content_5032163.htm[2024-10-15]。

④ 《习近平：决胜全面建成小康社会　夺取新时代中国特色社会主义伟大胜利——在中国共产党第十九次全国代表大会上的报告》，https://www.gov.cn/zhuanti/2017-10/27/content_5234876.htm[2024-10-15]。

因新冠疫情 2020 年旅游业收入断崖式下跌，但随着新冠疫情的逐步控制，2021 年，国内旅游收入 2.92 万亿元，同比增长 31%，旅游业逐渐呈现复苏迹象，保持稳定增速。然而供给侧结构不合理、不平衡，不能充分有效地适应需求侧多元化个性化的市场需求，也凸显了旅游业发展正处于矛盾集中期。因此，我国旅游业需要通过供给侧结构性改革，转型升级发展，优化产业结构，提高旅游供给体系的质量和效率，推进旅游业经济高质量发展。

本书全面梳理了中国旅游经济高质量发展的供给侧结构性改革的基本内涵，从我国旅游业发展态势与供给侧问题入手，对典型旅游城市进行分析。通过对中国旅游经济高质量发展供给侧结构性改革动力的宏观探索与微观验证，对中国旅游经济高质量发展的潜力进行挖掘，构建中国旅游经济高质量发展的供给侧结构性改革动力系统动态仿真模型，提出中国旅游经济高质量发展供给侧结构性改革动力的发展路径。

本书着重对中国旅游经济高质量发展的供给侧结构性改革动力与路径进行研究。第一，本书在中国旅游经济高质量发展的供给侧结构性改革动力研究的相关理论基础上，对供给、旅游经济学、高质量发展、供给侧结构性改革的相关理论进行分析，充分界定旅游经济高质量发展与旅游经济高质量发展的供给侧结构性改革动力概念，研究供给侧结构性改革促进中国旅游经济高质量发展的内在逻辑。第二，从中国旅游业发展历程、中国国内旅游业发展状况、中国出入境旅游发展状况、中国旅游业消费情况四个角度分析中国旅游业发展现状，进而分析旅游供给侧结构性改革的问题，并对西安、厦门、成都、杭州、三亚典型城市进行分析。第三，对中国旅游经济高质量发展供给侧结构性改革动力进行宏观探索与微观验证，在宏观探索方面，研究文化和旅游消费试点政策对旅游经济高质量发展的影响，基于因子分析对中国旅游发展动力因子进行研究，通过空间计量模型研究数字经济对旅游经济高质量发展的影响因素。在微观验证方面，运用结构方程模型实证分析中国旅游经济高质量发展供给侧结构性改革动力影响因素。第四，对中国旅游经济高质量发展进行潜力挖掘，基于关联规则分析对中国旅游产品消费进行研究，然后运用基于多重对应分析方法对中国旅游消费者市场进行细分研究，以及运用结合分析法分析旅游产品选择偏好影响因素，最后，通过文本挖掘方法研究旅游消费者舆情。第五，运用系统动力学模型，对中国旅游经济高质量发展的供给侧结构性改革动力情况进行系统分析，并绘制中国旅游经济高质量发展的供给侧结构性改革动力系统因果反馈图以及建立相应的系统流图，并通过中国旅游业发展因素模拟未来旅游业发展状况。第六，通过中国旅游业发展现状问题分析、实证研究和系统仿真，提出中国旅游经济高质量发展的供给侧结构性改革动力发展路径。

中国旅游经济高质量发展的供给侧结构性改革动力与路径研究得出的主要结

论有如下几点。

第一，在中国旅游经济高质量发展的供给侧结构性改革动力研究的相关理论基础上，对供给、旅游经济学、高质量发展、供给侧结构性改革的相关理论进行分析，充分界定旅游经济高质量发展与旅游经济高质量发展的供给侧结构性改革动力概念,研究表明供给侧结构性改革动力有力地促进中国旅游经济高质量发展，在旅游业进行产业结构优化，有效配置旅游业资源，能有效推动旅游经济高质量发展，具有内在的逻辑性。

第二，我国近年来旅游业取得了诸多进步。①从中国旅游业发展历程来看，旅游业逐渐由国民经济重要产业向战略性支柱产业转变。②从国内旅游业发展状况来看，我国作为人口众多的超级大国，具有较大购买力规模，可以解决现如今的供给侧结构性问题。③从中国出入境旅游发展状况来看，由于不断升级的旅游需求，部分居民不局限于国内旅游需求，对国外的旅游需求有所增强，同时，入境旅游也由于对外开放得到持续发展。④从中国旅游业消费情况来看，我国旅游市场潜力大，可以通过激发旅游业潜力，促进旅游业发展。⑤在中国旅游业供给侧结构性问题分析方面，分析旅游客体供给侧结构性短缺问题，然后指出旅游供给侧技术的不成熟，其中旅游企业缺乏系统性规划，旅游管理和政策、假日制度不完善，所以需要不断去解决以及改善这些问题，有效推动旅游供给侧结构性改革。⑥在中国旅游业典型旅游城市分析方面，选取西安、厦门、成都、杭州、三亚五个分布在我国不同地区的典型旅游城市作为代表，其中西安是有着悠久历史积淀和丰富文化古迹的世界名城，厦门是富有人文气息的临海旅游城市，成都是有着丰厚的人文和自然旅游资源的巴蜀文化发源地，杭州是风景秀丽、独具江南气息的旅游名城，三亚则是我国最南端的热带滨海旅游城市，这些城市各具特色，具有一定的代表性。⑦对这五个典型旅游城市的旅游业供给特色、旅游经济发展状况和旅游业供给侧问题三个方面进行了全面的分析。⑧进行对比分析总结，针对各个旅游城市的不同提出相关建议。

第三，从微观和宏观两个角度对中国旅游经济高质量发展供给侧结构性改革的动力进行了探索。在宏观探索方面，首先，从省域的层次，采用因子分析法对中国旅游经济高质量发展动力因子进行研究，得出中国省域旅游发展主要受五个主导性因子的影响，即社会文化动力因子、经济发展动力因子、技术创新动力因子、环境条件动力因子和旅游资源动力因子，从而构建出省域旅游发展动力系统模型。其次，从宏观政策的维度分析了旅游经济高质量发展的动力。使用双重差分法探究文化和旅游消费试点政策对旅游经济高质量发展的影响，得出文化和旅游消费试点政策的实施能够显著促进旅游经济高质量发展。最后，利用空间计量模型探究数字经济对旅游经济高质量发展的空间效应，得出旅游经济高质量发展存在显著正向的空间相关性，且数字经济对旅游经济高质量发展存在显著的正向促进作用。在微观探索方面，利用旅游新技术、旅游新产业、旅游新模式、旅游新经营、旅游新制度的五大转型高质量发展因子对消费者满意度的影响进行分析，构建中国旅游经济高质量发展的供给侧结构性改革系统概念模型，结果显示，这五个因子对消费者满意度皆具有正向影响，消费者满意度对消费期待具有正向影响。这对如何促进中国旅游业不断转型升级，以及旅游供给侧结构性改革具有重要意义，促使旅游业快速发展，进而推动中国经济稳定持续发展。

第四，本书基于反映我国旅游消费实际情况的 1617 份调查问卷进行相关分析，运用 Apriori 算法对消费者特征与旅游消费认可度、旅游消费动机和消费偏好、旅游消费问题认知和问题偏好解决进行关联规则数据挖掘，得出以下结论：一是对于旅游新技术、旅游新产业、旅游新模式、旅游新经营及旅游新制度，不同特征的消费者对其认可度存在差异；二是我国旅游消费者选择消费的动机大多是缓解生活压力，放松自己以及锻炼身体，促进身体健康，并且他们更倾向于选择去自然风景区；三是消费者认为目前旅游主要存在旅游活动内容缺乏新意、旅游产品价格太贵、旅游活动场所较少和旅游产品宣传不到位等问题，同时他们认为改善相关问题，需要将开发与保护并重，发展可持续旅游，将会促进旅游消费。本书基于多重对应分析对中国旅游消费者市场进行细分研究，从年龄、性别、月收入水平、户籍等维度进行划分，分析这些消费者对于旅游目的地的偏好，得出的结论如下：年轻群体更倾向于选择游乐园、主题公园及购物游的旅游方式，而中年群体则更多地选择自然风景区和人文景点的旅游目的地；性别与户籍对消费群体的旅游选择影响很小；月收入水平在一定程度上决定了旅游消费支出水平。我们应该根据不同消费群体的特征推出相应的旅游模式。本书基于结合分析法对旅游产品选择偏好的影响因素进行分析，将旅游产品根据它的重要性划分为八个属性及相应属性水平，通过衡量不同属性，游客可以选出最适合自己的旅游产品类型，从而可以分析出旅游产品属性中的关键因素。结果显示，旅游产品的分类、旅游方式、价格、天数线路、导游素养、旅行社口碑、产品热度等会在很大程度上影响消费者的选择，应着重从以上因素进行考虑，提升消费者的旅游满足感和体验感。本书基于文本挖掘的旅游消费者舆情分析与满意度研究得出如下结论。从词频分析看，长三角地区的江苏、浙江和安徽高频词相关度高，然而由于各自的旅游资源不同，其关注点也有差异。从网络语义看三个省份分度差异性较大，旅游消费者的总体感受有差别。从潜在狄利克雷分配（latent Dirichlet allocation, LDA）主题模型的特征分析看，江苏地区 LDA 模型可以整理出三个主题——文化古迹旅游、园林古镇旅游、亲子游园旅游；浙江地区 LDA 模型可以预设为古镇旅游、自然旅游和乐园旅游三个类型；安徽地区 LDA 模型可以预设为登山旅游和古镇旅游两类。从用户评论情感倾向分析看，三个地区游客总体满意度很高，江苏地区游客认可度最高，积极情绪占比达到 94.5%，浙江地区游客积极情绪占比达到 92.5%，安徽地区游客积极情绪占比达到 89.9%。总之旅游参与者对在长三角地区的旅游体验是满意的。

第五，运用系统动力学模型，对中国旅游经济高质量发展的供给侧结构性改革动力系统进行分析，模拟中国旅游经济高质量发展的供给侧结构性改革动力系统运行状况。通过模拟结果可知，需要从提升旅游高端供给、加大对旅游 R&D（research and development，研究与开发）与人才的投入、改善旅游资源与环境、创新旅游制度与管理、满足旅游消费需求等方面推进旅游产业的发展，以期推进我国旅游供给侧结构性改革，发展我国旅游业，促进我国旅游经济高质量发展。

第六，构建中国旅游经济高质量发展的供给侧结构性改革动力发展路径应着重从以下九个方面着手。①完善旅游制度，确保游客权益。一是优化旅游管理制度，保障旅游出行体验；二是完善旅游法律法规，维护旅游消费权益。②创新旅游技术，加速产业升级。一是创新旅游科学技术，改善旅游出行体验；二是运用"互联网+旅游"，助推旅游产业升级。③深挖旅游潜力，拓展产业链条。一是加快"文化+旅游"融合，助推旅游产业发展；二是推动"夜间经济"模式，延伸旅游消费体验。④重构旅游模式，创造消费需求。一是构建全域旅游模式，推动旅游产业发展；二是协调三方联动发展，拓展旅游经营方式；三是推进媒体营销方式，满足旅游消费需求。⑤优化基础设施，串联节点网络。一是优化旅游交通服务，便利旅游消费出行；二是完善旅游基础设施，凸显旅游体验特色。⑥开发人力资源，提高配置效率。一是健全人才相关机制，保障人才有效供给；二是优化人才资源结构，提高人才综合素质。⑦引导有效投入，发挥资本效率。一是提高产品供给质量，增强产业竞争效力；二是提升资本运营效率，助推产业健康发展。⑧优化产业政策，整合多方资源。一是改进产业配套政策，统筹相关行业发展；二是优化产业组织政策，强化旅游企业联系；三是完备产业结构政策，发挥旅游资源优势；四是完善产业发展政策，加速旅游升级发展。⑨加强旅游监管，维护市场秩序。一是强化旅游政策执行，落实服务主体责任；二是促进知识产权保护，激发旅游创新干劲。

作　者
2025 年 6 月

目　　录

第1章 绪 论

1.1 研究背景、目的及意义

1.1.1 研究背景及目的

改革开放以来,中国现代旅游业从无到有,从以创汇为主的产业特征逐渐向促进经济发展的产业方向转变。多年来,我国旅游业通过不断完善旅游产业体系,使旅游业向新兴产业以及国民经济重要产业转型,不断拓展旅游业发展空间,国内旅游、出境旅游和入境旅游相继形成了鲜明的市场特色。2018 年,国内游客数量达 55.39 亿人次,比上年同期增长 10.8%;入出境游客数量达 2.91 亿人次,同比增长 7.8%;全年实现旅游收入 5.97 万亿元,同比增长 10.5%。2018 年全国旅游业对 GDP 的综合贡献为 9.94 万亿元,占 GDP 总量的 11.04%。受新冠疫情影响,旅游业发展遭遇发展困境,2021 年,国内游客数量 32.46 亿人次,国内旅游收入 2.92 万亿元,同比增长 31%。随着新冠疫情逐步趋稳直至结束,中国旅游业迎来黄金发展期,然而各种旅游负面事件的曝光与发酵,也凸显了旅游业发展正处于矛盾集中期,供给侧结构不合理、不平衡,不能适应需求侧多元化、个性化的市场需求。

党的十九大报告指出,"我国经济已由高速增长阶段转向高质量发展阶段"[①],对经济发展的要求不只是追求经济的增速,更要重视高质量、高效率的经济增速。2015 年 11 月,习近平提出了"供给侧结构性改革"概念[②],引起了国内外社会的广泛关注。2016 年 1 月,国务院副总理汪洋在国务院旅游工作部际联席会议第三次全体会议上强调"适应和引领经济发展新常态,加快转变旅游发展方式,着力推进旅游供给侧改革"[③]。近年来我国加快推动旅游供给侧结构性改革,从供给端入手,运用互联网、大数据、云计算等新技术,进行"旅游+"与不同产业的

---

① 《习近平:决胜全面建成小康社会 夺取新时代中国特色社会主义伟大胜利——在中国共产党第十九次全国代表大会上的报告》,https://www.gov.cn/zhuanti/2017-10/27/content_5234876.htm[2024-10-15]。

② 《习近平主持召开中央财经领导小组第十一次会议》,http://www.xinhuanet.com/politics/2015-11/10/c_1117099915.htm[2024-10-15]。

③ 《汪洋:大力促进旅游供给侧改革 推动我国旅游业发展迈上新台阶》,https://www.gov.cn/guowuyuan/2016-01/11/content_5032163.htm[2024-10-15]。

深度融合，不断推进全域旅游发展，开发新的旅游领域及模式，使得旅游业从重要国民经济产业向国民支柱产业转型，中国成为世界最大的国内旅游市场，世界第四大旅游目的地国家。

2022 年，党的二十大报告中指出我国要着力推动高质量发展，加快建设质量强国[①]。2024 年，党的二十届三中全会提出："高质量发展是全面建设社会主义现代化国家的首要任务。必须以新发展理念引领改革，立足新发展阶段，深化供给侧结构性改革，完善推动高质量发展激励约束机制，塑造发展新动能新优势。"因此，研究如何着力推进中国旅游经济高质量发展的供给侧结构性改革，促进旅游产业结构转型，提高旅游供给体系的质量和效率，已成为中国旅游经济高质量发展的重大命题。在经济发展新常态下，迫切需要从供给端入手，提高旅游供给品质，深化旅游供给侧结构性改革，挖掘其改革新动力，促进中国旅游业高质量发展。

基于以上背景，本书研究的主要目的如下：一是揭示新时代中国旅游经济高质量发展的供给侧结构性改革动力；二是对中国旅游市场进行深入挖掘，并对旅游经济高质量发展潜力加以测度；三是阐明中国旅游经济高质量发展的供给侧结构性改革路径。

1.1.2　研究意义

1. 理论意义

第一，在已有的国内外文献中，旅游业在供给侧结构性改革方面的系统性、全面性研究仍然不够，本书从旅游制度建设与管理研究、旅游产品开发供给研究、旅游消费需求及其影响因素研究等方面进行旅游业发展的梳理，接着从旅游经济高质量发展的供给侧结构性改革动力和实现路径等方面进行进一步探究，尝试提出新时代背景下中国旅游经济高质量发展的供给侧结构性改革动力理论体系，全面有效分析中国旅游供给侧结构性改革动力系统。第二，运用系统动力学模型开展动态研究，研判中国旅游经济供给侧结构性改革动力与高质量发展之间的关系；整合因子分析、结构方程模型、关联规则、文本挖掘及质性分析等方法，拓展其在本书中的应用，提高数据分析和挖掘的质量，增加研究的深度和精密度，为今后同行学者进一步研究完善提供有益的借鉴。

---

① 《习近平：高举中国特色社会主义伟大旗帜　为全面建设社会主义现代化国家而团结奋斗——在中国共产党第二十次全国代表大会上的报告》，https://www.gov.cn/xinwen/2022-10-25/content_5721685.htm[2024-10-15]。

2. 现实意义

第一，探索中国旅游经济高质量发展的供给侧结构性改革动力，注重挖掘政府的制度供给潜力，重视旅游企业微观主体提高供给体系质量的战略思维，促进旅游企业形成以技术、标准、品牌、质量、服务为核心的旅游产品新优势。第二，研究与国际国内经济发展新阶段相适应，与中国新时代背景以及《"十四五"旅游业发展规划》的要求相协调，研究成果可为提升中国旅游经济高质量发展提供政策借鉴和参考。

1.2　国内外研究状况

1.2.1　国外研究状况

国外关于高质量发展的研究文献较少，国外学者较早开展的是旅游业发展的理论与实证研究。从1899年意大利学者博迪奥（Bodio）发表文章《关于意大利外国旅游者的流动及其花费》开始，尤其在第二次世界大战后各国学者对旅游业的经营管理、旅游市场、旅游心理等进行了广泛的研究。近年来旅游经济研究多集中于旅游制度建设与管理、旅游产品开发供给、旅游消费需求及其影响因素以及旅游改革动力等方面。

第一，旅游制度建设与管理研究。为有效测度旅游活动并加以管理，Smith（1988）提出了供给侧旅游企业的定义，供给侧旅游企业由专门服务游客的企业与同时服务于游客和当地居民的企业组成。Wöber（2003）分析了旅游管理中的信息供给问题。Garrod等（2006）以乡村旅游为例指出确定合适的政策和战略计划可以应对挑战，能够提高乡村旅游的知名度，获得更多的收益。Zhang等（2009）探讨了旅游供应链管理中的核心问题和概念。Rigall-I-Torrent和Fluvià（2011）分析了嵌入公共产品成分的旅游产品和目的地管理的问题。Zhang（2011）指出旅游企业信息化建设可以促进传统旅游企业向现代旅游企业转型，提高旅游企业的生产效率，增强旅游企业的核心竞争力。Torres-Delgado和Palomeque（2012）研究发现，自20世纪90年代以来的二十多年间，旅游业发展过程中不断涌现新的方向和价值观，推动并促进了可持续旅游概念的建立与发展。Saito和Ruhanen（2017）基于利益相关者理论，分析表明旅游目的地规划与管理的利益相关者权力影响大小是不完全一致的。在国家旅游政策方面，Rodríguez等（2014）研究了西班牙旅游创新政策，Martínez等（2014）研究了墨西哥和西班牙旅游公共政策的竞争力效应。Lee J和Lee H（2015）研究指出，韩国创意旅游业政策推动了韩国旅游业的发展，并且推动了旅游经济的发展。Gravari-Barbas和Maria（2018）研究指出目的地营销或管理组织已被公认为旅游系统的重要组成部分，是旅游业促进经济增长的工具。他们针对欧洲旅游政策的演变和结构、新加坡旅游政策的时效性等方面进行了研究（Estol and Font，2016；Agiomirgianakis et al.，2017）。另有学者针对旅游管理进行研究，如 Nie 等（2013）以中国为例，研究全面质量管理（total quality management，TQM）在乡村旅游中的应用，得出了其对经济、社会和环境效益有积极影响的结论。Liu 等（2018）应用全面的关系流管理理论，揭示了湿地旅游影响和关系流之间的内在联系，制定了湿地旅游管理框架。Zhai（2023）以旅游管理专业培训的目标为出发点，提出了旅游管理专业的特色培训路径。

　　第二，旅游产品开发供给研究。较早的研究是从游客满意度来发展旅游产品的（Hunter，1995）。Jafari（1979）指出旅游产品的物理、环境和社会文化特征或属性决定了目的地对游客的吸引力。随着旅游业的兴起，有从价格、忍耐力、规模、技巧和偏远性角度研究探险旅游产品的，也有建立模型确定旅游产品的最佳复杂程度的（Buckley，2007；Andergassen and Candela，2013）。各种旅游产品的供给也不断涌现，Ohe 和 Kurihara（2013）以日本为例，认为当地品牌农产品在农村旅游业发展中起到重要作用，并且通过实证检验得出当地品牌农产品的经济收益和旅游业发展之间存在互补关系的结论。Zakaria 等（2014）将景观设计概念作为一种新的旅游产品，研究了马来西亚文化旅游和文化景观之间的关系，并提供了不断开发基于当地文化的新旅游产品实现经济增长的思路。Benur 和 Bramwell（2015）认为旅游产品的供给是吸引游客前往特定目的地的重要因素，因此基于旅游初级产品的特征和关系，提出不同目的地旅游产品开发和组装的战略选择，形成了多样化、集约化的旅游产品。Streifeneder（2016）科学界定了农业旅游的内涵，以区分乡村旅游，并指出农业旅游业作为旅游市场中具有竞争力的替代产品的补充作用，具有合适的性价比的旅游产品和农产品能够满足旅游者对区域、真实的农村生活、自然体验以及旅游产品的需求。Butzmann 和 Job（2017）在研究中基于供给方确定并概述了几种常见的旅游产品，并且以用户对环境和可持续旅游动机与态度来描述，确定了"结构化生态旅游"的一个产品类别，可帮助保护区完成双重任务。Santos 等（2020）主要研究开发创新旅游产品的概念模型，可应用于创新旅游产品或评估现有产品，以促进旅游目的地的竞争力。Melese 和 Belda（2021）以埃塞俄比亚东南部旅游业为研究对象，指出旅游产品开发对实现可持续发展目标起到巨大作用，并表明旅游产品的开发受到营销组合的影响。Tang（2022）以"互联网+"为背景，基于重要性–绩效分析（importance-performance analysis，IPA）模型，重点研究生态健康旅游产品的开发。

　　第三，旅游消费需求及其影响因素研究。人口统计变量是国外学者研究的主要内容，Inbakaran 和 Jackson（2006）采用聚类分析将旅游地居民划分为四个簇群，这四个簇群在性别比、年龄、生命周期阶段、教育程度、迁移状况、职业和当前参与旅游方面存在差异。Cosma 等（2012）研究了挪威户外旅游活动中家庭组成与体验旅游产品自然属性消费的关系。单身家庭、三口之家、单亲家庭等不同家庭类型获得的户外旅游体验是不同的。Rosselló 等（2020）研究发现，旅游业受到多种因素和力量的影响，包括与旅游业没有直接联系的外生因素和力量。自然灾害和意外事件是这种决定性因素的主要例子。近年来由于互联网对旅游消费的重大影响力，Marrese-Taylor 等（2013）使用观点数据挖掘技术研究发现，酒店、餐厅在网络上的评论意见能够影响消费者对旅游产品的消费偏好。Gannon等（2021）发现居民对旅游影响的看法在塑造社区依恋、环境态度和支持旅游业发展的经济收益之间的关系方面发挥着重要的中介作用。Chen 等（2022）发现新闻报道在旅游业中发挥着重要作用，其中网络媒体在信息传播方面扮演了重要的角色。Ghandour 和 Buhalis（2003）研究得出游客在访问旅游目的地期间会依赖移动服务技术，如移动电话和无线设备来获取旅游信息。Woodside 和 Dubelaar（2002）指出对旅游消费系统进行分析，能够为管理者提供客户群体、旅行计划活动、旅行行为等概况，可以有效提高旅游营销策略效率。有学者通过模型分析，发现气候变化会在很大程度上影响旅游业，并且气候变化对旅游业影响的强度因国家收入水平而异，收入水平低的国家脆弱，韧性差，而收入水平高的国家不脆弱，具韧性（Wilkins et al.，2018；Dogru et al.，2019）。Zhong 等（2019）基于1960～2015 年西藏地面主要气象站月度观测数据，发现气候变化是影响旅游目的地可持续发展的重要因素。此外，部分学者还研究了基础设施建设、政府等因素对旅游的影响，如 Khadaroo 和 Seetanah（2007）指出交通基础设施是国际旅游功能需求的重要部分，并使用动态和静态面板数据实证检验得出交通基础设施以及非交通基础设施均会对游客产生重要影响。Gross 和 Grimm（2018）研究发现，交通方式是影响游客选择旅游目的地的关键因素，特别是可持续交通，在科学和实践中发挥着越来越重要的作用。Agyeiwaah（2019）研究了旅游可持续发展以及政府之间的关系，指出当旅游发展到一定程度时，需要政府发挥重要作用促进可持续消费的发展。Tiwari 等（2019）通过采用小波分析，发现地缘政治风险给发展中国家游客数量带来的影响大于经济政策不确定性。Alleyne 等（2021）通过波动性模型发现，汇率波动会影响假期的整体价格，预计会影响旅游需求。

　　第四，旅游改革动力研究。国外学者主要认为创新、人力、资本、金融发展、数字技术以及提供不同旅游模式等是推动旅游改革的动力。Bardolet 和 Sheldon（2008）指出大多数游客要求开发更多的具有创意的产品，来提高旅游体验的质量和满意度。Hjalager（2010）通过研究旅游创新的相关文献，得出创新是旅游业发展中的决定性因素，得到广大学者的认可。Carlisle 等（2013）在研究中指出旅游创新可以使旅游产品更具特色，更具竞争力，可促进经济欠发达国家旅游业的发展。Mata（2019）在研究中指出为保持城市旅游业的竞争力，需要实施新技术，允许开发新的旅游治理模式和通信的新用途，要以创新应对挑战，实现可持续发展。Buhalis（2020）探讨了旅游业技术的变革性和颠覆性，技术创新将旅游服务生态系统中的所有利益相关者聚集在一起。Li 等（2022）评估了新冠疫情对转型负担、旅游和旅游业的影响，并探讨技术创新在新冠疫情旅游影响、游客行为和体验的危机管理中的作用。Divisekera 和 Nguyen（2018）以澳大利亚旅游企业为研究对象，通过量化分析得出人力资本投入是旅游业创新的决定性因素，对生产服务旅游创新有重要贡献。Kim 等（2012）研究了韩国家庭拥有的房产和金融资产对国际旅游的影响，认为住房对国际旅游的发展起到显著的财富效应。Gozgor 等（2022）基于 18 个发展中经济体，研究发现资本投资对于旅游业的可持续增长至关重要。Ehigiamusoe（2021）基于非洲国家，研究得出旅游业、金融业和经济增长存在协整关系，旅游业与金融发展存在双向因果关系。随着数字技术的迅速发展，有学者发现尽管区块链技术还处于发展的起步阶段，但加密货币、智能合约和去中心化应用程序等工具已经开始影响旅游交易，并且"缺乏技术成熟度"和"缺乏互操作性"是区块链在目前旅游业中最重要的挑战（Erol et al.，2022；Nam et al.，2021）。Baggio（2017）通过探索和讨论旅游业中网络科学的最新进展，提出网络科学在旅游领域应该如何具体应用。Calvaresi 等（2019）对涉及旅游目的的区块链技术（blockchain terminal，BCT）研究进行了系统的科学文献综述，讨论了 BCT 在旅游区应用的优势和未来挑战。

旅游模式对于促进旅游业发展也起到重要作用。de Bruin 和 Jelinčić（2016）在研究中提出一个新概念，"参与式体验旅游"，以更好地解释当代社会特有的创意和社会转变中出现的积极游客参与形式，并提高对体验增值链中关键环节的认识。Connell（2013）通过概述医疗旅游的发展历程，提出许多医疗旅游是短距离和散居的，是日益全球化的医疗行业的一部分。Mikulić 等（2017）从露营旅游业入手，研究影响露营旅游的驱动因素，重点关注露营地选择和体验的决定性露营地属性，以期帮助管理者规划针对这一特定旅游细分市场的营销活动。Hadad（2019）认为旅游业是可持续发展的一个重要经济部分，研究了如何在可持续生物经济的背景下发展乡村旅游。Rahman（2019）基于结构方程模型的实证分析，发现医疗费用和医疗保健技术与医疗游客的感知服务有重要关系。Barbieri（2019）基于文献和农业与旅游业趋势，认为未来的农业旅游将是一个连续体，因此在未来应解决农业旅游和农业旅游空间的问题，以更好地解决由城乡差距产生的不和谐。McGladdery 和 Lubbe（2017）概述了教育旅游的关键观点和概念，提出教育旅游有可能与旅游和非旅游部门的其他部门混合，并为全球和平作贡献。Prideaux（2019）研究发现，汽车技术的最新和近期进步，包括推进和控制，可能会从根本上改变驾驶旅游的结构和运营，为参与这种形式的旅游提供新的机会。Jacobs

（2020）通过描述南非现有游客的旅行行为、体验和期望，探索了天文旅游如何作为农村可持续发展的工具。Higham（2021）在回顾过去体育旅游发展的基础上，探索未来的潜力，提出必须扩展到更广泛的体育表现形式，以及与体育有关的旅游方面。

1.2.2　国内研究状况

党的二十大报告中指出，"高质量发展是全面建设社会主义现代化国家的首要任务"[①]。高质量发展不仅是高速发展，还是高效率的发展。高质量发展的关键在于提高全要素生产率，将发展的着力点摆在深化改革和开拓创新上。国内学者对旅游经济高质量发展的研究主要集中在旅游经济高质量发展的内涵、测度与评价方法、供给侧结构性改革动力、实现路径和经济社会价值上。

1. 旅游经济高质量发展的内涵

黄萍（2018）指出，高质量发展应该是适应我国主要矛盾变化，满足人民日益增长的美好生活需要的发展，是强调创新和资源合理配置，优化经济结构，提高生产效率的发展。何建民（2018a）参照党的十九大报告对经济高质量发展的要求，从系统论出发对新时代中国旅游业高质量发展系统进行了归纳。在旅游经济高质量发展的内涵上，刘英基和韩元军（2020）指出旅游经济的高质量发展是针对产业结构优化的发展，是能平衡消费结构，能刺激整体经济平稳增长、提升经济可持续发展能力的发展。于法稳等（2020）基于经济发展与生态环境协调理论，从供需匹配、文旅融合、产业高效等角度，甄别出乡村旅游高质量发展的关键要素。徐爱萍（2021）指出旅游经济高质量发展是指对旅游经济发展模式的完善与提升，包括提高旅游经济发展的效率以及完善发展结构。胡静等（2022）以新发展理念为指导，从创新赋能、文化赋魂、开放赋力、绿色生态、协调高效等方面阐释了旅游业高质量发展的内涵以及推进方向。刘彦秀和孙根紧（2022）则认为旅游经济高质量发展是一个提高旅游业整体生产效率、促进其自身结构调整的过程。这个过程又受制于一定时期的经济资源增长总量，并且需要借助创新旅游技术、提升管理水平等方式来实现。

2. 旅游经济高质量发展的测度与评价方法

对于高质量发展，不同的学者给出了不同的测度与评价方法。刘大均等（2012）从旅游者、旅游企业、区域影响层面构建旅游业发展质量综合评价指标体系，对

---

① 《习近平：高举中国特色社会主义伟大旗帜　为全面建设社会主义现代化国家而团结奋斗——在中国共产党第二十次全国代表大会上的报告》，https://www.gov.cn/xinwen/2022-10/25/content_5721685.htm[2024-10-15]。

我国 31 个省区市旅游业发展质量空间分异进行了综合分析。宋长海（2016）从旅游业发展环境质量、游客旅游质量、旅游企业发展质量、旅游产业发展质量和旅游目的地发展质量等五个方面构建了一个较为科学的旅游业发展质量评价指标体系并提出了旅游业发展质量指数编制的思路与方法。杨智勇（2017）借助调查问卷，构建生态文明视角下的评估体系，以内蒙古区域旅游为实证，进行了系统的评估。周宏春等（2019）在全面回顾评价国内外生态文明建设评价指标体系的基础上，提出了改进与完善我国生态文明建设评价指标体系的优化路径，给出了指标筛选的八项原则，并就现阶段可获取的生态文明建设相关数据，使用主成分分析方法进行了初步尝试并构建了指标体系的框架。龙志和曾绍伦（2020）基于生态文明视角，从旅游环境质量、旅游资源质量、旅游服务质量和旅游吸引能力四个层面，污染状况、生态本底、景区资源、文化资源、食宿条件、服务容量、服务水平、旅游流量和旅游收入九个方面 26 个指标构建了旅游质量评价指标体系。吕腾捷（2020）结合 2002～2017 年的面板数据，综合三阶段数据包络分析（data envelopment analysis，DEA）模型、超效率（slack-based measure，SBM）模型和 Tobit 回归等方法，深层次分析 31 个省区市旅游产业以及行业效率变化。盛晓菲（2022）通过熵值法从多个方面对经济高质量发展进行测度。测度指标包括经济效益、发展的结构效益和潜能以及资源的使用程度等。薛秋童和封思贤（2022）认为对经济的高质量发展要从多维度去评价，以创新为第一动力、以协调为内生特点、以绿色为普遍形态、以开放为必由之路、以共享为根本目的的经济发展才称得上是高质量的经济发展。如何衡量和测度我国旅游经济高质量发展的水平是学者历来探究的问题。以对高质量发展的评价和测度来类比旅游经济高质量发展，国内学者针对旅游经济高质量发展的评价与测度主要集中在旅游经济发展效率、中国各地区旅游经济区域协调等方面。孙晓等（2021a）研究提出创新、协调、绿色、开放和共享共五个维度来评价中国旅游经济高质量发展的水平。通过构建变异指数模型等方法证实中国旅游经济的高质量发展存在严重的地区差异，且总体发展水平不高。吕腾捷（2020）运用三阶段 DEA 模型和超效率 SBM 模型，选取旅行社数量和旅游产业固定资产值等变量对旅游产业整体经济效率进行了测度，得出了我国旅游产业的管理技术和生产技术在不断提高以及地区旅游经济效率具有显著差异的结论。这也在一定程度上反映了我国旅游经济在高质量发展的过程中存在区域协调不均的问题。陶佳琦（2021）将考察旅游经济高质量发展的指标体系划分为五种，包括旅游产品、旅游服务、旅游设施、旅游环境和旅游教育，采用熵值法和专家调查法相结合的方式赋予不同指标不同的权重，建立打分系统，对衡量苏州不同方面发展情况的指标进行打分，得出其在各指标方面的优劣势，进而考察构建的指标体系对苏州旅游经济高质量发展的影响。这也为我们考察中国整体旅游业经济提供了新的思路。吴云超（2022）构建了包括经济协调发展、绿色环境发展等一级指标，旅游业从业人员、旅游业占 GDP 比重和城镇化率等二级指标的评价指标框架，采用熵权法测算旅游经济的高质量发展水平。实证分析展现了旅游经济高质量发展水平存在严重地域不均的问题，各地区的旅游经济发展高质量水平与当地的经济和绿色发展存在密切联系。

3. 旅游经济高质量发展的供给侧结构性改革动力

旅游发展动力是一个由旅游消费牵引和旅游产品吸引所构成的，并由中介系统与发展条件所联系的互动型动力系统（彭华，1999），而城市旅游发展动力包括服务水平、城市发展水平、城市文化氛围、基础设施、区位特性、旅游景点、对外经济联系和环境质量（保继刚和刘雪梅，2002）。为推动旅游可持续发展，应对需求结构的变化，需要培育和转变驱动机制（龙江智和保继刚，2005；唐承财，2007）。有学者指出乡村旅游发展动力系统运行的主导因素为供给动力因素、需求动力因素、资源动力因素和区位动力因素等，并由此构建了乡村旅游发展动力系统模型（段兆雯和李开宇，2016）。当前，我国旅游经济正处于向高质量转型阶段，在深化供给侧结构性改革的背景下，国内学者针对促进旅游经济高质量发展的改革动力，大致从创新、政策制度、人力资本、资源禀赋、数字技术等方面来研究。

第一，创新改革动力。早在 1995 年，有学者就提出以创新优势促进旅游业的发展（梁树佳，1995）。龚振（2000）在研究中指出可通过强化旅游创新，即更新旅游产品、转化旅游资源、增加旅游服务和提高服务质量等促进国际旅游的发展。钟海生（2000）研究了科技创新与旅游业发展之间的关系，认为科技创新能够促进新旅游消费方式的产生。罗剑宏和杨茹（2014）基于智慧旅游视角，得出智慧旅游能够对旅游消费行为产生显著正向作用。齐子鹏和王颖（2015）认为创意是促进旅游经济增长的核心技术，为旅游经济增长提供了持续性的动力。王兆峰（2019）以湖南武陵山片区为例，基于时空差距视角，检验得出科技创新能够驱动旅游产业结构升级，但驱动旅游产业发展能力具有明显的分异特征。宋子千（2020）指出科技能够促进旅游产品的创新以及提升旅游品质，从而引领旅游高质量发展。刘静等（2022）在研究中指出科技创新与旅游高质量发展存在耦合协调性，旅游高质量发展需要以科技创新为改革动力，同时旅游高质量发展能够促进新的科技创新。宋瑞（2022）基于创新视角研究中国旅游发展，指出根据我国旅游业发展历程以及面临新冠疫情的影响，中国旅游业发展必然要依靠创新进行驱动。张艳（2022）提出乡村旅游发展的不足，认为增加乡村旅游产品的创新和利用现代化技术开展新的旅游模式有利于促进乡村旅游的发展。

第二，政策制度改革动力。政府有效干预在一定程度上会促进旅游业经济的高质量发展，而政府的不当干预或严格管制会抑制旅游经济的发展，进而影响旅游经济高质量发展的进程。齐子鹏和田玲（1998）指出地方政府对旅游资源保护具有特殊的功能。刘戈衡和王素珍（2002）在研究中指出创新休假制度可促进旅游业可持续发展。贾生华和邬爱其（2002）指出我国旅游业的发展会随着旅游管理体制的演变而产生差异。杨晓霞（2004）指出旅游资源产权界定不清楚将会抑制旅游业的发展，并提出构建旅游资源产权的相关建议。程德年等（2017）提出，地方政府、市场组织、当地居民和旅游者间的协商互动是导致旅游目的地意象发生固化和更新的主要动力。刘英基和韩元军（2020）通过实证检验得出制度环境能够正向促进旅游经济高质量发展，但存在地理区位的差异。周小梅和黄鑫（2021）基于公共私营合作制（public private partnership，PPP）模式的制度创新角度，指出政府可通过落实生态补偿政策、制定绿色金融等方面的政策来促进乡村旅游产品市场价值的实现。韩元军（2022）认为完善的制度可以推动旅游业经济的高质量发展。完善的制度不仅是推动经济增长的重要因素，也能充分激发市场活力，刺激旅游经济的可持续和高速高效率发展。市场化进程的推进对旅游经济的发展起着不可或缺的促进作用。王德刚（2022）基于旅游用地政策视角进行研究，指出政府需要发挥积极作用，完善旅游土地供给政策和供给机制，提高旅游经济高质量发展水平。刘英基等（2022）以黄河沿线九个省份的数据为研究对象，实证检验得出制度质量对黄河流域文旅融合高质量发展存在显著的促进作用。

　　第三，人力资本改革动力。引进优秀的旅游业人才，对景点开拓更为广泛的消费市场，吸引更多游客，拉动旅游业经济增长有着重要的作用（吴媛媛和宋玉祥，2018）。刘长生等（2009）通过实证检验得出旅游行业人力资本的投入有利于旅游行业信用资本的积累，从而对旅游产业的发展起到积极的影响作用。成娅（2011）以贵州省红色旅游为研究对象，研究得出增强人力资本积累和管理对于红色旅游的"提质增效"有重要作用的结论。王兆峰（2015）基于省级面板数据实证检验得出人力资本对旅游经济发展的促进作用存在长期效应，存在着明显的空间分异特征。童纪新和王琳（2016）以环太湖区域为例，运用灰色关联分析方法进行实证研究，发现旅游经济的繁荣发展在很大程度上依赖于地区生产总值、地区人口素质、信息技术等要素的拉动。姜国华（2017）基于中国家庭追踪调查数据实证检验得出家庭成员受教育水平越高，家庭旅游消费就越高。生延超和刘晴（2020）基于空间计量方法实证检验得出了中等水平的人力资本能够显著提升区域旅游经济的效益，高水平人力资本对旅游子行业有促进作用，对整体呈现抑制作用。王娟和齐钰（2021）对山东省旅游边缘城市的网络嵌入问题进行实证检验，发现旅游资源禀赋和旅行社接待能力的影响力最为突出，交通区位和人力资源也产生了一定影响。徐紫嫣（2022）基于灰色关联度分析（grey relation analysis，GRA）和向量自回归（vector autoregression，VAR）模型实证检验得出人力资本促进旅游业发展的重要推动力。

第四，资源禀赋改革动力。丰富的旅游资源禀赋能够吸引大量游客，开拓消费市场，带动一系列周边区域旅游经济的发展。赵金金（2016）认为完整严密的资源要素禀赋结构能够推动旅游经济的快速高效增长。同样得出此结论的还有苏建军和孙根年（2017）。丰富的旅游设施同样可以将旅游经济高质量发展推至新高度。吴媛媛和宋玉祥就将旅游企业数量作为衡量指标考察旅游设施水平，客观全面地展现了旅游设施完善程度对旅游经济高质量发展的影响。刘晨和钮钦（2021）分析了2011~2018年黄河流域旅游经济差异的时空演化特征及其发展水平的时空格局演变，发现交通区位条件、旅游资源禀赋及旅游服务设施水平是影响黄河流域各省份旅游经济发展的主要因素。孙晓等（2021b）对东北三省36个城市旅游经济增长质量的区域差异及动态演进进行研究，结果表明旅游资源禀赋、生态环境和社会经济发展水平对旅游经济质量差异产生影响。杨兴雨等（2022）以2008~2019年我国31个省区市的旅游经济为研究对象，发现资源禀赋条件、交通可达性、旅游接待设施水平对区域旅游经济增长有正向促进作用。蒋桂莉（2022）探究了浙江省城际旅游经济联系的影响因素，发现高铁旅行时间、旅游资源禀赋和产业结构相似是促进浙江省城际旅游经济联系的主要因素。周成等（2022）指出旅游经济水平、经济宏观环境、旅游资源禀赋等要素指标均会对我国旅游科技创新产生一定影响，但影响程度具有差异。

第五，数字技术改革动力。随着数字时代的到来，数字技术能够赋能旅游业快速改革，有学者指出数字技术能够促进旅游产业结构升级推动旅游商业模式创新，促进旅游业高质量发展（陈琳琳等，2022）。早在2007年，就有学者研究了数字信息技术对旅游产业布局的影响（黄远林，2007）。黄蕊和李雪威（2021）在研究中指出数字技术有助于解决旅游认知局限等问题和打造新的旅游应用场景，能够帮助我国实现旅游产业供给侧结构性改革。陈萍（2021）认为数字经济与乡村旅游对接和融合可以实现双赢，可以促进乡村旅游长效发展。吴志才等（2021）研究了数字人文在红色旅游领域的发展路径，指出可通过数字技术赋能带动红色旅游迈向高品质发展路径。唐睿（2022）运用社会网络分析法得出长三角数字经济的发展是强化旅游业高质量发展空间网络的重要因素，且作用相较于产业结构等更为明显。陈伟军和孟宇（2022）指出数字能够赋能文旅产业，可以促进西部地区传统文化和旅游产业的转型升级。冀雁龙和李金叶（2022）通过实证检验得出数字经济对旅游经济增长有显著的促进作用，但达到一定值后，呈现抑制作用。吴丹丹等（2023）也指出数字经济能够显著提高旅游业全要素生产率。

4. 旅游经济高质量发展的实现路径

国内学者从需求、旅游业供给侧结构性改革、创新和环境保护等方面入手研究实现我国旅游经济高质量发展的路径。

　　黄震方等（2002）研究认为旅游业推行清洁生产可以降低经营成本，适应旅游者绿色消费需求，增强旅游产品的国际竞争力，提高旅游业经营管理水平，最终促进我国旅游业的可持续发展。在旅游产品开发方面，通过周庄模式、乌镇模式、朱家角模式、南浔模式和同里模式，对江浙沪水乡古镇保护与旅游开发模式进行综合分析的基础上，进行高水平开发与建设（卞显红，2010）。杨方燕和高东（2017）认为，针对旅游产品"食""住""行""游""购""娱"六要素，对一维质量屋进行扩展，搭建了以该六要素为维度的旅游产品多维质量屋，并建立了多目标规划模型，以辅助旅游产品开发决策，之后通过绵阳市古镇旅游产品开发实例验证了该模型的可行性。石京和辛磊（2018）量化研究海南旅游业发现，旅游地演化进程需要抓住旅游发展机遇以及运用旅游资源充分发展旅游经济。

　　实现旅游业的高质量发展还要明确国家发展战略，紧扣国家发展政策，使旅游业高质量发展满足人民日益增长的美好生活需要。同时也要出台旅游业相关政策，保障游客权益，建设高质量旅游信用体系，这样才能促进旅游业实现更高效率的发展（张凌云，2022）。2015年11月，习近平提出了"供给侧结构性改革"概念[①]，2016年1月，汪洋副总理指出"推进旅游供给侧改革"[②]。从此，国内学者开始着重于旅游供给侧结构性改革一端的探讨。徐金海和夏杰长（2016）指出旅游供给侧结构性改革应从效率入手，对旅游产品要素进行有效配置，加强精品意识，提高旅游产品的供给质量，以改革为突破口，培育旅游市场。胡孝平（2016）研究指出，苏州旅游供给侧结构性改革应以强化要素升级提升旅游供给总量、以产品升级提升供给质量、以结构优化提升供给效率和推进节假日制度改革为基本路径。在旅游供给侧结构性改革人才方面，优化人才供需结构错配，有效匹配人才，稳定人才供需平衡，实施创新的、有效的、精准的教育供给，为区域旅游经济的发展提供人才保障（谷静，2016）。在信息化网络方面，旅游信息化有利于推进产品质量标准化、透明化，有利于提升旅游第三方担保、交易信息追溯与取证等风险控制环节的安全性，是旅游产业向现代服务业转型的必由途径（陈国生等，2016）。陈晓琴和苗圃（2016）认为，互联网思维下打造"常州旅游"电商平台，需要合理配置旅游要素。在旅游公共服务体系方面，夏杰长和徐金海（2017）提出旅游公共服务供给侧结构性改革的理论依据及其实现路径，并从制度政策、科技政策、人力资源政策和财政政策等四个方面构建旅游公共服务政策体系，以提高旅游者的满意度，助推中国实现世界旅游强国梦。何建民（2018b）指出，系

统论与控制论对我国旅游供给侧结构性改革路径实现具有重要影响,旅游竞争力指数有助于构建旅游供给侧结构性改革的目标体系。

吴侃侃和金豪(2018)指出要以科技创新为手段,发掘更多的旅游资源,打造新型旅游服务平台,提升游客的满足度和体验感,进而推动自身经济的高质量发展。李鹏和邓爱民(2022)则建议在推动旅游高质量发展时将绿色发展理念贯穿其中,充分利用已有资源,多采用绿色资源,引导游客绿色消费,助推"双碳"目标的实现。张玉钧和高云(2021)在研究中指出以绿色转型为引导,促进生态旅游高质量发展,助力建设美丽中国。

5. 旅游经济高质量发展的经济社会价值

旅游业是我国经济的支柱型产业,旅游经济的发展为我国经济发展注入了源源不断的动力。它不仅能增加国民收入,还能吸引劳动力、刺激就业,推动国民经济各部门的发展。王胜鹏等(2020)指出研究黄河流域旅游业经济的发展能为黄河流域的生态保护提供理论性的指导,对我国经济发展有着重大意义。蒋瑛等(2022)指出旅游承载着人民对美好生活的向往,旅游业的高质量发展丰富了人们的精神文化生活,也与我国经济高质量发展政策相契合。

综上所述,国内外学者从不同角度对旅游业高质量发展进行了较为广泛的阐述和论证,然而已有研究虽不同程度涉及供给侧一端,但仅选择了某一或某几个视角展开论述,其系统性、全面性仍不够。国内学者对供给侧结构性改革动力与路径的实证研究偏少,其深度和精密度不够,且未能有效地动态研判中国旅游业高质量发展状况。因此,基于供给侧结构性改革的背景,一方面,需要探索中国旅游经济高质量发展的改革动力;另一方面,需要探索一条能更有效或更有针对性地推动旅游经济高质量发展的路径。

1.3 研究思路、内容和方法

1.3.1 研究思路

本书从供给理论、旅游经济学、高质量发展理论、供给侧结构性改革等理论入手,科学界定旅游经济高质量发展及其供给侧结构性改革动力等概念,探索供给侧结构性改革对旅游经济高质量发展影响的内在逻辑,收集相关数据深入分析中国旅游业发展态势以及供给侧问题,并选取五个典型的旅游城市进行探讨;基于宏观数据和问卷调查数据,选用因子分析法、双重差分法、空间计量模型及结构方程模型等宏观探索与微观验证中国旅游经济高质量发展的供给侧结构性改革动力,并选用关联规则、多重对应分析、结合分析法以及文本挖掘从微观上挖掘中国旅游经济高质量发展的潜力,建立中国旅游经济高质量发展的供给侧结构性改革动力系统动态仿真模型,测度中国旅游经济高质量发展的未来趋势,之后提出中国旅游经济高质量发展的供给侧结构性改革动力发展路径。

1.3.2 研究内容

1. 中国旅游经济高质量发展的供给侧结构性改革动力的理论研究

第一,在新时代背景下,分析供给侧结构性改革与旅游供给侧结构性改革的内涵。第二,梳理供给理论与旅游经济学的理论基础。第三,从供给端入手,进行旅游新技术、旅游新产业、旅游新模式、旅游新经营、旅游新制度的五大转型驱动力的理论分析。

2. 中国旅游业发展态势与供给侧问题分析

第一,从横向和纵向分析中国旅游业发展现状,细分研究国内旅游、出入境旅游与旅游消费发展状况。第二,从旅游客体、旅游供给技术、旅游企业、旅游管理和政策等方面剖析中国旅游业供给侧问题,并选取典型旅游城市,从旅游业供给特色、旅游经济发展状况和旅游业供给侧问题三个方面进行了全面的分析。

3. 中国旅游经济高质量发展供给侧结构性改革动力的宏观探索与微观验证

第一,在宏观层面,分别运用因子分析法、双重差分法、空间计量模型探究文化和旅游消费试点政策、五大动力因子(社会文化、经济发展、技术创新、环境条件、旅游资源)以及数字经济发展对旅游经济高质量发展的影响。第二,在微观层面,通过引入结构方程模型,从旅游新技术、旅游新产业、旅游新模式、旅游新经营、旅游新制度五个层面构建中国旅游业转型驱动力关键因素的假设模型,并设计调查问卷,进行信度和效度检验,之后运用结构方程模型进行实证分析。

4. 中国旅游经济高质量发展的潜力挖掘

第一,利用 1617 份调查问卷,采用关联规则数据挖掘的方法,建立旅游消费者特征与旅游新技术、新产业、新模式、新经营、新制度认可度之间的关系模型,探究消费者进行旅游产品消费存在的关联性。第二,分别运用多重对应分析法与结合分析法对中国旅游消费者市场细分以及旅游产品选择偏好影响因素进行探究。第三,基于文本挖掘进行旅游消费者舆情研究,通过网络爬虫技术爬取网络文本建立信息数据库,对其进行内容特征分析和情感倾向分析,基于LDA 模型对数据进行主题聚类分析,挖掘游客对景区的评价内容并进行可视化分析。

5. 中国旅游经济高质量发展的供给侧结构性改革动力系统动态仿真研究

运用系统动力学原理,结合系统各要素主体之间的反馈特征,将供给侧结构性改革动力变量置于动态仿真模型中,建立五大子系统,绘制复杂系统反馈的因果回路图,构建中国旅游业高质量发展的供给侧结构性改革动力系统动力学模型,并进行仿真分析和模型的有效性及灵敏性检验。通过控制驱动力变量,分析供给侧结构性改革动力对中国旅游业高质量发展的影响,测度中国旅游业高质量发展的未来趋势。

6. 中国旅游经济高质量发展的供给侧结构性改革动力发展路径研究

基于理论分析和实证研究结果,对中国旅游业高质量发展的供给侧结构性改革路径进行战略思考,并从完善旅游新制度、创新旅游新技术、挖掘旅游新产业、打造旅游新经营方式、完善交通与基础设施等方面探索中国旅游业发展路径。

1.3.3 研究方法

第一,文献研究法。分析国内外旅游业有关旅游制度建设与管理、旅游产品开发供给、旅游消费需求及其影响因素等相关文献,为中国旅游经济高质量改革动力与发展路径研究提供重要的借鉴和参考。

第二,定性与定量分析相结合。通过对相关理论和概念进行科学的界定,定性分析了供给侧结构性改革促进中国旅游经济高质量发展的内在逻辑,充分解释两者关系。运用描述性统计对中国旅游发展现状态势、供给侧问题以及选取典型旅游城市进行分析;通过宏观数据以及调查问卷数据,选用因子分析法、双重差分法、空间计量模型、结构方程模型、关联规则、多重对应分析、结合分析法以及文本挖掘等,定量分析并探索与验证中国旅游经济高质量发展的供给侧结构性改革动力。

第三,比较分析法。对各年度旅游业发展状况以及典型城市进行比较分析,为新时代中国旅游经济高质量发展供给侧结构性改革动力与发展路径的研究提供经验和借鉴。

第四,静态与动态分析相结合。在静态分析中国旅游业发展现状的基础上,构建中国旅游经济高质量发展的供给侧结构性改革动力系统动态仿真模型，模拟旅游供给子系统、旅游 R&D 和人才子系统、旅游资源与环境子系统、旅游制度与管理子系统、旅游需求子系统五大子系统对中国旅游业发展的影响及趋势。

1.4　研究框架和创新点

1.4.1　研究框架

本书的技术路线图如图 1-1 所示。

1.4.2　创新点

第一，在文献研究和理论分析基础上，从旅游经济高质量发展的供给侧结构性改革动力和实现路径等方面探究，拓宽了新时代背景下中国旅游经济高质量发展的供给侧结构性改革动力的理论体系。

第二，实证研究中，基于宏观数据，选择因子分析法、双重差分法、空间计量模型、结构方程模型等方法；基于微观数据，选择关联规则分析、多重对应分析、结合分析法及文本挖掘等方法，并将其在一定条件和对象的基础上适当集成，开拓现有理论和方法的应用领域，提高中国旅游经济高质量发展改革动力的深度和精度，充分挖掘旅游经济高质量发展的潜力。

第三，构建中国旅游经济高质量发展的供给侧结构性改革动力系统动态仿真模型，通过调整供给侧结构性改革动力参数，动态模拟未来中国旅游经济高质量发展趋势。

第四，在实证分析的基础上，从以下方面探索中国旅游经济高质量发展路径，推动我国旅游业的发展，促进中国旅游业供给侧结构性改革的实现：完善旅游制度，确保游客权益；创新旅游技术，加速产业升级；深挖旅游潜力，拓展产业链条；重构旅游模式，创造消费需求；优化基础设施，串联节点网络；开发人力资源，提高配置效率；引导有效投入，发挥资本效率；优化产业政策，整合多方资源；加强旅游监管，维护市场秩序。

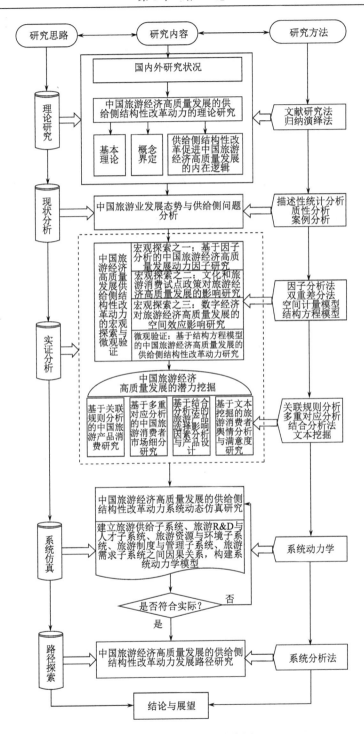

图 1-1 本书的技术路线图

1.5　本　章　小　结

本章首先对研究背景及目的进行阐述，明确研究中国旅游经济高质量发展供给侧结构性改革动力和路径的意义。其次，梳理国内外相关的学术文献，国外学者对旅游经济研究多聚焦于旅游制度与管理、产品开发、旅游消费需求影响因素以及旅游改革动力等方面，国内学者对旅游经济高质量发展的研究主要集中在旅游经济高质量发展的内涵、测度及评价方法、供给侧结构性改革动力、实现路径和研究意义上。再次，介绍了研究思路、内容和方法。最后通过技术路线图展示本书的框架结构和方法运用，指出本书的创新点。

第2章 中国旅游经济高质量发展的供给侧结构性改革动力的理论研究

本章通过对供给学派的相关理论，如供给理论、旅游经济学理论、高质量发展理论以及供给侧结构性改革理论进行梳理，从而对旅游经济高质量发展做出概念界定，据此进行中国旅游经济高质量发展的供给侧结构性改革动力的理论分析，阐述供给侧结构性改革促进中国旅游经济高质量发展的内在逻辑。

2.1 基 本 理 论

2.1.1 供给理论

供给学派认为，经济发展的重点在于供给的管理。其主张的中心在于：第一是政府减少税赋，减少边际税率，降低生产成本，增加供给，对于经济的滞后有改善作用；第二是政府不能干涉市场，强调市场的作用，将创造财富以及创新留给个人和社会；第三是基于萨伊定理和拉弗曲线，需求在生产环节之中，产品的过剩只是表面，企业需要将动能高效化和产品科技化，促进供给高品质和高端的产品。而我国将供给学派的理论与我国社会主义市场经济相结合，推出供给侧结构性改革。

1. 萨伊定律

萨伊定律由法国经济学家萨伊提出，其主要关注供给，推崇自由放任主义经济，将经济发展与就业平衡发展作为两个方向属于新古典宏观经济学思想的范畴。萨伊定律的内涵：产品自身创造需求；以货币为媒介的商品交换，称为商品流通；生产过剩是由于供给出现不足。因此，在一个完全市场中，供给创造需求，可以得出总需求=总供给。

2. 拉弗曲线

拉弗曲线由美国供给学派阿瑟·拉弗提出，其反映税率与税收两者之间的数学关系，呈倒"U"形曲线。由曲线可知，税率为零时，此时税收也为零；税收会随着税率的上升而不断增加，当税收达到最大值时，为最佳税率。拉弗曲线指出税率越高税收不一定越高，适度的税赋水平有利于经济的发展。因此，政府需要在一定范围内减少税赋，税收收入会由于税基增加而不断增多；减税政策的税率要控制在税收弹性范围内，可以适当削减边际税率；减税要求从供给端入手，如给予企业、投资者、居民等生产者优惠的政策，带动供给端的创新和生产效率的提高，增加高质量产品的供给。

3. 中国供给侧结构性改革与供给学派的区别

里根经济学采用供给学派的供给改革理论，引发通货膨胀，使美国的经济出现停滞，其主要原因在于完全放弃刺激需求政策。然而，我国的主要问题不在于生产力不足，而在于供给过剩，供给与需求不完全匹配，低端的供给过多与人民日益增长的消费升级的需求不匹配，进而产生供给侧结构性问题，迫切需要进行供给侧结构性改革，解决我国经济增长动力的不足。

供给侧结构性改革=供给侧+结构性+改革，供给侧指其三大结构，分别是产业结构、企业结构、要素结构；结构性指产业结构、企业结构、要素结构三大结构进行合理配置，提高经济增长的速度、产品的质量、生产产品的效率；改革指通过对三大结构的制度进行完善，促进生产关系调整，改变三大结构比例，提升产品质量。

产业结构包括三次产业结构、产品结构、产品技术结构；企业结构包括所有制结构、大中小企业结构、创新创业企业比重；要素结构包括劳动力、技术、资金、土地等生产要素，交通、能源、信息通信等基础设施，制度和政策供给。

供给侧结构性改革不断推进产业结构升级，对于技术结构要增加生产要素的投入，激发产业结构转型。企业不断改进其所有制结构，企业结构不断完善，三者不断协同发展，不断生产高质量、高品质、高层次的供给来满足需求，以此来推动经济可持续发展，才能将中国的经济活力不断迸发。

因此，我国政府针对供给侧问题采取了"三去一降一补"（去产能，去库存，去杠杆，降成本，补短板）政策，不断探索新常态经济发展中的新动能以及增长驱动力，转换新旧动能，这就需要突破利益集团的阻碍。对于中小微企业，降低市场的准入门槛，通过市场的机制进行完善，打通供需渠道，不断促进新兴主体进入供给侧，挖掘市场潜力（王昌林等，2017）。

2.1.2 旅游经济学理论

旅游经济学是研究旅游活动、旅游消费行为等方面及其规律的综合性经济科学，其中包含旅游市场学、旅游酒店管理等方面，这些方面作为旅游经济学研究的某一对象，进而从整体方面研究整个旅游经济活动过程，是一门系统的流程学科。旅游经济学研究的旅游活动在国民经济中与经济各部门具有重要关系。旅游供给需求规律、旅游资源与环境保护、旅游市场和服务、旅游商品、旅游制度与管理等方面都是旅游经济学的研究范畴。

旅游经济学研究起始于19世纪欧洲旅游活动的兴起，其研究内容为国内和国外旅游状况。1899年意大利学者博迪奥发表的《关于意大利外国旅游者的流动及其花费》为旅游经济学早期的著作。第二次世界大战后，以博尔曼为代表的全球学者对旅游心理、旅游市场进行深度研究，这些研究为旅游经济学的理论提供了重要依据，从而奠定了旅游经济学的基础。中国的旅游经济学正处于引进与研究的双重阶段时期，也是旅游经济学发展的高速期。旅游学是旅游经济学的重要前提，经济学为旅游经济学研究提供重要方法和手段以及研究内容，两者相辅相成，共同推动旅游经济学发展。

2.1.3 高质量发展理论

党中央历来高度重视高质量发展。2017年，党的十九大首次提出高质量发展的新表述[①]，表明中国经济由高速增长阶段转向高质量发展阶段。党的十九大报告指出："我国经济已由高速增长阶段转向高质量发展阶段，正处在转变发展方式、优化经济结构、转换增长动力的攻关期。"党的二十大报告再次强调："高质量发展是全面建设社会主义现代化国家的首要任务。"[②]高质量发展就是体现新发展理念的发展，必须坚持创新、协调、绿色、开放、共享发展相统一，必须坚持社会主义市场经济改革方向，坚持高水平对外开放，加快构建以国内大循环为主体、国内国际双循环相互促进的新发展格局。

目前有不少学者开展了对于高质量发展的研究，但是关于高质量发展的内涵尚未形成统一的定论。总结现有文献中关于高质量发展内涵的表述，可以得到：高质量发展不仅体现为效率的提高，以较少的投入获得最大的收益，还要重视资源配置公平原则和可持续发展的原则；高质量发展是"坚持人民中心立场，提高人民的幸福感，满足人民对美好生活向往"的发展；高质量发展不仅是经济的高质量发展，还是通过经济发展质量的提高从而产生福利效应，带动社会全方位的发展。高质量发展是一个多环节、多要素的动态循环系统。若想此系统高效率地运行，必须建立和完善一系列贯彻新发展理念的体制机制，只有坚持以人民为中心的发展观，贯彻执行创新、协调、绿色、开放、共享的新发展理念，才能实现更高质量、更有效率、更加公平、更为安全、更可持续的发展（王大树，2022）。高质量发展要求我国经济要从主要依靠增加物质资源消耗实现的粗放型高速增

---

① 《习近平：决胜全面建成小康社会 夺取新时代中国特色社会主义伟大胜利——在中国共产党第十九次全国代表大会上的报告》，https://www.gov.cn/zhuanti/2017-10/27/content_5234876.htm[2024-10-15]。

② 《习近平：高举中国特色社会主义伟大旗帜 为全面建设社会主义现代化国家而团结奋斗——在中国共产党第二十次全国代表大会上的报告》，https://www.gov.cn/xinwen/2022-10/25/content_5721685.htm[2024-10-15]。

长，转变为依靠技术进步和提高劳动者素质实现的高质量发展。高质量发展的目标就是要推动我国经济持续健康发展，更好地满足人民群众多样化、多层次、多方面的需求（任保平，2018）。

2.1.4　供给侧结构性改革理论

1. 供给侧结构性改革的内涵

供给侧结构性改革，即提高产品供给的质量，通过政府改革对经济结构进行调整，使供给要素合理配置，扩大有效供给，提高全要素生产率，将资源和产业结构优化，不断满足人民日益丰富的需求，促进经济可持续发展。

2015 年，习近平首次提出"供给侧结构性改革"概念[①]。2016 年，中央经济工作会议指出，供给侧结构性改革要在五个层面做文章：去产能、去库存、去杠杆、降成本、补短板。2017 年党的十九大报告指出"深化供给侧结构性改革"[②]。2018 年政府工作报告将"发展壮大新动能"和"加快制造强国建设"列为供给侧结构性改革任务前两位[③]。党的二十大报告指出，"要坚持以推动高质量发展为主题，把实施扩大内需战略同深化供给侧结构性改革有机结合起来"[④]。

中国加入世界贸易组织（World Trade Organization，WTO）以后，经济得到快速发展，旅游业也跟着快速发展。据国家统计局核算，2019 年我国的 GDP 为99.09 万亿元，仅次于美国，位列世界第二；人均 GDP 7.08 万元，首次达到 1 万美元，这对于中国也是一个新的台阶，也意味着全球人均 GDP 超过 1 万美元的人口增加了 1 倍多，为世界经济增长作了贡献。从 2006 年至今，我国的经济增长速度长期处于全球前列。人均 GDP 突破 1 万美元大关，凸显了我国的经济规模与之前相比更加庞大，有利于改善我国的国际发展环境，提高综合国力，巩固我国世界第二大经济体的地位。

在国内外经济的综合作用下，我国 GDP 从高速增长转为中高速增长，经济发展进入新常态。因此，迫切需要从供给侧一端入手：首先，调整产业结构，发展高附加值的科技产业、绿色低碳产业；其次，合理分布区域人口，促进区域平衡、协调、公平发展；再次，优化投入结构，投入人才、技术、知识、信息等高级要

---

① 《习近平主持召开中央财经领导小组第十一次会议》，https://www.gov.cn/guowuyuan/2015-11/10/content_5006868.htm[2024-10-15]。

② 《习近平：决胜全面建成小康社会 夺取新时代中国特色社会主义伟大胜利——在中国共产党第十九次全国代表大会上的报告》，https://www.gov.cn/zhuanti/2017-10/27/content_5234876.htm[2024-10-15]。

③ 《政府工作报告》，https://www.gov.cn/premier/2018-03/22/content_5276608.htm[2024-10-15]。

④ 《习近平：高举中国特色社会主义伟大旗帜 为全面建设社会主义现代化国家而团结奋斗——在中国共产党第二十次全国代表大会上的报告》，https://www.gov.cn/xinwen/2022-10/25/content_5721685.htm[2024-10-15]。

素；最后，优化动力结构和分配结构，缩小城乡收入差距、贫富差距。通过深化供给侧结构性改革，在经济发展新常态背景下，促进产业结构优化，有效发展中国经济，改善人民生活。

2. 旅游供给侧结构性改革的内涵

目前，旅游业处于矛盾凸显时期，在消费升级背景下，居民的旅游需求不断扩大，旅游消费需求的质量要求不断提高，但是旅游业供给侧方面的产品供给不合理、资源匹配不平衡，暂时无法满足消费者日益增长的多元化、个性化的旅游消费。对旅游业的供给侧进行结构方面的转型、调整、升级，使旅游产品供给以及政府在旅游供给侧的管理和服务水平满足旅游消费升级需求，即旅游供给侧结构性改革。

党的十八大以来，旅游业对我国国民经济的综合贡献超过 10%，旅游业作为我国支柱型产业的地位逐渐突出。国家统计局的数据显示，1949 年，我国居民人均可支配收入仅为 49.7 元；2018 年，达到 28 228 元，扣除物价因素，实际增长59.2 倍，年均实际增长 6.1%。这说明由于居民可支配收入的提高，居民消费水平也在迅速提高，人们的消费开始从生存型消费向发展型升级。

人们对于生活必需品的传统消费已经改变，居民开始追求休闲旅游、享受型消费，这说明国内旅游消费需求扩大，迫切需要旅游供给侧结构性改革，推动经济的快速发展。

2.2　概　念　界　定

2.2.1　旅游经济高质量发展

党的十九大报告中指出，"我国经济已由高速增长阶段转向高质量发展阶段"[①]，这是党中央对新时代我国经济发展特征的重大判断。党的二十大报告对文化和旅游工作做出重要部署，充分体现了以习近平同志为核心的党中央对文化建设和旅游发展的高度重视。党的二十大报告明确把"坚持以文塑旅、以旅彰文，推进文化和旅游深度融合发展"[②]作为繁荣发展文化事业和文化产业的重要要求。这既是对新时代以来我国旅游业发展路径、发展经验的高度总结，也为新时代旅

---

① 《习近平：决胜全面建成小康社会 夺取新时代中国特色社会主义伟大胜利——在中国共产党第十九次全国代表大会上的报告》，https://www.gov.cn/zhuanti/2017-10/27/content_5234876.htm[2024-10-15]。

② 《习近平：高举中国特色社会主义伟大旗帜 为全面建设社会主义现代化国家而团结奋斗——在中国共产党第二十次全国代表大会上的报告》，https://www.gov.cn/xinwen/2022-10/25/content_5721685.htm[2024-10-15]。

游业高质量发展提供了重要遵循，指明了发展方向。国务院印发的《"十四五"旅游业发展规划》概括总结了"十三五"期间我国旅游业发展的历史成就和发展经验，科学研判了"十四五"时期大众旅游进入全面发展阶段所面临的形势和挑战，勾画了"十四五"时期旅游业高质量发展的新蓝图，推动了旅游业的高质量发展，为旅游业发展提供了根本遵循。

目前关于旅游经济高质量发展的内涵尚未有统一的结论，总结现有文献中关于旅游经济高质量发展内涵的研究，可以得出以下结论：第一，旅游经济高质量发展指的是遵循创新、协调、绿色、开放、共享的新发展理念，兼顾旅游发展质量和规模，推动旅游资源、社会和生态环境可持续发展的旅游经济发展模式（王婷伟和张慧，2021）；第二，旅游经济高质量发展要对一定时期旅游经济发展水平及其优劣性进行价值判断，主要包括旅游经济发展协调性、创新技术与开放市场变革关系的产业结构合理性、旅游资源环境关系的绿色发展程度、旅游经济关系的资源共享程度等（唐业喜等，2021）；第三，旅游高质量发展必须以人的全面发展为最终目标并遵守经济、社会文化、环境三条发展底线，旅游高质量发展的核心理念是可持续发展观的延续与强化，同样遵循可持续发展的最高价值准则和三条底线，即人的全面发展最终目标和经济、社会文化与环境协同发展的底线（张朝枝和杨继荣，2022）；旅游经济高质量发展和生态文明挂钩，旅游环境质量（包括污染状况和生态本底）、旅游资源质量（包括景区资源和文化资源）、旅游服务质量（包括食宿条件、服务容量、服务水平）、旅游吸引能力（包括旅游流量和旅游收入）是旅游经济高质量发展的判断标准（龙志和曾绍伦，2020）。

2.2.2　旅游经济高质量发展的供给侧结构性改革动力

1. 自主创新

旅游业的自主创新包括内容创新、制度创新、技术创新和商业模式创新。

第一，内容创新是指旅游产品和服务创新。旅游产品和服务创新的基本内涵表现在思想观念、主题内容、人本关怀创新上（方澜，2010）。从思想观念的角度来说，旅游产品和服务在进行创新时，要按照旅游业的客观要求不断解放和发展生产力，摒弃老旧观念，形成正确的产业观。同时也要落实科学的旅游资源观，保护旅游地现有资源，合理开发和利用新资源，根据当地特色创新产品和服务。还要打造新型旅游消费观，合理消费，拉动内需，刺激旅游业经济高质量发展。从主题内容的角度来说，主题是指蕴涵于旅游产品和旅游服务中的核心内容，能够赋予旅游产品和服务以鲜明特色，引导旅游消费的潮流趋势。为了吸引消费者，扩大旅游产品和服务的市场需求，主题内容的开发需要从消费者的角度来确定。此外，旅游产品和服务的打造与创新还需要被赋予文化内涵，体现出可持续的思想和对民俗文化的保护等，尊重保护文化，才能赢得消费者，赢得市场，实现旅游经济的高质量和可持续发展。从人本关怀的角度来说，人本关怀是指对人本身的关注与思考，它着眼于人的价值和存在意义，强调关注人的思想与感情。旅游产品和旅游服务的创新在设计时就要充分体现人本关怀，撤除纯获利的思想，从便利消费者、吸引消费者的角度出发去创新产品和服务。旅游当地在提供服务时，要多注重加强产品和游客之间的联系与互动，增强趣味性，吸引游客消费。

第二，制度创新表现为国家和地方政府通过不断推动国家级景区门票降价的政策，让老百姓真真切切感到实惠，利用互联网举办数字文化旅游，增加游客消费新体验。在移动支付便民工程方面，充分推广支付宝和微信支付等快捷支付在旅游场所的普及，方便游客出行的旅游消费。在旅游景区管理方面，政府通过提高公共服务的质量，加强旅游景区的管理，使游客愉悦地游览景区，完善旅游机构科学设置以及人员合理安排。制度的创新还表现在具体管理办法的创新上，如更新领队的职责、出国旅游者的权利及义务、出国旅游目的地的审批、经营出国旅游业务的组团社资质和义务等，创新性地建立旅行社保证金管理制度、下放旅行社审批权限等，这些制度的创新突破了原有的对旅游业采取的管理方式和手段（周琳，2014）。

第三，技术创新表现为在云计算等科技的发展下，大数据、人工智能等新兴科技使旅游业产生极大的变革；基于信用体系和人工智能的创新下的新兴未来酒店，使游客更便利，不需要押金、排队、查房，可以离店后付款；将人工智能应用到旅游预测中，使用支持向量机等方法，了解和吸引消费者需求，扩大消费市场。除此之外，还能通过"互联网+旅游"使旅游业消费更加智能化、专业化，利用网上签证等方式节省时间，高效解决旅游问题，促进旅游产业的转型发展；在智慧旅游目的地升级服务，促使智慧景区技术发生变革；在微商城等方式下使旅游目的地实现移动化、智慧窗口化；让在线旅游平台提供给消费者的服务更加精准化。

第四，商业模式创新改变着行业格局，影响着需求端选择和供给端决策，为旅游业的高质量发展探寻新的方向。商业模式创新能力始终都是企业核心竞争力的重要体现之一。在未来竞争不确定下，商业模式创新对旅游业者而言尤为重要，必须探索新的商业模式，才能提高企业的竞争力。旅游业可以加快不同领域的创新与融合，旅游与文化、旅游与体育、旅游与互联网、旅游与大数据乃至人工智能的相互促进，催生新的商业模式，从而改善供给质量，调动内需潜力，为旅游消费者提供更个性化、多元化的出游选择与更高质量的旅游产品和服务。

2. 产业政策和金融支持

旅游产业政策是指地方政府为了促进当地旅游经济的发展，制定的一系列发展规划、组织编写的发展措施、建立的旅游管理体制、设置的对景区的管理方式等。旅游产业政策创新的内涵首先表现为中央和地方政府沟通协调景区开发建设的具体措施，完善新的行业监督和管理办法，使旅游业经济发展更为规范。其次表现为政府助力打造新颖的营销方式，将节假日与景区的特点结合，策划开展具有特色的旅游交易会、旅游节庆会等，借此扩大景区的影响，吸引游客，刺激消费，扩大市场，拉动当地旅游经济增长，助力中国旅游业经济高质量发展。最后，产业政策创新的内涵表现为政府扩大对景区的投资，吸收投资，为当地景区引进资金资本，助力完善当地景区旅游设施的建设，加速推进景区的开发，优化景区环境、产品和服务等。政府的政策支持和创新是促进旅游经济发展的重要驱动力，为景区的发展提供重要保障和支持（赵建平，2021）。

金融支持包括金融信贷支持、金融产品支持与金融政策支持。金融信贷支持是指国家通过金融机构，主要是政策性金融机构，对其扶持的产业、部门、企业或具体项目给予贷款，帮助其发展的一种方式。金融产品支持是指银行、保险、证券等金融机构研发、设计并向消费者提供与旅游业相关的产品。金融政策支持是指政府出台相关金融管理、监管、披露等相关政策，来保障当地旅游经济的发展。金融支持创新的内涵表现为金融机构针对旅游业的特点制定定制化的产品、提供优质融资支持、创新融资工具，根据景区需求，调整风险评估标准，探索新型融资租赁方式；政府完善评审制度，完善引导机制，引导企业投资景区的发展，引导增强市场竞争力，避免企业过度依赖政府补助，发挥好政府的调节作用。金融支持的创新能有效保障旅游经济的不断增长（杨建春和施若，2014）。

3. 人力资源、产业资本和知识产权

人力资源由劳动力和人力资本构成，分别通过数量和质量的增长来推动旅游经济的高质量发展。此外，人力资本通过自身能力的提升和对外溢出效应来刺激外界社会总体人力资本水平的提升，驱动旅游业经济增长。对于旅游业而言，人力资源包括高素质导游人才、旅游教育工作者、旅行社文化创办者、旅游文化宣讲者等，这些资源在促进旅游业经济高质量发展的过程中起到十分重要的作用，是旅游业经济发展的不竭动力（赵琴琴和任国征，2022）。

参照文化资本的内涵给出旅游产业资本的定义。旅游产业资本是指旅游景点的商户或支持旅游业的企业、个人在长期的生产实践中投入的资金或其他形式的资本，及其在旅游过程中生成的价值（王曙光和雷雪飞，2020）。旅游产业资本投入包括资金投入、产品投入等。资金和产品的投入动向一般是旅游景区、旅游基础设施、旅游房地产、旅游住宿酒店等领域。旅游产业的资本投入是旅游业经济发展的不竭源泉。

知识产权是指权利人凭借自己的智力和劳动生产的知识成果与经营活动中的标

记、信誉所依法享有的专有权利。旅游知识产权是指景区或者旅游企业、组织基于创新性旅游产品的智力成果而享有的专有权利。具体来说，旅游知识产权是在旅游产品开发的过程中涉及的包括吃、住、行、游、娱、购等很多方面的生产而形成的创造性智力成果，其中包含的知识产权就是旅游知识产权（杨美霞和张鸿飞，2010）。

2.3　供给侧结构性改革促进中国旅游经济高质量发展的内在逻辑

建设现代化经济体系，必须以实体经济为发展重点，推动经济建设，要以供给侧结构性改革为主线。旅游业是中国经济的支柱行业。旅游经济的发展为我国经济的发展注入了源源不断的动力。旅游业经济的高质量发展对建设现代化经济体系具有重要的推动作用，而供给侧结构性改革能够刺激中国旅游业经济的发展，是旅游经济高质量发展的重要动力源，供给侧结构性改革动力，如图 2-1 所示。

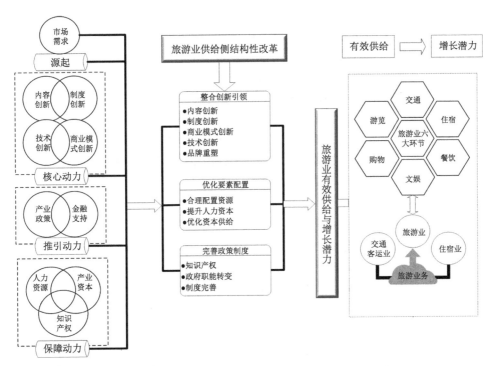

图 2-1　中国旅游经济高质量发展的供给侧结构性改革动力图

2.3.1 自主创新是旅游经济高质量发展的核心动力

供给侧结构性改革通过刺激和激励旅游业的自主创新，整合创新引领来推动中国旅游经济的高质量发展。自主创新是推动其高质量发展的核心动力。旅游业的自主创新表现在这几个方面。

首先是内容创新。内容的创新表现在旅游产品和服务的创新上。2019 年中国旅游研究院的工作状态汇报报告显示，当年我国的出境游客境外消费超过了 1338 亿美元，相比于 2018 年，增速超过了 2%。2019 年我国出境旅游规模达到了 1.55 亿人次，而 2018 年出境旅游规模为 1.49 亿人次。国内游客竞相出境购买国外产品的现象暴露了我国当前旅游业产品质量有待提升，产品服务结构单一，缺乏新颖度，难以吸引消费者的问题。与此同时，中国旅游业还存在产品体系混乱，旅游服务项目重复建设的问题，难以对接旅游需求市场，对旅游经济持续优质发展不利。而在智慧旅游时代背景下，旅游市场能够打造出高端的一对一旅游产品，创新旅游新模式和新服务，不断从供给端入手，满足消费者的需求，活跃旅游业市场。例如，由于乡村丰富的人文资源以及自然景观资源，在这样的优势下，乡村居民拓展旅游休闲新服务模式；通过共享旅游的方式，游客共享资源的情况下，强化了消费者的共享以及节约意识；在文化传播中，旅游业的文化结合形成的文旅融合服务新模式，不断将文化与旅行结合，创新旅游消费新体验。近年来，自驾游发展迅速，其个性化、自由化的体验需要交通路线的精确性作为保障。因此，更精确以及更具价值的路线被打造了出来，方便自驾游出行。在旅游新服务模式动力因素驱动下，旅游经济高质量发展以及旅游转型升级有了新的方向，进而推动我国经济高质量发展。在旅游供给侧结构性改革推动下，在旅游新服务动力因素驱动下，我国旅游业不管是线上还是线下都有了新的服务经营模式，还开拓了旅游业新市场。例如，旅行社与旅游景区的合作，可以提升双方的经济效益，并促进消费者旅游消费，有利于旅游系统的高效发展；在线旅游运营模式改变了线上与线下的分离状态，进一步推动了智慧旅游运营的发展；景区以消费者为中心，从形式、内容、体验多方面入手，定制游客服务需求。将旅游与娱乐结合，打造全新体验式旅游服务。以武汉马鞍山森林公园为例，当地推出了新服务，由于交通的便利和票价低廉，吸引了众多游客，并且有自助烧烤、划船、娱乐射击等项目，改善了森林公园以自然风景为主的经营思路，又丰富了人们休闲需求。另外，红色旅游通过情感式经营方式推动人们到革命烈士陵园等景区体会当年革命烈士的艰辛，表达对先烈的感恩、怀念、尊敬等情愫。旅游新经营方式、新服务方式不断地产生，也在不断满足消费者的需求。总之，供给侧结构性改革推动旅游产品和服务的创新，为打造出新型复合型的旅游产品，开发定制型旅游服务，进一步完善旅游产品和服务结构创造可能。产品服务结构的升级与完善又拉动需求的增长，在推动中国旅游经济的高速、高效、高质量发展上发挥重要的作用。

其次是制度创新。当前我国旅游业相关制度还需完善，旅游业管理部门之间体制建设需要进一步加强。供给侧结构性改革的重大原则是处理好政府与市场的关系，完善社会主义市场经济体制，在正确发挥政府作用的同时，使市场在资源配置中起决定性作用。供给侧结构性改革能促使政府更好地发挥宏观调控的作用，处理好管理上集权与分权的关系，强化对旅游资源开发、市场准入等关键环节的政府规划与管控，在中央统一政策框架下，赋予地方因地制宜制定实施细则的权限，让旅游业的监管权责更加明晰化，以期达到遏制不正当竞争行为、引导企业差异化发展、规范旅游市场秩序的目的。这些举措为旅游经济的高质量发展扫清了障碍，也为其注入了强劲的动力。

再次是技术创新。中国旅游业发展目前存在着技术创新不足，旅游产业与现代科技融合度不够，业内结构单一，应对风险能力弱等问题。供给侧结构性改革的推进加强了旅游产业与科技企业的合作，促使旅游企业充分利用现代科学技术，打造出"互联网+旅游"的新型旅游模式和平台，促使旅游行业向信息化行业转变，实现行业的可持续发展。加大企业与科技的融合度是供给侧结构性改革的重点，也是经济高质量发展的关键。随着改革的进一步深入，新兴科技如云计算、大数据等与旅游产业加快融合，实现企业内部资源高效共享，旅游业向着智慧化建设高效迈进。这些举措提高了旅游业与科技融合度，能达到节约成本、吸引游客的目的，为旅游业的发展吸收更为广泛的资金，助力其拓展新领域内的发展空间，加速旅游业企业转型，以此来推动中国旅游经济高质量发展。

最后是商业模式创新。当前我国很多景区都在照搬其他地域景区的开发和建设模式，缺乏挖掘自身特色的能力。这也暴露出我国部分旅游企业在盈利模式构建上的不足，少数地方仍出现一些烂尾工程，造成一定程度的资源浪费。部分旅游企业没有利用好政府创造的有利政策环境，影响了自身业务的发展。供给侧结构性改革的推进为中国旅游业商业模式的创新提供了新思路，刺激了多元化盈利模式的产生与应用。旅游企业在保障基本设施与服务的同时，开发多样化的经营服务，增加自身营业收入，完善了本身的资金链条体系，实现长期高质量可持续发展。政府供给端政策的推出，如减免税收等，利于旅游企业将更多的资金布置到商业模式的创新上，刺激旅游企业引入线上线下多层次平台，为游客提供多方位信息资源共享，提升消费者满意度，扩大消费市场。

2.3.2　产业政策和金融支持是旅游经济高质量发展的推引动力

第一，供给侧结构性改革的推进优化了产业政策，进而优化了旅游业的布局结构。良好的产业政策是中国旅游经济高质量发展的推引动力。中国旅游产业发展体系还不够完善，政府部门制定的产业政策也存在不够全面的问题。例如，对旅游文化产地的宣传政策不到位，宣传力度不足，游客缺少对景点的认识，这就在一定程度上限制了消费市场的开拓，限制了资本的流入。随着供给侧结构性改革的推进，政府也出台了一系列政策，如税收减免政策，在供给端给予旅游业发展动力。比如，资金支持政策的出台使旅游业的资金链得到保障，旅游业获取可持续发展的能力增强。除此以外，新兴旅游产业的兴起，如"旅游+农业"的乡村旅游，"旅游+工业"的工业旅游以及工业遗产旅游，以黄石国家矿山公园工业旅游为例，其成功打造以自然景观为依托的旅游新产品。再如"旅游+教育"、智慧旅游以及定制旅游，将各要素与旅游业结合驱动旅游业经济发展。另外"旅游+交通"中受年轻人欢迎的房车旅游、自驾游，"旅游+大健康"的医疗旅游、温泉旅游，"旅游+体育"的休闲运动、赛事旅游，"旅游+城镇化"的旅游小城镇、旅游综合体等比较新颖的旅游新产业，这些都极大推动了旅游新产业的产生。"茶旅融合"的全新产业模式，顺应了茶产业与旅游业的转型升级，提升了茶旅的吸引力。这些"旅游+"的新兴产业不断驱动旅游业健康发展，旅游新产业动力因素扩大了旅游涉及的领域，不断满足不同消费者的需求，同时也为新的产业政策的提出提供新的实践建议与方案。总之，产业政策的优化为中国旅游经济的发展提供了良好的政策环境，优化了整体旅游业的布局结构，使旅游业的区域结构得到调整，产业结构进一步优化，产业结构进一步优化体现在旅游资源利用率的提升，旅游部门之间的分工明确、办公协调上。并且，产品结构也得到了更深层次的完善，旅游产品在类型、数量等方面不断调整，渐渐发挥出产品的最大价值。这些都在助力推动旅游经济快速高质量发展。

第二，实施供给侧结构性改革给中国旅游业带来了多方面的金融支持，包括金融信贷支持、金融产品支持及金融政策支持等。金融支持是推动中国旅游经济高质量发展的推引动力。

首先是金融信贷支持。当前我国旅游业存在金融信贷不足的问题，银行提供给旅游业的信贷支持不足。而一些旅游企业又由于基础设施建设不到位，旅游产品服务不具有吸引力，管理体系混乱等问题较难融入资金开发景区，外部资本流入不足，旅游企业只能依赖商业银行，单一的融资渠道存在较大隐患。银行提供的信贷资金链一旦断裂，对旅游企业的打击是致命的。再加上商业银行贷款会评估借款人的信用状况等，上述问题企业得到银行信贷支持的可能性就更小。对于这部分旅游企业来说，融资就会难上加难。随着供给侧结构性改革的推进，商业银行的主体功能在加强，金融机构也在供给侧结构性改革的助力下不断完善对客户的信用风险评估体系，制定出适宜的贷款利率，优化贷款贷出程序体系，为旅游企业提供定制化金融贷款服务。与此同时，供给侧结构性改革也在督促金融机构脱虚向实，增加对旅游企业的信贷供给支持，为中国旅游经济高质量发展助力。其次是金融产品支持。金融机构提供给旅游业的信贷产品及服务存在同质化的问题,且部分金融产品无法与旅游业需求相对接。供给侧结构性改革推进,促使金融机构从消费市场特征入手来提供金融产品,满足旅游业的需求。针对旅游业的特点,金融机构提供定制化的信贷产品,不断完善贷款产品。完善过后的金融产品为中国旅游企业拓宽了融资渠道,有助于旅游企业进一步开发景区资源,实现自身的可持续高质量发展。最后是金融政策支持。旅游业属于投资额度大,投资回收时间长的行业,政府某些部门会在追求短期利益的过程中减少对旅游业的金融性政策支持。供给侧结构性改革的推进加强了对政府制定相关政策的引导,政府制定出了针对当地旅游业发展的资金融通政策,搭建融资平台,帮助旅游企业拓宽融资渠道,助其缓解融资难的问题。政府积极性政策的推出也会给予当地商业银行和金融机构信心,银行和金融机构投资旅游企业的可能性也会增大。与此同时,政府通过发行债券等方法吸收民间资本流入旅游业,给予旅游业资金支持。

2.3.3　人力资源、产业资本与知识产权是旅游经济高质量发展的保障动力

第一,供给侧结构性改革为旅游业提供了更多更为丰富的人力资源,人力资源的发掘是促进我国旅游经济高质量发展的保障动力所在。供给侧结构性改革完善了旅游业的结构和模式,为培养出高端旅游业人才创造新契机。当前旅游行业高端人才短缺和流失现象较为突出,人才问题会成为全行业的痛点。改革的推进敦促政府部门更加重视旅游业人才的发掘、合理配置人才资源。政府能主动鼓励企业打造多方面、多维度的培养机构和平台,依靠机构和平台对吸收的人才进行合理规范严密的培训与监管,引导高质量的人才流向旅游市场。政府也能继续优化旅游教育的结构,增设旅游院校,开展优质的旅游课程来提高旅游业教育质量,使旅游业得到持续优质的人力资源输入。与此同时,旅游景点所在地也能着重增强对旅游人才的培养,对接当地旅游需求市场,推出针对性的旅游人才,包括导游、旅游业管理人员等。

第二,产业资本同样是促进中国旅游经济高质量发展的保障动力。目前我国部分旅游企业存在着资金短缺,企业经营过分依赖银行贷款的问题,这些问题导致部分旅游企业的资金链断裂,旅游基础设施建设较难得到保障。供给侧结构性改革的推进能优化资本供给,拓展旅游投资渠道,引导社会资本流入中国旅游产业,帮助完善旅游企业的资金供应体系,使资金的使用效率进一步提升,重复性的建设和投资得以避免。产业资本供给包括商品供给,旅游商品的供给表现为旅游产品和旅游服务的供给。供给侧结构性改革的推进让旅游业相关产品和服务的供给激增。因地而异的旅游产品和服务具有非同寻常的吸引力,且具有较大的经济发展价值。通过开发旅游产品,打造特色服务,增加产品和服务的有效供给,助推旅游景点当地精准定位自身,可以达到吸引更多游客、扩大旅游消费

市场、增加当地的旅游收入、刺激旅游经济增长的目的，助力中国旅游经济优质高效发展。

第三，供给侧结构性改革的推进促使中国旅游业重视对知识产权的保护。保护知识产权可以保障中国旅游经济的高质量发展。然而我国部分旅游企业在保护知识产权方面还存在诸多不足，如部分旅游业管理部门缺乏对知识产权保护的正确认识，相关法律观念薄弱，假冒伪劣的旅游产品使旅游经济的发展受到极大阻碍，同时也会使消费者和游客失去对旅游地区与旅游产品的信任，造成大量资金流失。此外，抢注商标等行为不仅损害地域名誉，还会使得整体旅游经济发展缓慢。供给侧结构性改革可以引导政府和旅游企业强化知识产权保护意识，旅游企业在政策支持下加强对旅游产品的商标申报注册，提升技术能力，依据自身实力和特点，打造具有自身特色的品牌，优先获取知识产权保护。

2.4　本章小结

本章将供给学派的相关理论，如萨伊定律、拉弗曲线等与中国供给侧结构性改革进行比较，揭示我国供给侧结构性改革理论与中国国情的适应性与独到性。接着，梳理了旅游经济学理论、高质量发展理论，从而对旅游经济高质量发展做出概念界定，据此提出了促使旅游经济高质量发展的供给侧结构性改革动力：自主创新是旅游经济高质量发展的核心动力；产业政策和金融支持是旅游经济高质量发展的推引动力；人力资源、产业资本与知识产权是旅游经济高质量发展的保障动力。

第3章　中国旅游业发展态势与供给侧问题分析

改革开放以来，我国旅游业在国内、入境、出境旅游中都取得了骄人的成绩，国内旅游业经济一直稳定增长，入境旅游一直处于世界前列，对我国经济发展具有关键作用，也是未来我国经济发展新的增长点。本章介绍了中国旅游业的发展态势，分析了中国旅游业供给侧结构性改革问题，并对西安、厦门、成都、杭州、三亚等旅游城市展开典型分析。

3.1　中国旅游业发展态势

3.1.1　中国旅游业发展历程

改革开放以来，我国现代旅游业从无到有，发展迅速。我国的旅游业经历了四个阶段：起步阶段、成长阶段、拓展阶段、综合发展阶段。

起步阶段（1978～1991年）：在这个阶段，中国现代旅游业从无到有，我国旅游业从只作为"外交"慢慢向促进经济发展的产业方向转变，国家旅游局和旅游行业协会开始确立旅游体制，政府和企业逐步分开，初步利用外资，旅游业开始成为创造利润的经济产业，从单一的计划经济接待行业，向市场经济多元化的第三产业服务业迈进。

成长阶段（1992～1997年）：1992年，中国明确建立社会主义市场经济的改革目标。之后，不断推进我国旅游业的市场化、对外开放、规范化三大进程。我国旅游业开始以政府为主导，发展国内旅游、出境旅游、入境旅游三大市场，推进旅游业不断快速成长。

拓展阶段（1998～2008年）：在1998年，旅游管理体制改革不断深化，国家旅游局直属企业和国家旅游局正式实施政企分离。之后，1998年12月颁布《中外合资旅行社试点暂行办法》，进一步开放了旅行社市场。另外，通过调整假日制度，旅游相关管理开始向需求延伸，对于假日经济具有促进作用。2007年通过完善旅游产业体系，推动旅游业向新兴产业以及国民经济重要产业转型，不断拓展了旅游业发展空间。

综合发展阶段（2009年至今）：2009年1月，政府在旅游方面提出要发展国内旅游和入境旅游，在不断扩大内需背景下，充分重视中国旅游业市场。在综合发展阶段，首先，旅游企业和政府需要提升服务质量，驱动旅游业创新发展；其次，发挥标准化作用，引导和规范旅游业市场，不断培育旅游品牌；再次，促进对外开放，加强国际在旅游业方面的合作，引进国际先进的旅游管理经营模式，加快旅行社及旅游企业转型升级；最后，加快推动旅游供给侧结构性改革，从供给端入手，通过互联网、大数据、云计算等新技术，进行"旅游+"与不同产业合作，不断推进全域旅游发展，旅游业从重要国民经济产业向国民支柱产业转型，中国成为世界最大的国内旅游市场，世界第四大旅游目的地国家，旅游在不断综合发展，不断开发新的旅游领域及模式。

3.1.2 中国国内旅游业发展状况

中国加入 WTO 以后，中国经济快速发展，旅游业也跟着快速发展。据国家统计局核算，2021 年我国的 GDP 为 114.37 万亿元，仅次于美国，稳居世界第二大经济体；人均 GDP 8.1 万元，突破 8 万元，按年平均汇率折算超 1.2 万美元，超过世界人均 GDP 水平。

从 2006 年至今，中国对全球经济增长的贡献率持续领先。在 2021 年，我国 GDP 在全球 GDP 中占比达到 18.5%，比 1978 年提高了 16.8 个百分点。人均 GDP 突破 1.2 万美元，凸显了我国的经济规模，与之前相比更加庞大，有利于改善我国的国际发展环境，提高综合国力，更巩固了我国在世界中第二大经济体地位。如图 3-1 所示，我国的 GDP 从 2009 年的 34.85 万亿元升至 2021 年的 114.37 万亿元，增长率接近 230%，体现了中国式经济增长速度。2009～2021 年，我国的人均 GDP 也从 2.62 万元增加到 8.1 万元（即 1.2 万美元），人均 GDP 的增加也就意味着人均可支配收入的增加，收入决定消费，这将使得中国的消费市场进一步扩大，有利于消费不断升级。2021 年，我国居民消费恩格尔系数为 29.8%，说明衣食住行等基本需求仍然占比很大。

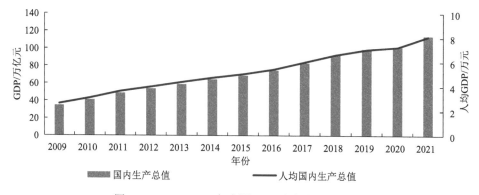

图 3-1　2009～2021 年中国 GDP 和人均 GDP 情况

　　自我国"入世"以来,不断调整经济政策,以及对世界经济的深刻理解,中国经济不断创历史新高。近年来,我国的经济增速已经从高速增长转变为中高速增长,现在要求的不只是追求经济的增速,而是重视高质量、高效率的经济增长。作为第三产业的服务业,更需要高质量的增长。我国的旅游业快速发展,旅游业的规模不断扩大,旅游产品的系统和体系日渐完善,旅游结构不断调整,市场环境不断优化。如图 3-2 所示,2010~2021 年,除了在 2020 年受新冠疫情影响有所下降,我国旅游业收入的增速一直保持在 10%以上,更是在 2019 年创历史新高达 5.73 万亿元,占 GDP 比重为 5.78%。如图 3-3 所示,国内游客数从 2010 年的 21.03 亿人次增长到 2019 年的 60.06 亿人次,但在 2020 年遭遇新冠疫情的打击增速有所下降,2021 年增速恢复到 30.94%。

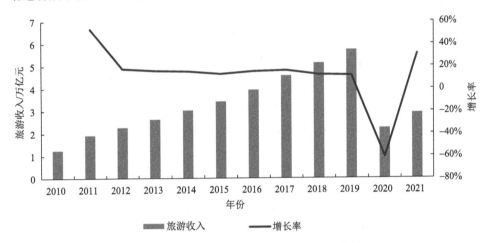

图 3-2   2010~2021 年国内旅游收入及增长率情况

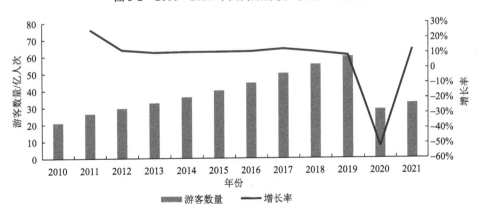

图 3-3   2010~2021 年国内游客数量及增长率情况

旅行社是推动旅游业发展的重要引擎，对旅游生产和旅游消费有着积极的促进作用。自改革开放以来，随着物质生活水平的不断提高，人们对于丰富精神生活也有了更高的要求，旅游市场逐步扩大。如图 3-4 所示，我国旅行社数量由 2010 年的 22 784 个增长到 2020 年的 31 074 个，星级饭店数量由 13 991 个下降到 8423 个。由此表明，虽然旅行社数量在增长，但是增长幅度小；另外，星级饭店数量总体呈下降趋势，饭店的供给出现短缺，这也说明旅游客体资源存在不足。

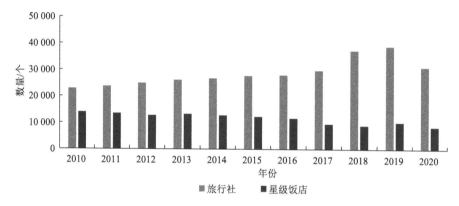

图 3-4　　2010～2020 年我国旅行社和星级饭店数量情况

3.1.3　中国出入境旅游发展状况

改革开放以来，我国的旅游业发展迅速，特别是出境、入境旅游市场发展迅速。在出境市场方面，中国出境旅游消费的体量是世界第一，随着我国居民收入的不断提高，我国在旅游客源输出国中排名全球第一。在 2019 年，居民出境游客数量为 1.69 亿人次，与 1994 年的 0.061 06 亿人次相比，增长了近 27 倍。

进入 2000 年以后，入境旅游得到更好的发展，虽然 2003 年的 SARS（severe acute respiratory syndrome，严重急性呼吸综合征）以及 2008 年的全球金融危机带来了一些冲击，但总体保持增长的趋势。随着全球经济的复苏，我国经济也开始从最初的重视经济增速向高质量发展转变，中国对外开放程度不断提高，签证简化、国际航线增加，另外我国在旅游景区宣传的推广，都促进了我国入境旅游市场的不断前进。

如表 3-1 所示，2001～2019 年，入境游客数量由 8901.29 万人次增加到 14 530.78 万人次，年均增长率达到 2.76%。其中，港澳同胞人数由 2001 年的 7434.45 万人次增加到 2019 年的 10 729.01 万人次，年均增长率为 2.06%；台湾同胞人数由 2001 年的 344.20 万人次增加到 2019 年的 613.42 万人次，年均增长率为 3.26%；2001～2019 年，入境外国人人数由 1122.64 万人次增至 3188.34 万人次，年均增长率为 5.97%。由此可见，入境外国人人数增长速度最快，这说明外国客源市场发展潜力巨大，需要旅游企业、旅游景区、旅游管理部门等相关部门系统性制定适合发展的政策，好好把握国外客源市场，吸引外国人到我国旅游，不断宣传我国的文化，增强文化输出，加强外国人对我国的文化认同感，不断提升我国软实力；其次，入境台湾同胞人数虽然与入境外国人人数有差距，但其年均增速不可小觑，同样具有很大的潜力；入境港澳同胞人数虽然年均增速较慢，但其体量大，总体增量比较稳定。

表 3-1　2001～2019 年入境游客数量情况　　　单位：万人次

年份	入境游客数量	港澳同胞人数	台湾同胞人数	入境外国人人数
2001	8 901.29	7 434.45	344.20	1 122.64
2002	9 790.83	8 080.82	366.06	1 343.95
2003	9 166.21	7 752.73	273.19	1 140.29
2004	10 903.82	8 842.04	368.53	1 693.25
2005	12 019.23	9 592.79	410.92	2 025.51
2006	12 494.21	9 831.83	441.35	2 221.03
2007	13 187.33	10 113.57	462.79	2 610.97
2008	13 002.74	10 131.65	438.56	2 432.53
2009	12 647.59	9 557.04	448.40	2 193.75
2010	13 376.22	9 735.42	514.06	2 612.69
2011	13 542.35	9 778.55	526.30	2 711.20
2012	13 240.53	9 987.35	534.02	2 719.16
2013	12 907.78	9 762.5	516.25	2 629.03
2014	12 849.83	9 677.16	536.59	2 636.08
2015	13 382.04	10 233.64	549.86	2 598.54
2016	13 844.38	10 456.26	573.00	2 815.12
2017	13 948.24	10 444.58	587.13	2 916.53
2018	14 119.83	10 451.93	613.61	3 054.29
2019	14 530.78	10 729.01	613.42	3 188.34
年均增长率	2.76%	2.06%	3.26%	5.97%

如表 3-2 所示，2001～2019 年，入境过夜游客数量由 3316.67 万人次增至 6572.52 万人次，年均增长率 3.87%，增速惊人，在世界排名中一直在前五；国际旅游（外汇）收入由 2001 年的 177.92 亿美元增至 2019 年的 1312.54 亿美元，年均增长率为 11.74%，较入境过夜游客数量增速高得多。由此表明，入境旅游发展速度惊人，国际旅游收入增长也很迅速，在我国外汇收入中占有很大的比重，需

要不断推进入境旅游的发展。

表 3-2　2001～2019 年入境过夜游客数量及国际旅游（外汇）收入情况

年份	入境过夜游客数量/万人次	世界排名	国际旅游（外汇）收入/亿美元	世界排名
2001	3316.67	5	177.92	5
2002	3680.26	5	203.85	5
2003	3297.05	5	174.06	7
2004	4176.14	4	257.39	7
2005	4680.90	4	292.96	6
2006	4991.34	4	339.49	5
2007	5471.98	4	419.19	5
2008	5304.92	4	408.43	5
2009	5087.52	4	396.75	5
2010	5566.45	3	458.14	4
2011	5758.07	3	484.64	4
2012	5772.49	3	500.28	4
2013	5568.59	4	516.64	4
2014	5562.20	*	1053.80	*
2015	5688.57	4	1136.50	2
2016	5926.73	4	1200.00	2
2017	6073.84	#	1234.17	#
2018	6289.57	#	1271.03	#
2019	6572.52	#	1312.54	#
年均增长率	3.87%		11.74%	

*由于 2014 年入境过夜游客数量和国际旅游（外汇）收入统计口径有所调整，数据不能与往年简单对比。
#联合国世界旅游组织尚未公布

3.1.4　中国旅游业消费情况

近年来，我国居民的消费观念由于生活水平的改善进而发生了变化，正在经历消费结构的变革，消费结构开始升级，我国居民的消费方式、行为、内容等都在发生变化，人们对于今后贷款消费的意愿也在慢慢提高。如图 3-5 所示，2010～2020 年，我国居民消费水平从 10 575 元增加到 27 438 元，除了在 2020 年的增长率有小幅下滑以外，其余年份一直保持在 8%以上，在 2011 年达到了 19.79%。这说明由于可支配收入的提高，居民消费水平也在迅速提高。

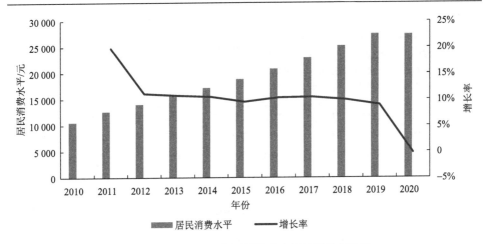

图 3-5 2010～2020 年居民消费水平及增长率情况

如表 3-3 所示,国内旅游情况中,城镇居民国内游客数量 2008 年至 2019 年基本保持增长的趋势,更是在 2019 年达到 44.71 亿人次;农村居民国内游客数量从 2008 年的 10.09 亿人次增长到 2019 年的 15.35 亿人次,在这期间有增有减,增长率小于城镇居民国内游客。国内旅游总花费由 2008 年的 8749.3 亿元增长到 2019 年的 57 250.9 亿元,增长率达 554.35%。同样,国内旅游人均花费由 2008 年的 511.0 元增加到了 2019 年的 953.3 元,增长率达 86.56%,主要是因为居民收入的提高增加了对旅游的消费。由此得出,2008～2019 年,我国游客数量不断刷新历史纪录,在全面建成小康社会过程中,农村居民消费水平不断提高,对国内旅游业发展有着重要贡献,农村居民旅游消费潜力巨大,需要不断创新旅游产品,激发旅游业潜力,促进旅游业发展。

表 3-3 2008～2020 年国内旅游业发展情况

年份	国内游客/亿人次	城镇居民国内游客/亿人次	农村居民国内游客/亿人次	国内旅游总花费/亿元	城镇居民国内旅游总花费/亿元	农村居民国内旅游总花费/亿元	国内旅游人均花费/元	城镇居民国内旅游人均花费/元	农村居民国内旅游人均花费/元
2008	17.12	7.03	10.09	8 749.3	5 971.7	2 777.6	511.0	849.4	275.3
2009	19.02	9.03	9.99	10 183.7	7 233.8	2 949.9	535.4	801.1	295.3
2010	21.03	10.65	10.38	12 579.8	9 403.8	3 176.0	598.2	883.0	306.0
2011	26.41	16.87	9.54	19 305.4	14 808.6	4 496.8	731.0	877.8	471.4
2012	29.57	19.33	10.24	22 706.2	17 678.0	5 028.2	767.9	914.5	491.0
2013	32.62	21.86	10.76	26 276.1	20 692.6	5 583.5	805.5	946.6	518.9

续表

年份	国内游客/亿人次	城镇居民国内游客/亿人次	农村居民国内游客/亿人次	国内旅游总花费/亿元	城镇居民国内旅游总花费/亿元	农村居民国内旅游总花费/亿元	国内旅游人均花费/元	城镇居民国内旅游人均花费/元	农村居民国内旅游人均花费/元
2014	36.11	24.83	11.28	30 311.9	24 219.8	6 092.1	839.7	975.4	540.2
2015	40.00	28.02	11.88	34 195.1	27 610.9	6 584.2	857.0	985.5	554.2
2016	44.40	31.95	12.40	39 390.0	32 241.3	7 147.8	888.2	1 009.1	576.4
2017	50.01	36.77	13.24	45 660.8	37 673.0	7 987.7	913.0	1 024.6	603.3
2018	55.39	41.19	14.20	51 278.3	42 590.0	8 688.3	925.8	1 034.0	611.9
2019	60.06	44.71	15.35	57 250.9	47 509.0	9 741.9	953.3	1 062.6	634.7
2020	28.79	20.65	8.14	22 286.3	17 966.5	4 319.8	774.1	870.3	530.5

资料来源：《中国统计年鉴》

如图 3-6 和图 3-7 所示，我国"十一"黄金周游客数量和旅游收入除在 2020 年受新冠疫情影响有小幅下降之外，2011～2019 年均有所上涨，并在 2019 年分别达到历史新高 78 200 万人次和 6497.1 亿元，游客数量增长幅度较小，增长率低。旅游收入除 2018 年为 2.65% 外，其余年份均保持在 6% 以上，甚至 2015 年增速达到了 71.75%。2018 年游客数量和旅游收入增速均比较低，分别为 2.98% 和 2.65%。其原因可能是 2017 年和 2018 年国庆休假时间差异大，2017 年中秋、国庆假期连休 8 天，2018 年中秋、国庆假期没有连休并且有一星期左右的间隔，也可能是人们对于旅游消费没有足够的热情。"十一"黄金周旅游有一定吸引力，但可能由于假期分布、客运量限制、拥堵、景区营销能力不足等原因，增速较为缓慢。

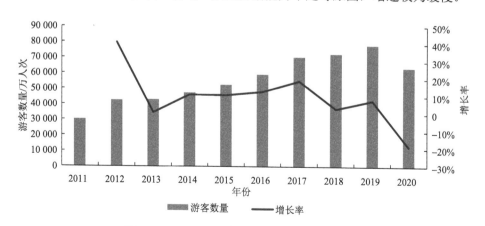

图 3-6　2011～2020 年"十一"黄金周游客数量

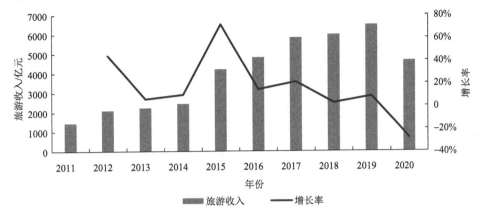

图 3-7　2011～2020 年"十一"黄金周旅游收入

如图 3-8 所示，2011～2020 年"十一"黄金周旅游收入占全年旅游收入的比重有所上升，自 2015 年以后，其占比均在 10%以上，"十一"黄金周具有假期长、自由性大、气温舒适等优越性，是促进消费、拉动经济增长的重要手段，在全年的旅游市场中占有十分重要的地位。

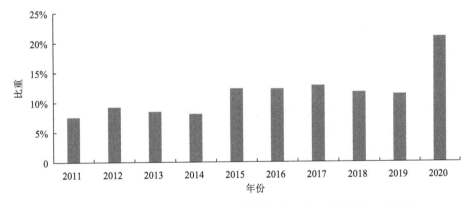

图 3-8　2011～2020 年"十一"黄金周旅游收入占全年旅游收入的比重

中国作为旅游大国，地理资源丰富多样。如图 3-9 所示，我国的 5A 级景区数量总体呈增长趋势。从 2010 年的 76 个增加到 2021 年的 306 个，其中，2011 年增加最多，达 43 个。2019 年，我国 5A 级景区数量减少了 1 个，降至 258 个。2021 年，5A 级景区达到 306 个，A 级景区达到 14 196 个，旅游景区接待游客人次数达到 32.37 亿人次，营业收入为 2017.65 亿元。

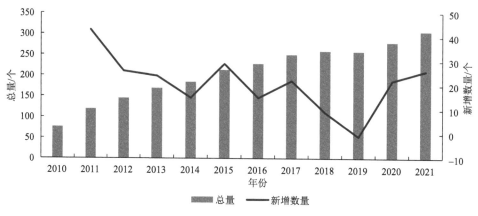

图 3-9　2010～2021 年国家 5A 级景区总量与新增数量

3.2　中国旅游业供给侧结构性改革问题分析

3.2.1　旅游客体缺乏有效供给

中国是一个地广物博的国家，拥有丰富的自然景观，在 5000 多年的历史底蕴下有着厚重的历史文化，因此具有类型多样数量巨大的旅游目的地。2024 年，我国已拥有 3 万多个旅游景点，A 级景区 15 721 个，5A 级景区 339 个，其中包括黄山、庐山等自然景观，也有历史悠久的古镇，如周庄、同里、乌镇等。

2024 年，中国的国家级旅游度假区数量已达到 85 个。全国的 A 级旅游景区总数约为 15 721 个，其中包括红色旅游经典景区 300 个。

随着我国居民对旅游需求的不断增加，我国的旅游产品出现供需不平衡的问题，高质量的旅游产品和旅游资源供给小于需求。其中，以观光旅游的旅游景区供给较多，旅游新产品供给较少。供给侧结构性短缺使得"五一""十一"黄金假期人过多，非假期人过少。供给侧没有灵活的策略去应对需求的变化，造成旅游业发展出现部分后退现象，在旅游客体层面就会出现供给侧结构性短缺问题，缺乏有效供给，需要针对具体问题进行旅游供给侧结构性改革来推动旅游业高质量发展。

3.2.2　旅游供给技术不成熟

旅游供给技术的不断发展，确实给消费者旅游带来不同的体验以及便捷度，使旅游者满意度提高。互联网科技的发展，带来全新的旅游方式。第一，借助北斗位置服务科技，能够浏览三维智慧景区；第二，将云技术和人工智能技术应用于旅游消费产品可以满足消费者需求。但是，这些新提供的旅游体验，部分技术不成熟，不能广泛使用，所以需要不断推动旅游技术的完善，进而推动旅游业的发展，满足消费者的旅游消费升级。

另外，在应用程序第三方在线旅游（online travel agency，OTA）平台，如携程、飞猪等，能方便快捷预订机票、酒店等，方便了游客，使其有了更好的旅游体验，但部分旅游平台缺少监管，制度管理不完善，导致不能按约定提供服务，使得游客旅游满意度下降。另外在线旅游平台还会出现重要环节提醒不到位、缺少有效的旅游反映渠道等问题。

因此，在旅游供给技术方面还存在问题，部分旅游技术不成熟，阻碍了旅游供给侧结构性改革的进程以及旅游业的转型升级。

3.2.3　旅游企业供给缺乏系统性规划

在"大众创业，万众创新"背景下，我国的许多民营以及私人企业纷纷加入旅游业中，对文化旅游项目进行开发投资。但是，由于多数民营企业并没有掌握和遵循旅游开发投资规律，缺乏有效合理的投资，一些特色旅游景区，缺少相关经验，盲目开发，对原生态旅游景观造成不可修复的破坏。第一，一些主题公园以及游乐园开发项目在没有经过系统性调研的情况下就进行了开发；第二，旅游企业不合理的规划，造成文化和旅游发展不和谐；第三，不合理规划违背了"绿水青山就是金山银山"的生态原则，使得旅游业的资源环境遭到破坏。由此表明，旅游企业缺乏系统性规划，在旅游供给侧存在问题。

3.2.4　旅游管理和政策不完善

在供给侧结构性改革背景下，由于我国旅游管理存在监管不到位以及旅游制度及政策的不完善，旅游业市场仍存在一些问题。

首先，在共享经济发展的背景下，旅游业中广泛应用共享模式，使得现如今的年轻人更喜欢这种"共享旅游"方式，如短期租赁民宿、共享出游攻略、拼团游拼租车、旅游资源共享等。这对于传统旅游模式造成了很大的冲击，传统的餐饮业及住宿业、传统的出行行业都受到了影响，旅游供给侧结构性改革势在必行。共享旅游的发展给很多方面带来连带影响，如旅游业就业方面等。虽然，共享经济给居民带来了实惠以及便利，但是国家相关的法律法规、管理制度并不健全，需要抓紧时间进行针对性补充。

其次，在居民出行旅游时，也会出现一些问题，一些景区周围的店家存在不合理定价、一些旅行社存在强制性消费，这些问题在旅游部门的重点强调下依然存在。个别景区高额回扣经营等现象，扰乱了旅游市场的秩序，迫切需要相关部门加强旅游业市场的监管，需要进一步完善旅游制度和管理规则。

最后，在部分景区中，游客的需求并没有及时得到指示牌或工作人员的指引。在旅游执法方面，需要加强执法力度。在游客投诉方面，要及时回应，联动相关部门开展有效解决。有关部门在旅游管理整治工作方面存在低效、不合理的问题，需要合理解决。

3.2.5　旅游假日制度不完善

当前我国公共假日总天数已接近发达国家水平，但在带薪休假制度执行层面仍存在提升空间。根据《职工带薪年休假条例》，我国职工可享受 5～15 天带薪年假，其制度设计与部分发达国家（地区）20 天以上的标准存在差距。由于企业落实力度不均和监管机制待完善，带薪休假实际覆盖率尚未达到预期。弹性休假制度的有效实施，将有助于缓解节假日旅游供给压力，推动旅游业高质量发展。

3.2.6　区域内旅游景点分散、同质化程度高

我国历史悠久、风景秀美，有着丰富的旅游资源。但是，同一个区域内往往景点分散，景点之间交通距离长，游客疲于在景点之间奔波，体验感差，缺乏资源共享与合作，产业之间联动融合不够，难以形成规模效应与集群经济，导致规模小同时收益不高，经济效率低下。游客群体之间偏好的差异化决定了旅游产品也必须差异化，而在同一区域内，生态环境、风俗习惯、文化传统的相似程度高，往往会形成同质化、单一的旅游产品，导致部分旅游资源低水平重复开发，造成经济资源的浪费。

旅游资源开发缺乏科学的整体规划，或者制订了规划，但却没有真正有效实施或执行；部分参与旅游项目开发的企业实力有限，资金未到位却仓促上马，又急于求成，因而其短期行为和资金不足导致项目建设普遍质量不高；项目开发时缺少专业人士的介入，一些认识和行为出现偏差，甚至出现历史常识等差错，人文景观的开发不注重历史文化生态的保护与和谐，可能对生态造成较大的损害，造成不可挽回的影响。

3.2.7　景点基础设施薄弱、人才供给不足

首先，虽然自改革开放以来，我国交通运输不断发展，高铁、动车的轨迹蔓延至全国不少的城市乡村，游客出行更加快捷。但是，很多以自然生态环境为依托的景点地理环境复杂，交通不便，游客进出困难，甚至很多山路还存在安全隐患，这在很大程度上限制了其繁荣程度。此外，部分景区的公共休息设施、观景设施、医疗卫生设施等还未配备健全，甚至是不符合国家安全标准，这些都会让游客的游览品质大打折扣。

其次，旅游景区人员的素质也成为制约我国旅游业发展的一大重要因素。旅游产业的高速发展需要高素质的从业人员支撑，部分景区从业人员是当地村民，缺少一定的礼仪和技能培训，存在职业道德素养不高、服务意识较弱等问题。此外，对旅游产业进行统筹规划的相关专业方面，缺少专业的技术人才和经营管理人才。

3.3　典型旅游城市分析

本节选取了西安、厦门、成都、杭州、三亚五个分布在我国不同地区的典型旅游城市作为代表，其中西安是有着悠久历史积淀和丰富文化古迹的世界名城，厦门是富有人文气息的临海旅游城市，成都是有着丰厚的人文和自然旅游资源的巴蜀文化发源地，杭州是风景秀丽、独具江南气息的旅游名城，三亚则是我国最南端的热带滨海旅游城市，这些城市各具特色，具有一定的代表性。本节从这些城市的旅游业供给特色、旅游经济发展状况和旅游业供给侧问题三个方面进行了全面的分析。

3.3.1　西安旅游城市分析

1. 西安旅游业供给特色

西安古称长安，是世界著名的文化名城。西安有着十分丰富的旅游资源，除了辉煌的历史文化和各种人文景观，西安还有壮丽雄伟的自然景观。此外，因为有着厚重的历史文化积淀和多种多样的历史文物古迹，西安还被称为"天然历史博物馆"。西安仅国家级重点文物保护单位就有 58 处，截至 2021 年，共有各级博物馆 136 座，西安的博物馆每年接待旅客人数领先于国内大多数城市，对于西安的旅游业繁荣发展有着重要的作用。被誉为"世界第八大奇迹"的秦始皇陵兵马俑是西安的名片，是各地游客来西安的首选旅游景点。西安的明代古城墙更是世界上规模最宏大，保存最完整的古代城防体系。

近年来，西安对于旅游业的发展重视程度越来越高，不断发展旅游基础设施，丰富完善旅游配套设施，旅游产业的结构也日趋合理化，旅游环境和市场秩序日益改善，行业发展逐渐标准化。除此之外，西安还是首批获得"中国优秀旅游城市"称号的城市之一。为了满足游客日益增长的文娱活动需求，发扬西安丰厚的历史文化，西安的古都大剧院、大唐不夜城、唐乐宫歌舞剧院等多个文娱设施推出各种各样的文艺节目，这些文艺节目受到游客的广泛好评。西安的旅游产品也极富本地特色，仿古青铜器、皮影装饰画、仿制唐三彩、陶瓷壁画等各种民间工艺品极其丰富，让旅客有更多和更具特色的旅游纪念品选择空间。羊肉泡馍、肉夹馍、西安凉皮、甑糕等具有鲜明陕西特色的小吃也吸引着各地游客。

2. 西安旅游经济发展状况

凭借着丰富的旅游资源和深厚的历史文化沉淀，西安当地政府近年来积极发展旅游业，旅游业规模不断扩大，取得了良好的经济效益，旅游业逐渐变成西安的支柱产业之一。据统计，2012～2021年西安全市旅游收入由原来的每年654.39亿元，发展到2460亿元，接待的海内外游客数量连年增长。

由图3-10和图3-11可以看出，西安的游客数量以及旅游收入在2020年前呈增长趋势，且在2017年、2018年和2019年呈现大幅度增长，而2020年西安游客数量和旅游收入由于新冠疫情影响而出现了较大幅度的下降。

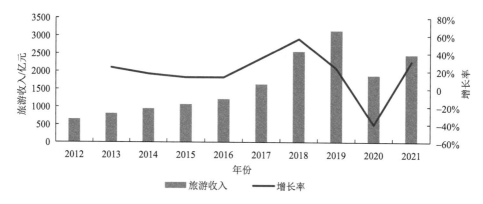

图3-10 2012～2021年西安旅游收入

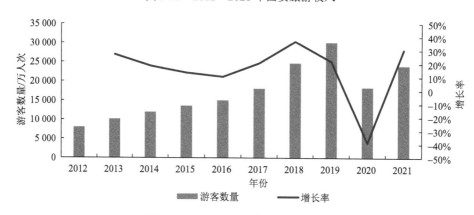

图3-11 2012～2021年西安游客数量

旅游产业是西安的支柱产业，2013年之后，西安每年的旅游收入占地区生产总值的比重都在15%以上，在2018年和2019年超过了30%，2020年由于新冠疫情影响，旅游业受到重创，旅游收入占地区生产总值比重下降至18.79%。旅游收入对西安的经济发展有着很重要的意义（图 3-12）。

图 3-12 2012～2021 年西安旅游收入占地区生产总值比重

3. 西安旅游业供给侧问题

1）旅游供给总量不足导致的供需失衡

由于新冠疫情的影响，2020 年西安的旅游业发展受到重创，新冠疫情对旅游业的不利影响主要体现在需求端的减少。然而西安的旅游业仍然存在供给总量不足导致的供需失衡问题。以秦始皇陵兵马俑、华清池等为代表的西安旅游景点在旅游旺季会出现游客过度集中的现象，从而导致旅游供给的不足，节假日期间这些景点经常出现人满为患、交通拥堵的情形，同时西安的其他景区受这些知名景区的影响严重，经常会出现无人问津的情况。

旅游线路单一也是导致西安旅游业供给不足的重要原因，西安对外推广的主要旅游线路有市内旅游和东线旅游，这些旅游线路虽然可以涵盖西安市内以及附近的著名景点，然而却不能满足日益增长的游客旅游需求。景区缺乏创新，安于现状，较少开发新的旅游产品，这些方面也在一定程度上影响着西安的旅游供给，从而导致供给不足、供需失衡。

2）城市旅游空间结构存在问题

虽然西安有着很丰富的旅游资源，然而分布却太过分散，从而在旅行线路的设计上存在一定的问题，缺乏合理的旅游线路将古城区内的景点串联起来，像秦始皇陵兵马俑、大雁塔等很多著名景点均分布在西安古城区的外围，古城区内的旅游景点过少，不能展现西安这座文化名城的风貌和魅力，不能达到一些游客对于西安的旅游预期。

西安的大多数自然观光类景点都分布在市区南部的秦岭北坡，在一定程度上，过于密集的自然景点分布导致旅游主题和特色缺乏创新，存在低层次的重复建设和旅游产品雷同，人文类的景点分布又太过分散，不利于游客更好地感受西安这座历史名城的文化魅力，也不利于西安旅游业的健康可持续发展。

3）旅游业缺少核心竞争力

西安是十三朝古都，也是世界名都，尽管有着悠久的历史文化以及丰富的旅游资源，但是西安的旅游业竞争力却不如罗马、圣彼得堡、雅典等国外名城。缺乏长远正确的城市旅游规划，缺少对风俗文化、历史传统、旅游资源和生态环境的保护是其核心竞争力不强的重要原因。

西安在旅游业的发展上，没有足够深入地挖掘和体现其历史文化名城的独特魅力，对于古都历史传统、人文精神的发扬不够，没有足够重视对古城形象的塑造。此外，城市规划并没有充分考虑生态保护机制以及科学地划分空间功能，这些都导致西安旅游业缺少核心竞争力。

4）营销水平低

除了著名景点以外，西安的旅游营销方式过于老旧，缺乏创新，不能在最大程度上达到吸引游客的目的，从而让旅游业以及西安旅游经济的发展受到一定的影响。

西安不同景点各自的旅游营销虽然很多，但是缺乏一定的整体规划和布局，没有建立统一的营销系统，这些问题不仅会造成资源的浪费，也很难取得好的营销效果。与此同时，西安还缺少特点鲜明而且具有竞争力的大型旅游企业。

3.3.2　厦门旅游城市分析

1. 厦门旅游业供给特色

厦门是典型的滨海旅游城市，也是我国改革开放之后建立的首批经济特区之一，旅游业一直都是厦门的支柱产业。厦门位于我国东南沿海，福建省东南部，靠近漳州平原和泉州平原，面向宝岛台湾，气候环境和地理位置都十分优越。厦门是中国十大旅游首选城市之一，"海上花园"和"最温馨的城市"这些称誉足以说明厦门是很多游客心仪的旅游地点。厦门岛是白鹭群栖之地，成群的白鹭给厦门的自然风光带来了素洁、灵动的美感，因此厦门还有"鹭岛"的别称。厦门最有名气的鼓浪屿是全国首批 5A 级旅游景区，是厦门的名片，也是国内外游客首选的旅游度假地之一。除了鼓浪屿，厦门还有闽南佛教圣地南普陀寺、风景秀丽的天竺山森林公园、"中国最美大学之一"的厦门大学，以及极具文艺气息的铁路文化公园。各种绚丽多彩的人文景观和丰富的山海风光，使厦门每年都能吸引无数游客前来参观。

近年来，厦门对于旅游业的发展越来越重视，坚持新发展理念，同时将转型升级以及提质增效作为主题，不断推进旅游国际化，致力于将厦门打造成清新的滨海旅游城市。厦门的旅游业发展也迈上了新台阶，旅游业的综合实力不断增长，对厦门的经济贡献也进一步展现出来，旅游业作为厦门支柱产业的地位也得到了强化。

2. 厦门旅游经济发展状况

进入 21 世纪以来，厦门的旅游收入逐年增加，旅游业以及相关产业的发展也呈良好之势，旅游业开始走向法治化、规范化、标准化，这已经成为政府相关部门的重点工作内容。旅游业对于厦门的经济发展也起到了越来越重要的作用。

由图 3-13 可以看到厦门的旅游收入在 2012 年到 2019 年逐步增长，每年的增长速度都是 15%以上，旅游收入也从 2012 年的 539.88 亿元增长到了 2019 年的 1655.9 亿元，总值增长了两倍多，由此可见，厦门近年来旅游产业规模不断壮大。2020 年受到新冠疫情的影响，厦门的旅游收入出现了大幅度下降。随着新冠疫情的好转以及国内经济的复苏，2021 年厦门的旅游收入增长速度较快，达到了 1301 亿元，旅游业有明显的复苏回暖之势。游客数量由 2012 年的 4124.43 万人次增长到 2021 年的 8940 万人次（图 3-14）。

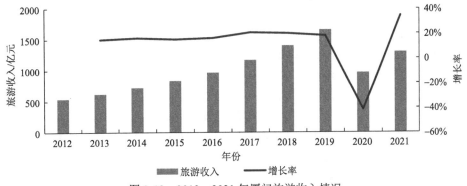

图 3-13　2012～2021 年厦门旅游收入情况

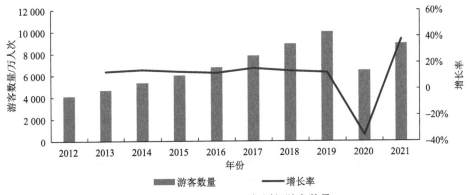

图 3-14　2012～2021 年厦门游客数量

厦门的旅游收入占地区生产总值的比重近年来一直在 15%以上，可见旅游业在厦门产业中的支柱地位，除了 2020 年以外，旅游收入在地区生产总值中所占的比重每年有上升的趋势，说明厦门的旅游业在当地经济发展中扮演的角色越来越重要（图 3-15）。

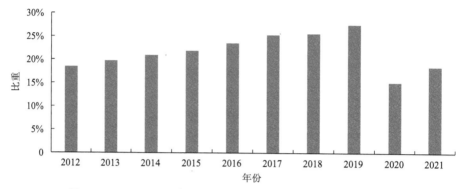

图 3-15　2012～2021 年厦门旅游收入在地区生产总值中所占比重

3. 厦门旅游业供给侧问题

1）旅游城市供给不足

厦门的总面积不大，是我国最小的副省级城市，只有约 1700 平方公里的土地面积。然而厦门每年都有众多的游客，另外，厦门的景区面积普遍较小，这就导致了厦门的每平方公里游客密度已经远超国内其他城市，尤其到了旅游旺季，景区内十分拥挤，不堪重负。厦门的主要旅游景点大多都集中在岛内，岛外的景点以及来访的游客较少，即使岛外近些年增加了许多新的旅游景点，还是很难改变岛内拥挤、岛外稀疏的状况。

从 A 级景区（鼓浪屿、南普陀寺、同安影视城、胡里山炮台、天竺山森林公园、厦门园林植物园）的游客数量来看，到鼓浪屿游玩的游客数量最多，厦门其他 A 级景区的游客数量与之相差甚远，并且有差距越来越大的趋势。鼓浪屿位于厦门岛西南部，面积仅为 1.88 平方公里，每年接待的游客数量却占全市接待游客数量的四分之一左右。

2）旅游配套项目质量不高

从厦门的景区收入来看，各个 A 级景区的门票收入占比较高，旅游相关的其他营业收入占比却不高。厦门当地的旅游相关配套项目，除基础设施外，还有旅游接待设施（包括酒店、餐厅、停车场等）、旅游购物场所、娱乐项目、医疗救护设施等项目质量不高，不能很好地满足游客的需求。鼓浪屿景区的收入基本依赖门票收入，缺少其他旅游衍生品和娱乐等方面的消费。

游区内的活动多,但是重复较多,缺乏差异性,观光式的旅游景点和项目较多,缺少其他种类的游玩项目,景点项目的娱乐性不高,游客的参与度也不高。这些问题一定程度上导致来厦门旅游的游客停留时间较短,人均消费不高,每个游客的停留时间仅为2~3天。

3)旅游管理体制不健全

从厦门全市来看,旅游管理体制不健全,管理政策不完善等问题也在一定程度上影响着旅游业的发展。旅游相关的政府职能部门定位不明确,管理责任和权限不明确,市内各个景区缺乏整体宏观的管理和调控。旅游涉及的部门有文化、农林、海洋、城建、环保以及市场监管等,管理体制复杂多样,各个部门的工作内容和管理重点存在较大的差异,导致管理规则制定和旅游制度的完善存在一定的难度。

景区内外的一些事务管理责任划分不明确,导致相关部门在执法时有时会发生互相推诿的现象,各个管理部门之间很难形成合力,不能明确分工、有效地对景区内外的社会事务进行有效管理。另外,厦门缺乏旅游复合型人才,旅游业相关的工作人员主要还是依靠过去的经验和自主学习,缺少系统性的旅游职业技能培训,一定程度上阻碍了当地旅游产业的发展。

4)旅游市场营销水平低

旅游业是朝阳产业,近年来,我国的旅游业发展十分迅速,各省之间的旅游市场竞争也十分激烈,为了吸引更多的游客,发展当地旅游经济,很多城市投入大量的资金用于旅游宣传。厦门的旅游市场营销水平相对较低,虽然各种广告和促销活动已经成为争夺客源吸引游客的重要手段,但是本地的旅行社和企业投入的广告占支出比例仍然不高。

此外,厦门的旅游营销采取的方式太过简单,缺乏创新,创意和特色不足,不能很好地达到吸引游客的效果,广告的投入主要仍然是以传统的方式,较少运用互联网新媒体等媒介来进行旅游相关的营销宣传。

3.3.3　成都旅游城市分析

1. 成都旅游业供给特色

成都是巴蜀文化的发祥地之一,也是全国十大古都和首批国家历史文化名城,有3000多年历史,文化底蕴深厚。

成都的美食享誉中外,川菜也是我国四大菜系之一,其"善用三椒""一菜一格,百菜百味",以麻、辣为主要特征。成都的九宫格火锅和鸳鸯火锅,麻中有辣、辣中带香,铜锅慢煮,回味无穷;成都的小吃,口味丰富,有总府路的"赖汤圆"、荔枝巷的"钟水饺"、洞子口的"张凉粉"、铜井巷的"素面"、九眼桥的"三合泥"等。

　　成都茶馆素有"茶馆冠天下"之说，源远流长，遍布大街小巷，极具特色。成都有一种独特的茶船文化——盖碗茶文化（矮桌竹椅和茶盖、茶碗、茶船子"三件头"茶具）。晚上茶馆设有川剧"玩友"坐唱，俗称"打围鼓"。此外，部分茶馆设有四川扬琴、评书、清音、金钱板等演出活动。在茶馆歇脚的人可以一边欣赏十分有特色的演出，一边品味香醇的茶水。

　　素有"南武当，北少林，峨眉宏佛法，探本上青城"之说，成都是最早传播道教的地区，迄今也是道教圣地，如道教发源地鹤鸣山、老君山、青羊宫二仙庵、洞天福地青城山、阳平关等。成都有底蕴深厚的道教文化和数量众多、各具特色的道教文化景观，吸引着海内外文人学者前来游览观光。

　　成都是一座典型的伴水而生、因水而兴的城市，府南河是岷江水系的支流，从西向东穿城而过，孕育出成都的美丽富饶和钟灵毓秀。成都是亚热带季风气候，温和舒适，绿意盎然，十分宜居。成都平原四周围绕着秦岭山系、龙门山系、岷山山系等，其中最具代表性的便是青城山和都江堰，徒步行走其中会产生"青城天下幽"的幽静与清凉。成都极负盛名的还是"古蜀文化"，游览品味武侯祠、宽窄巷子和锦里，青石铺成的小路、低矮灰褐的墙不同于江南温婉雅致的古镇，别有一番风味，成为其城市的代表特色之一。

　　2. 成都旅游经济发展状况

　　如图 3-16 和图 3-17 所示，除在 2020 年受新冠疫情影响有所下降以外，2012～2021 年成都旅游收入一直在持续不断增长中，2012～2019 年增长率均在 20%以上，增速较快，发展态势良好，在 2019 年达到历史新高 4664 亿元。国际旅游收入基本呈上升趋势，在 2019 年，达到历史新高 113 亿元。但在 2020 年，受新冠疫情和相关政策因素的影响，国际旅游降至冰点，只有 3 亿元，成都的旅游产业更多地依托国内，对国外游客的吸引力低。在受到不可控因素影响的情况下，国际旅游遭受的波动比较大，所以我们更应该发展好国内市场，促进国内大循环，提高旅游业供给质量与能力，这样才能更好地抵御风险的发生。

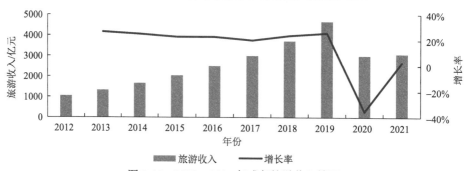

图 3-16　2012～2021 年成都旅游收入情况

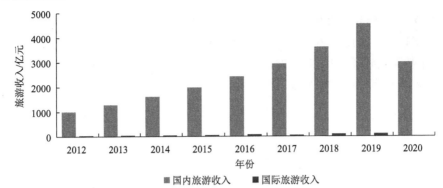

图 3-17 2012～2020 年成都国内和国际旅游收入情况

如图 3-18 和图 3-19 所示，2016～2019 年成都游客数量增长率较低，但是总体持续不断增长，2021 年有所下降；2012～2019 年，国内国外游客数量基本保持增长，均在 2019 年达到历史新高，分别为 27 643.07 万人次和 381.43 万人次，国外游客数量在 2020 年大幅下降，由于新冠疫情，各国对于出入境的管理更加严格，国际旅游遭受沉重打击。

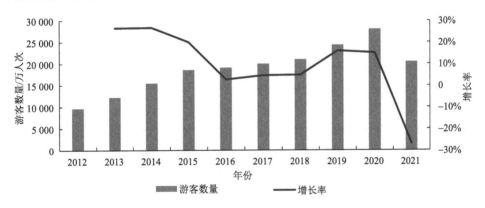

图 3-18 2012～2021 年成都游客数量

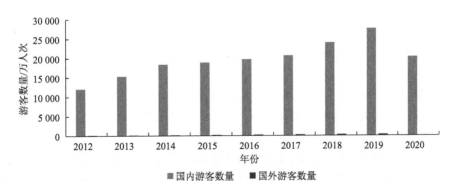

图 3-19 2012～2020 年成都国内和国外游客数量情况

如图 3-20 所示，除 2020 年和 2021 年，成都旅游收入占地区生产总值的比重有所下降以外，2012～2019 年该比重均呈上升趋势，并且占比均在 10% 以上，在 2019 年甚至达到了 27.42%，发展态势良好，旅游业对于成都的经济发展具有重要意义，成都市应继续大力发展旅游业，利用好旅游资源，挖掘旅游潜力。

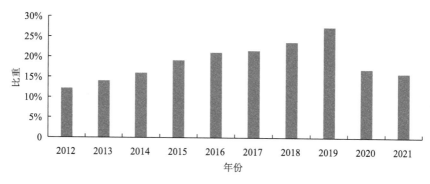

图 3-20　2012～2021 年成都旅游收入占地区生产总值比重情况

3. 成都旅游供给侧问题

1）旅游资源分散，联动性有待挖掘

成都市地形差异较为显著，从西北至东南方向，由高到低，西部为四川盆地的边缘地带，海拔较高，东南部为冲积盆地平原。由于地形原因，成都市自然资源景观分布在不同的地区，其联系被地理因素分割。杜甫草堂、武侯祠和宽窄巷子在成都市区，青城山和都江堰在成都北部，之间相距 70 公里左右，车程达 1.5 小时，各地区在开发宣传当地景观时常常忽略各景观的统一性，就景论景，缺乏对景观之间深度的挖掘。没有深度挖掘这些旅游资源之间的联系与文化内涵，合理设计旅游线路，避免同质化旅游产品开发，如挖掘历史人物、神话传说背后的联系，让游客感受到成都独特魅力所在，以获得多层次、多样化、高品质的旅游体验感。

2）旅游企业整体实力偏低

成都有着数量众多的旅游企业，然而大部分是中小型旅游企业，体量规模较小，缺乏有号召力和知名度的大型旅游企业。中小旅游企业实力普遍不足，缺少市场竞争力，部分企业把价格竞争作为市场竞争手段，这在一定程度上对成都的旅游市场秩序造成了扰乱，影响了游客体验，对成都的旅游业经济发展造成了一些负面影响。

旅游企业对于品牌经营不重视，特别是中小企业缺乏自己的品牌。在成都旅游业保持着较高的增长速度、利润丰厚的大环境下，旅游企业没有塑造自身品牌的紧迫感，但是，随着市场竞争越来越激烈，品牌化经营是必然选择。

3）没有充分融合古蜀文化

成都历史悠久，形成了独特的古蜀文化，与华夏文明、良渚文明并称中国上古三大文明，留下了许多宝贵的非物质文化遗产。古蜀文化鲜为大众知晓，相关部门和经营主体也没有对此进行宣传，导致普通百姓知之甚少。古蜀文化的呈现形式也很单一，一般只有遗址、博物馆等，产品单一，表现形式枯燥，古蜀文化的呈现应该探索更为丰富多样的方式去展现其独特魅力。

旅游产品缺少文化融合，内涵不够丰富，也就不能形成核心竞争力，难以与国内其他同类型旅游产品区分开来。我国古城众多，真正闻名遐迩的却没有几个，就是由于没有重视对其原有独特文化的利用。

3.3.4　杭州旅游城市分析

1. 杭州旅游业供给特色

杭州是华夏文明的发祥地，首批国家历史文化名城，以"东南名郡"著称于世，因秀丽的湖光山色和众多的名胜古迹闻名中外。

西湖文化景观历史悠久，景色秀丽，有"人间天堂"的美誉，由西湖自然山水、"三面云山一面城"城湖空间特征、"两堤三岛"景观格局、"西湖十景"题名景观、西湖文化史迹和西湖特色植物六大要素组成。西湖层峦叠嶂，水面波平如镜，岸边绿草如茵，烟雨朦胧中隐藏着亭台楼阁，景观元素十分丰富，设计理念巧妙，历代文人墨客在此驻足，留下了许多千古绝唱，为西湖添上了浓墨重彩的一笔。

杭州是我国桑蚕丝织生产的发祥地之一，源远流长，历史悠久，杭州丝绸质地柔软轻薄、色彩靓丽。白居易用"红袖织绫夸柿蒂，青旗沽酒趁梨花"来称赞杭州丝绸的颜色质地，南宋时河坊街上星罗棋布的绸庄代了杭州丝绸贸易的蓬勃发展。现在在杭州市政府的筹划管理之下形成了杭州丝绸城，这里集聚了大大小小的商贩，十分繁荣。

早在唐代杭州就是著名的产茶区。根据陆羽《茶经》记载："杭州临安、於潜二县生天目山，与舒州同""钱塘（茶）生天竺、灵隐二寺"。现在杭州产的茶主要有西湖区的中国十大名茶之一的西湖龙井、余杭区的径山茶、淳安县的千岛玉叶、桐庐县的雪水云绿、建德市的千岛银珍等。经过前人几百年的探索和经验积累，杭州茶农形成了一套高超而独到的茶叶杀青和烘焙技艺。据统计，杭州现有茶馆 300 多家，中国茶叶博物馆坐落于杭州，茶文化已经成为杭州一道亮丽的风景线。

杭州是一个汇聚了佛教、道教、伊斯兰教、基督教、天主教五大教的城市。

其中，佛教思想对杭州的旅游文化产生了潜移默化的影响，杭州也有"东南佛国"之称，不仅有高僧李叔同、延寿禅师等，更有法华寺、灵隐寺、净慈寺等古寺，现如今，杭州的佛教、道教依旧十分具有影响力，众多虔诚的佛教和道教教徒前来朝拜，供奉香火，成为杭州一道特殊的风景。

2. 杭州旅游经济发展现状

如图 3-21 和图 3-22 所示，除 2020 年之外，2012 年至 2019 年杭州旅游收入呈上升趋势，增长率在 11% 以上，增长速度稳定，在 2019 年达到历史新高 4004.5 亿元，尽管 2020 年遭受新冠疫情打击，下降幅度也只有 16.71%。国际旅游收入从 2019 年开始呈下滑趋势，在旅游业大环境态势良好的情况下，国际旅游收入也只有 50.8 亿元，更是在 2020 年新冠疫情的打击下，降至 4.1 亿元，说明杭州旅游在国际上的影响力还不够，不能很好地吸引国际游客。

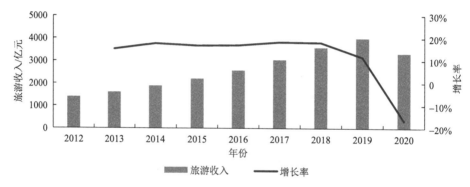

图 3-21　2012～2020 年杭州旅游收入情况

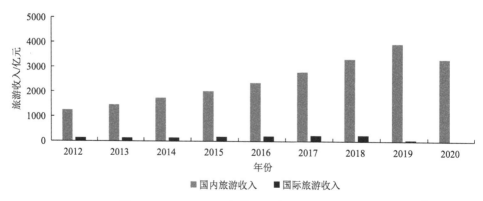

图 3-22　2012～2020 年杭州国内和国际旅游收入

如图 3-23 和图 3-24 所示，杭州游客数量除在 2020 年下降外，2012～2019 年一直呈稳步上升趋势，增长率也稳定在 12%～16%，趋势平缓；杭州国外游客数量不仅在数量上远远小于国内游客数量，而且增长率很低，国内游客数量的年均增长率达到了 10.9%，国外游客数量年均增长率为–14.17%。杭州对国外游客的吸引力不足。

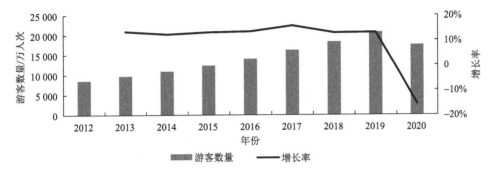

图 3-23　2012～2020 年杭州游客数量与增长率

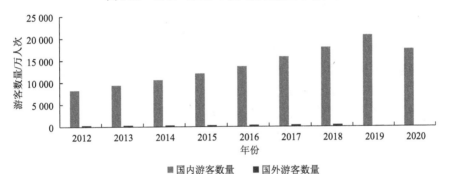

图 3-24　2012～2020 年杭州国内和国外游客数量情况

如图 3-25 所示，除 2020 年杭州旅游收入占地区生产总值的比重有所下降以外，2012 年至 2019 年，旅游收入占地区生产总值的比重呈上升趋势，并且占比均在 15% 以上，在 2019 年甚至达到了 25.97%，旅游业对于杭州的经济发展具有重要意义，应做好旅游业供给侧结构性改革，提升旅游质量，合理利用资源。

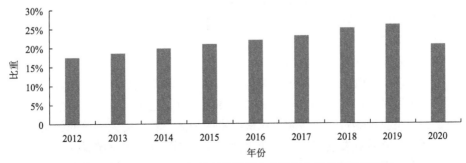

图 3-25　2012～2020 年杭州旅游收入占地区生产总值比重情况

3. 杭州旅游业供给侧问题分析

1）地区旅游业的领导机制不够完善，旅游资源开发受限

在政府管理过程中，作为政府主管部门的农业部门与旅游部门，其职权与责任相互交融，需要处理好相关部门的工作关系，否则将会引起管理混乱，降低旅游业发展效率，制约产业发展。以杭州市文化广电旅游局、杭州市园林文物局、杭州之江国际旅游度假区、西湖区政府四个部门为主力，多头分管，难以协调。杭州市文化广电旅游局管的是部分宾馆、饭店、旅行社；杭州市园林文物局、西湖区政府各分管部分风景点；杭州之江国际旅游度假区只管自身建设，管理体制不够合理、健全。

2）旅游设计缺乏品牌效应，存量资源深挖不足

杭州以江南风景和东方休闲之都的形象为招牌，但是始终没有独具一格的鲜明特色。杭州旅游业品牌意识很薄弱，没有深刻认识到塑造整个城市品牌形象的重要性。景区相互之间独立分散，没有形成相互关联的整体。尽管杭州已有2000多年历史，曾是吴越国和南宋的都城，还拥有"中华文明之光"良渚文化，但是由于没有重视品牌管理和科学的营销方式，历史文化、现代文明和旅游经济这三者没有有效融合，文化推动效应不明显，难以给人留下鲜明独特的精神体验。

杭州现有的存量旅游资源虽然十分丰富，但是没有深入挖掘潜力，充分发挥出其现有优势，旅游产品开发程度低，结构单一，基础设施供给不足。比如，西湖风景区、千岛湖风景区、西溪湿地均以其秀美的自然风光为特色，没有深入融合其文化优势，缺乏人文性。

3.3.5　三亚旅游城市分析

1. 三亚旅游业供给特色

三亚是位于中国领土最南端的滨海旅游城市，是一个极具热带风情的城市，被誉为"东方夏威夷"，三亚气候宜人，年平均气温25℃左右。2016年6月，中国科学院发布的《中国宜居城市研究报告》指出，在全国40个城市中，三亚的宜居指数位居第三，三亚的城市绿化度很高，空气质量极好，一年四季绿树如茵、花团锦簇，是我国最宜居的城市之一。

在中国，旅游收入占地区生产总值比重最高的城市就是三亚，所以三亚是名副其实的旅游城市，在1900平方公里左右的面积上，汇集了丰富的自然风景旅游资源。三亚是我国热带海滨旅游资源最丰富的地区，有着得天独厚的旅游业发展优势，因此其旅游业发展较早。三亚目前有7个国家5A级旅游景区：南山文化旅游区、大小洞天旅游区、蜈支洲岛旅游区、分界洲岛旅游区、呀诺达雨林文化

旅游区、槟榔谷黎苗文化旅游区、天涯海角游览区。美丽的海水、阳光和沙滩吸引着无数国内外游客前来旅游度假。

2. 三亚旅游经济发展状况

近年来，随着经济的增长和人民生活水平的提高，三亚的旅游业发展越来越快并且势头良好，旅游规模和市场开发力度也越来越大，已经显现出朝阳产业的特征，旅游对当地的经济发展和社会进步的贡献不断提高，如图 3-26 和图 3-27 所示。

从三亚的旅游数据来看，游客数量和旅游收入除 2020 年外，均呈现增长趋势，受新冠疫情的影响，旅游收入由 2019 年的 581.4 亿元下降到 2020 年的 424.74 亿元，在 2021 年旅游收入达到了 747.03 亿元，甚至超过了新冠疫情前的旅游收入，可见当地的旅游业发展迅速，并且在新冠疫情后及时调整，有所恢复。

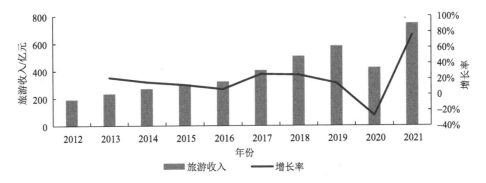

图 3-26　2012~2021 年三亚旅游收入情况

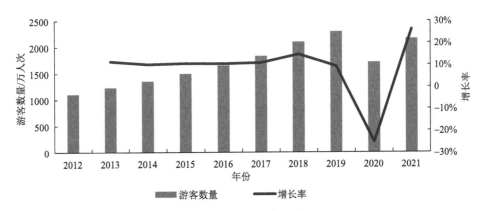

图 3-27　2012~2021 年三亚市游客数量与增长率

三亚是一个典型的以旅游业为支柱产业的城市，如图 3-28 所示，三亚旅游收入在地区生产总值中所占比重每年都超过 50%，甚至在 2027 年达到了 89.42%，2020 年受到新冠疫情影响，三亚旅游收入在地区生产总值中所占比重下降到61.08%，在当地政府和旅游相关部门做出调整后，2021 年三亚旅游业明显回暖，可见三亚对于旅游业的重视程度很高，旅游业在三亚经济发展中有着至关重要的地位。

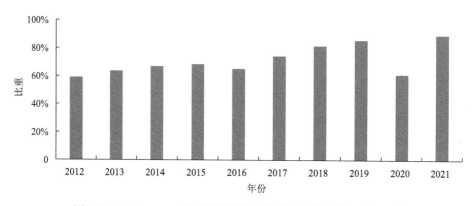

图 3-28　2012～2021 年三亚旅游收入在地区生产总值中所占比重

3. 三亚旅游业供给侧问题分析

1）旅游市场乱象时有发生，政府监管不充分

三亚的旅游市场不法商贩和不良经营行为时有出现，主要是由于旅游业发展和旅游市场环境建设力度仍有欠缺。少数当地的旅游公司和商家存在侵害消费者权益的事件，如三亚"天价宰客事件"，给三亚这座旅游城市的形象带来了负面影响。

政府监管力度不强，对于企业商家的违规违法行为处罚较轻，未能给当地商户充分的警示效果。另外，政府以及市场监管部门存在处理游客投诉慢等问题，对三亚的旅游业有着不利影响。

2）三亚旅游人文环境建设匮乏

人文环境是旅游城市建设的重要组成部分，三亚海岸与各海岛很近，其独特的自然景观和人文景观与优美的滨海风光浑然一体，构成一个完整的旅游观光网络体系，但在对风俗文化的宣传力度以及当地旅游业从业相关人员的素质等人文环境的建设方面仍需加强。游客对蜈支洲岛、亚龙湾热带天堂森林公园、大小洞天、天涯海角等以自然景观为特点的景点青睐有加，也有游客普遍反映当地的商业化成分太过浓重，对于本地的风俗文化的开发不够，游客无法在旅游中感受到更多的当地传统文化和风俗习惯。近些年三亚的旅游业发展十分迅速，商业化程度也越来越高，对本地风俗习惯和文化传统缺乏足够的保护措施，导致很多珍贵文化没有得到发展甚至流失。

三亚的旅游从业人员的服务质量、专业水平及个人素质需要提高，这是游客在三亚旅游之后所期待的，很多游客对当地旅游从业者素质满意度不高。三亚的旅游从业人员综合素质不高主要体现在以下几点：一是相关人员缺乏专业系统的培训，旅游知识相对匮乏，不能很好满足游客的需求；二是提供的旅游服务等缺乏差异化，无法针对不同的游客提供个性化的服务；三是三亚近年来的旅游业发展太过迅速，游客络绎不绝，但是相关从业人员的服务态度不到位，导致游客的满意度不高。

3）旅游基础设施建设不完善

三亚的旅游景区的基础建设不完善，尤其是交通建设存在许多不足。三亚虽然有着 50 多条市政道路和四通八达的交通网，但是在具体的城市规划和交通网络建设上存在一定的不合理之处，导致城市交通拥挤不堪，堵、乱等现象时有发生。各个景区旅游通道周边的绿化度不高，景区内以及连接景区之间的游览通道建设滞后，其他旅游相关的基础设施建设也存在滞后的问题。

三亚一到旅游旺季时，便会涌入大量的游客，交通堵塞严重，打不到车和等公交时间过长等问题在很大程度上影响游客的旅游体验，缺少灵活的交通路线以及缺乏合理的公共交通安排制度。同时，三亚的光网、水网、电网等和旅游息息相关的基础设施建设也有很大的发展改善空间。

3.3.6　典型旅游城市总结

通过分别对我国几个典型旅游城市的发展现状和供给侧问题进行分析，结合各城市旅游收入、接待游客数量、旅游收入占地区生产总值比重等数据得出以下结论。

第一，选取的几个典型旅游城市，西安、厦门、成都、杭州、三亚都拥有丰富的旅游资源，每个城市的旅游业供给特色各不相同，并且特点鲜明。西安是一个有着深厚历史文化积淀的文化名城，还有辉煌的历史文化和人文景观；厦门是一个风景迤逦的滨海旅游城市，有着十足的文艺气息；成都是巴蜀文化的发源地，不仅有极具巴蜀特色的美食、茶文化等，还有着秀丽的自然风光；杭州拥有秀丽的湖光山色和众多的名胜古迹，是一个极具江南气息的旅游城市；三亚则是一个气候宜人，极具热带风情的滨海城市。这几个城市无论是人文景观还是自然景观都极具特色，文化也相差迥异，但旅游业的发展都十分迅速，可见随着我国经济的不断发展和人民生活水平的提高，人们对于旅游的需求在逐步增加，旅游业已经凸显出其朝阳行业的特点和优势，各个城市也都表现出对旅游业发展的重视，我国旅游业发展的市场非常坚实，具有很好的发展空间和前景。

第二，除在 2020 年受到新冠疫情的冲击外，旅游国内国际收入和国内国外游客数量基本上保持上升的趋势。其中，成都旅游收入更是在 2019 年达到 4664 亿元。在新冠疫情的影响下，国内的旅游情况相比于国际旅游情况下降幅度较小，说明我国更应该形成以国内大循环为主体、国内国际双循环相互促进的新发展格局，更多地立足于国内市场，才不至于在世界大环境波动的情况下，遭受更为严重的损失。旅游产业对于地区生产总值的贡献度也在不断加强，尤其是三亚，旅游收入在 2021 年占地区生产总值比例甚至达到了 89.42%，可见，其地区生产总值的增长对于旅游业十分依赖。我国旅游产业发展态势良好，有很大的发展空间，旅游消费日益成为拉动经济增长的新动力。我国旅游经济正在进入大众旅游新时代、全域旅游新方位、品质旅游新阶段，我们要不断统筹推进旅游业发展，促进旅游供给侧结构性改革，以满足民众的旅游多样化、高质量需求。

第三，通过对典型旅游城市的分析发现，其供给侧存在诸多问题。首先，缺乏整体规划，城市内各个景区之间缺乏宏观管理和调控，一方面，没有很好地进行资源整合，区域内旅游产品同质化现象严重、供给类型单一，难以形成规模经济和集聚效应；另一方面，交通线路设计不健全，存在城市交通道路拥堵不堪的问题，景区之间连接的游览道路不灵活，缺少合理的公共交通路线规划。其次，企业的整体实力偏低，大部分是中小型企业，有知名度的品牌大型旅游企业数量少，经营主体规模小，实力不足，难以提供高质量的旅游服务。企业营销能力低下，城市内不缺乏值得游览的景点，只是企业没有将景点具有吸引力的一面展示在大众面前。最后，还存在许多个性问题，西安作为历史文化名城，却没有利用好其所拥有的旅游文化资源，缺少对风俗文化、历史传统、人文精神的发扬和对古城形象的塑造。厦门景区面积小，游客密度大，景区之间收入和游客数量的差距也有不断扩大的趋势。成都的景观之间由于地理因素距离很远，交通不便。

3.4 本章小结

本章分别对我国旅游业发展状况和旅游供给侧问题进行分析，得出以下结论。

第一，我国近年来旅游业取得了诸多进步。首先，从中国旅游业发展历程来看，旅游业逐渐由国民经济重要产业向战略性支柱产业转变。其次，从中国经济以及国内旅游业发展状况来看，作为人口众多的超级大国，具有较大购买力规模，可以解决如今的供给侧结构的问题。再次，从中国出入境旅游发展状况来看，旅游需求不断升级，部分居民不仅对国内旅游有需求，也有对国外旅游的需求。另外，入境旅游也由于对外开放得到持续发展。最后，从中国旅游业消费情况来看，我国旅游市场潜力大，可以通过激发旅游业潜力，促进旅游业发展。

第二，对中国旅游业供给侧结构性问题进行综合分析。首先，分析旅游客体供给侧结构性短缺问题，然后指出旅游供给侧技术的不成熟，其中旅游企业缺乏系统性规划，还有旅游管理和政策、假日制度存在优化空间，所以需要不断去解决以及改善这些问题，有效推动旅游供给侧结构性改革。

第三，对中国旅游业典型旅游城市进行分析。首先选取了西安、厦门、成都、杭州、三亚五个分布在我国不同地区的典型旅游城市作为代表，其中西安是有着悠久历史积淀和丰富文化古迹的世界名城，厦门是富有人文气息的临海旅游城市，成都是有着丰厚的人文和自然旅游资源的巴蜀文化发源地，杭州是风景秀丽、独具江南气息的旅游名城，三亚则是我国最南端的热带滨海旅游城市，这些城市各具特色，具有一定的代表性。其次对这五个典型旅游城市的旅游业供给特色、旅游经济发展状况和旅游业供给侧问题三个方面进行了全面的分析，最终进行对比分析总结，针对各个旅游城市提出相关建议。

第4章 中国旅游经济高质量发展供给侧结构性改革动力的宏观探索与微观验证

本章从微观和宏观两个角度对中国旅游经济高质量发展供给侧结构性改革的动力进行探索和验证。在宏观探索方面，主要从省域层次，采用因子分析法对中国旅游经济高质量发展动力因子进行研究，使用双重差分法探究文化和旅游消费试点政策对旅游经济高质量发展的影响，利用空间计量模型探究数字经济对旅游经济高质量发展的空间效应影响。在微观方面，基于结构方程模型对中国旅游经济高质量发展的供给侧结构性改革动力进行研究。

4.1 宏观探索之一：基于因子分析的中国旅游经济高质量发展动力因子研究

4.1.1 文献研究

随着经济的发展和人们生活水平的提高，旅游已成为我国居民必不可少的生活方式之一，同时，旅游业在各地区经济中的比重越来越大，是促进各地区经济发展的重要力量。伴随旅游业的发展，旅游竞争日趋激烈，越来越多的学者对地区旅游发展动力进行分析。例如，李兴国（2016）采用 TOPSIS 分析法从旅游收入、接待人天数、国际和国内游客数、国际和国内游客收入等方面，对河北省城市旅游产出竞争力进行分析。曹培培（2017）选取经济水平、社会发展、公共交通、环境保护、旅游发展五大因素对城市旅游与城市发展协调水平进行评价。杨勇和朱星霖（2018）从环境与支持因素、区位条件、政府投入及政策等方面，对省域旅游竞争力的影响因素进行计量分析。王庆生和刘诗涵（2019）在全域旅游视角下从旅游资源竞争力、市场竞争力、经济竞争力、环境竞争力等维度选取 18 个指标运用主成分分析法和系统聚类法对我国省域旅游竞争力进行定量研究。现有文献对于省域旅游发展动力的研究较少，因此本章在前人研究成果的基础上，加入技术创新这一动力因子，以中国 30 个省区市（除西藏、香港、澳门、台湾外）为对象，选取五大动力因子及相应的 18 个指标，通过因子分析法进行实证研究，从一个新的视角来探索动力因子对中国省域旅游发展的影响。

4.1.2　中国省域旅游发展动力系统运行评价

1. 评价方法

中国省域旅游发展动力系统是指影响中国各省旅游发展和变化的各种因素之间相互影响、相互作用而形成的合力系统。从国内外相关文献可以看出，影响省域旅游发展的因素众多，复杂多变。本章采用因子分析法，通过降维使复杂多变的指标形成几个主成分，从而尽量全面地反映出原本复杂指标所代表的信息。

2. 评价指标的选取及量化

在综合前人研究成果的基础上，遵循因地制宜、可衡量、可操作的原则，把影响省域旅游发展动力系统运行的因素归结为以下几类：社会文化、经济发展、技术创新、环境条件、旅游资源。从五大因素中选取 18 个可量化指标作为省域旅游发展的动力因子进行因子分析，以避免人为确定权重而影响评价分析的客观准确性，在此基础上构建省域旅游发展动力系统评价指标体系，见表 4-1。

表 4-1　省域旅游发展动力系统评价指标体系

目标层（A）	因素层（B）	指标层（C）	单位
省域旅游发展动力系统 A	社会文化（B_1）	国家教育经费（C_1）	万元
		公共图书馆藏量（C_2）	千册
		博物馆数（C_3）	个
		星级饭店（C_4）	个
		艺术表演场馆（C_5）	个
		房地产开发投资（C_6）	亿元
	经济发展（B_2）	人均地区生产总值（C_7）	元
		城市化（C_8）	
		货物进出口总额（C_9）	万美元
		高新技术企业主营业务收入占地区生产总值比重（C_{10}）	
	技术创新（B_3）	技术市场成交额占地区生产总值比重（C_{11}）	
		发明专利授权数占专利授权数比重（C_{12}）	
		信息技术服务收入占地区生产总值比重（C_{13}）	
	环境条件（B_4）	绿化覆盖率（C_{14}）	
		人均城市道路面积（C_{15}）	平方米
		人均公园绿地面积（C_{16}）	平方米
	旅游资源（B_5）	A 级景区数（C_{17}）	个
		旅行社数（C_{18}）	个

3. 数据来源及数据处理

通过查阅《中国区域经济统计年鉴》（2011～2020 年）、《中国旅游统计年鉴》（2011～2018 年）、《中国文化文物和旅游统计年鉴》（2011～2020 年）、《中国科技统计年鉴》（2011～2020 年）及各省区市国民经济和社会发展统计公报，得到中国 30 个省区市 2010～2019 年 18 个具体指标的原始数据，经过加和计算、人均计算、百分比计算，个别缺失值运用均值法补齐，得到需要的原始样本数据。以此为基础，进行标准化处理，从而得到适合因子分析的数据。

4.1.3　中国省域旅游发展动力的因子分析

1. 建立因子分析模型

设 X_i（$i=1,2,\cdots,p$）共 p 个变量，如果表示为 $X_i=\mu_i+\alpha_{i1}F_1+\cdots+\alpha_{im}F_m+\varepsilon_i$

（$m\leqslant p$）或
$$\begin{bmatrix} X_1 \\ X_2 \\ \vdots \\ X_p \end{bmatrix}=\begin{bmatrix} \mu_1 \\ \mu_2 \\ \vdots \\ \mu_p \end{bmatrix}+\begin{bmatrix} \alpha_{11} & \alpha_{12} & \cdots & \alpha_{1m} \\ \alpha_{21} & \alpha_{22} & \cdots & \alpha_{2m} \\ \vdots & \vdots & & \vdots \\ \alpha_{p1} & \alpha_{p2} & \cdots & \alpha_{pm} \end{bmatrix}\begin{bmatrix} F_1 \\ F_2 \\ \vdots \\ F_p \end{bmatrix}+\begin{bmatrix} \varepsilon_1 \\ \varepsilon_2 \\ \vdots \\ \varepsilon_p \end{bmatrix}$$
或 $X-\mu=AF+\varepsilon$。其

中，$F_1,F_2,\cdots,F_m$ 表示公共因子，是不可观测的变量，它们的系数称为因子载荷。$\varepsilon_1,\varepsilon_2,\cdots,\varepsilon_p$ 表示特殊因子，是原始变量不能被前 p 个公共因子包含的部分。

（1）$E(F)=E(\varepsilon)=0$，即公共因子与特殊因子期望均为零。

（2）$V(\varepsilon)=\begin{bmatrix} \sigma_1^2 & & & \\ & \sigma_2^2 & & \\ & & \ddots & \\ & & & \sigma_p^2 \end{bmatrix}=D$。

其中，$V(\varepsilon)$ 表示 ε 的价值，σ_p^2 表示误差项。

（3）$\mathrm{COV}(F,\varepsilon)=0$，即公共因子与特殊因子不相关。

（4）$D(F)=\begin{bmatrix} 1 & & & \\ & 1 & & \\ & & \ddots & \\ & & & 1 \end{bmatrix}=I$，即公共因子互不相关，且方差为1。

（5）X_i（$i=1,2,\cdots,p$）是经过标准化的可观测变量。

2. 数据检验

在进行因子分析之前，采用 IBM SPSS Statistics 26.0 对所选 18 个指标进行 KMO[①]检验以及巴特利特球形检验，检测变量之间相关性的强弱以及所选择的样本是否适合。结果如表 4-2 所示，通过巴特利特球形检验，p 值为 0.000，小于显著水平 0.05，说明变量之间存在相关性；KMO 值为 0.795，接近于 1。本章选择的各指标变量间相关程度接近，因此适合做因子分析。

表 4-2　中国省域旅游发展动力的因子分析 KMO 和巴特利特球形检验

项目	量值
KMO 值	0.795
巴特利特球形检验	5668.509
自由度	153
p 值	0.000

3. 因子分析过程

（1）确定公共因子。使用主成分分析法，得出特征值、特征值贡献率以及累计贡献率，并确定公共因子。从表 4-3 中可以看出，前五个因子的特征值大于 1，并且前五个因子的累计方差贡献率为 81.827%，满足了大于 80% 的因子选择要求。说明从选择的 18 个指标中提取这五个公共因子可以对原始数据有很好的解释能力。

表 4-3　总方差解释

成分	初始特征值			提取载荷平方和			旋转载荷平方和		
	总计	方差贡献率	累计	总计	方差贡献率	累计	总计	方差贡献率	累计
1	7.346	40.813%	40.813%	7.346	40.813%	40.813%	4.418	24.543%	24.543%
2	3.560	19.777%	60.590%	3.560	19.777%	60.590%	3.831	21.285%	45.828%
3	1.633	9.073%	69.663%	1.633	9.073%	69.663%	2.805	15.584%	61.412%
4	1.180	6.556%	76.219%	1.180	6.556%	76.219%	1.945	10.805%	72.216%
5	1.010	5.608%	81.827%	1.010	5.608%	81.827%	1.730	9.611%	81.827%
6	0.783	4.348%	86.175%						
7	0.560	3.113%	89.288%						
8	0.455	2.526%	91.814%						

---

① KMO（Kaiser-Meyer-Olkin）是用于比较变量间简单相关系数和偏相关系数的指标

续表

成分	初始特征值			提取载荷平方和			旋转载荷平方和		
	总计	方差贡献率	累计	总计	方差贡献率	累计	总计	方差贡献率	累计
9	0.350	1.945%	93.759%						
10	0.303	1.681%	95.440%						
11	0.207	1.148%	96.588%						
12	0.170	0.942%	97.530%						
13	0.119	0.661%	98.191%						
14	0.107	0.593%	98.784%						
15	0.078	0.431%	99.215%						
16	0.053	0.295%	99.510%						
17	0.050	0.280%	99.790%						
18	0.038	0.210%	100.000%						

（2）因子旋转。为了呈现各因子的典型代表性，对因子进行有力的解释，所以对因子载荷矩阵使用方差最大正交旋转法，进而得到表 4-4，对中国省域旅游发展动力进行评判。

表 4-4　旋转载荷矩阵

指标	成分				
	1	2	3	4	5
X_1	0.854	0.349	−0.013	0.228	0.015
X_2	0.692	0.629	0.007	−0.047	0.149
X_3	0.878	−0.043	−0.085	0.146	0.092
X_4	0.790	0.213	0.095	0.183	0.305
X_5	0.709	0.117	0.017	−0.007	0.292
X_6	0.794	0.457	0.005	0.206	0.086
X_7	0.210	0.695	0.463	0.171	−0.139
X_8	0.001	0.780	0.480	0.075	−0.065
X_9	0.430	0.790	0.079	0.043	0.195
X_{10}	0.281	0.844	−0.011	0.022	0.135
X_{11}	−0.036	0.198	0.908	0.037	0.020
X_{12}	−0.050	−0.090	0.795	−0.161	−0.174
X_{13}	0.096	0.527	0.769	−0.019	0.109
X_{14}	0.224	0.287	0.354	0.620	0.220
X_{15}	0.243	−0.204	−0.368	0.722	0.066

续表

指标	成分				
	1	2	3	4	5
X_{16}	0.087	0.123	−0.035	0.905	−0.061
X_{17}	0.229	−0.069	−0.151	0.040	0.888
X_{18}	0.437	0.382	0.062	0.049	0.739

注：提取方法为主成分分析法，旋转方法为凯撒正态化最大方差法

　　依照表 4-4 相关因子得分的归属情况，对相关因子进行命名和解释。作用在第一个主因子上的变量有六个，分别为国家教育经费、公共图书馆藏量、博物馆数、星级饭店、艺术表演场馆、房地产开发投资，前五个是代表社会文化发展情况的，但房地产开发投资也能为社会文化发展作贡献，所以把它和前五个归在一起，命名为社会文化动力因子（记为 F_1）。在五个公共因子中，第一个主因子的方差占全部方差的 24.543%，比重最高，说明社会文化是旅游经济发展最重要的一个因子。作用在第二个主因子上的变量有四个，分别为人均地区生产总值、城市化、货物进出口总额、高新技术企业主营业务收入占地区生产总值比重，这四个变量均是代表经济发展情况的，命名为经济发展动力因子（记为 F_2）。第二个主因子的方差占 21.285%，解释原始变量的能力仅次于第一个公共因子。作用在第三个主因子上的变量有三个，分别为技术市场成交额占地区生产总值比重、发明专利授权数占专利授权数比重、信息技术服务收入占地区生产总值比重，这三个变量能够体现一个地区的科学技术水平及其创新，故将其命名为技术创新动力因子（记为 F_3），第三个主因子方差占 15.584%。第四个主因子占 10.805%，作用在第四个主因子上的变量有 3 个，分别为绿化覆盖率、人均城市道路面积、人均公园绿地面积，命名为环境条件动力因子（记为 F_4）。作用在第五个主因子上的变量有 2 个，分别为 A 级景区数、旅行社数，命名为旅游资源动力因子（记为 F_5）。5 个主因子的方差累计贡献率达到了 81.827%，能够表达原始数据的绝大部分信息，故选择这 5 个主因子来代替原始的 18 个指标是十分合适的，这样可以达到降维的目的。同时，因子分析可以得到碎石图，通过碎石图可以更直观地看出公共因子的个数选择问题（图 4-1）。

　　在以上分析的基础上，为了比较分析我国各省区市旅游发展动力系统的综合情况，利用 SPSS 软件计算因子得分系数矩阵，结果见表 4-5。依据因子得分系数矩阵，可以得出主因子得分计算公式。其中 F 为主因子。

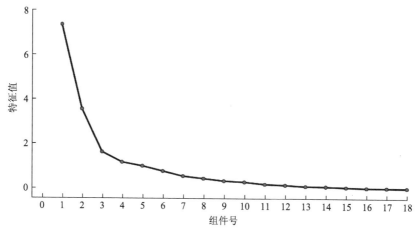

图 4-1 因子分析碎石图

$$F_1 = 0.272X_1 + 0.138X_2 + 0.365X_3 + 0.221X_4 + 0.23X_5 + 0.206X_6 - 0.018X_7$$
$$- 0.138X_8 - 0.041X_9 - 0.114X_{10} + 0.012X_{11} + 0.142X_{12} - 0.035X_{13} - 0.077X_{14}$$
$$+ 0.006X_{15} - 0.109X_{16} - 0.118X_{17} - 0.076X_{18}$$

$$F_2 = -0.03X_1 + 0.152X_2 - 0.219X_3 - 0.119X_4 - 0.124X_5 + 0.034X_6 + 0.184X_7$$
$$+ 0.274X_8 + 0.277X_9 + 0.367X_{10} - 0.133X_{11} - 0.239X_{12} + 0.042X_{13} - 0.021X_{14}$$
$$- 0.085X_{15} + 0.032X_{16} - 0.074X_{17} + 0.056X_{18}$$

$$F_3 = -0.009X_1 - 0.091X_2 + 0.064X_3 + 0.09X_4 + 0.062X_5 - 0.031X_6 + 0.063X_7$$
$$+ 0.03X_8 - 0.118X_9 - 0.196X_{10} + 0.399X_{11} + 0.4X_{12} + 0.258X_{13} + 0.156X_{14}$$
$$- 0.076X_{15} - 0.014X_{16} + 0.019X_{17} + 0.015X_{18}$$

$$F_4 = 0.004X_1 - 0.138X_2 - 0.04X_3 + 0.002X_4 - 0.101X_5 + 0.000X_6 + 0.068X_7$$
$$+ 0.041X_8 - 0.046X_9 - 0.043X_{10} + 0.055X_{11} - 0.065X_{12} - 0.007X_{13} + 0.351X_{14}$$
$$+ 0.391X_{15} + 0.523X_{16} + 0.013X_{17} - 0.019X_{18}$$

$$F_5 = -0.203X_1 - 0.071X_2 - 0.145X_3 + 0.05X_4 + 0.052X_5 - 0.134X_6 - 0.146X_7$$
$$- 0.04X_8 + 0.034X_9 + 0.017X_{10} + 0.074X_{11} - 0.081X_{12} + 0.095X_{13} + 0.15X_{14}$$
$$- 0.004X_{15} - 0.049X_{16} + 0.638X_{17} + 0.471X_{18}$$

表 4-5　成分得分系数矩阵

指标	成分				
	F_1	F_2	F_3	F_4	F_5
X_1	0.272	−0.030	−0.009	0.004	−0.203
X_2	0.138	0.152	−0.091	−0.138	−0.071
X_3	0.365	−0.219	0.064	−0.040	−0.145
X_4	0.221	−0.119	0.090	0.002	0.050
X_5	0.230	−0.124	0.062	−0.101	0.052
X_6	0.206	0.034	−0.031	0.000	−0.134
X_7	−0.018	0.184	0.063	0.068	−0.146
X_8	−0.138	0.274	0.030	0.041	−0.040
X_9	−0.041	0.277	−0.118	−0.046	0.034
X_{10}	−0.114	0.367	−0.196	−0.043	0.017
X_{11}	0.012	−0.133	0.399	0.055	0.074
X_{12}	0.142	−0.239	0.400	−0.065	−0.081
X_{13}	−0.035	0.042	0.258	−0.007	0.095
X_{14}	−0.077	−0.021	0.156	0.351	0.150
X_{15}	0.006	−0.085	−0.076	0.391	−0.004
X_{16}	−0.109	0.032	−0.014	0.523	−0.049
X_{17}	−0.118	−0.074	0.019	0.013	0.638
X_{18}	−0.076	0.056	0.015	−0.019	0.471

接下来，以旋逆转后因子方差贡献率为权数构造综合因子，综合因子得分用 F 来表示，则有：$F = (0.245\,43F_1 + 0.212\,85F_2 + 0.155\,84F_3 + 0.108\,05F_4 + 0.096\,11F_5) / 0.818\,27$。

将各省区市 2010～2019 年的数据代入公式，即可计算出每个地区的综合得分，部分结果如表 4-6 所示，之后对我国各省区市的旅游发展动力的综合水平进行分析比较。

表 4-6　2010 年、2015 年、2019 年我国旅游发展动力综合水平排名前十的省区市

地区	年份	F_1 得分	F_2 得分	F_3 得分	F_4 得分	F_5 得分	综合得分	排序
北京	2010	−1.093 28	0.945 18	4.037 80	−0.269 62	2.494 02	0.944 27	1
广东	2010	−0.184 94	2.317 23	−0.854 21	−0.460 50	2.414 95	0.607 44	2
江苏	2010	0.036 86	1.401 13	−0.984 05	0.377 28	2.761 92	0.562 32	3
山东	2010	−0.753 23	−0.148 92	−0.549 13	1.275 80	4.533 01	0.331 65	4
浙江	2010	0.025 75	0.285 03	−0.440 21	−0.596 41	3.413 65	0.320 22	5

续表

地区	年份	F_1 得分	F_2 得分	F_3 得分	F_4 得分	F_5 得分	综合得分	排序
上海	2010	−1.100 42	3.113 39	−0.108 83	−2.403 41	0.433 73	0.192 66	6
辽宁	2010	−0.727 96	0.313 66	0.267 96	−0.771 26	1.599 81	0.000 34	7
河北	2010	−0.545 61	−0.606 25	−0.418 36	0.785 33	1.439 13	−0.128 29	8
四川	2010	−0.265 42	−0.425 79	−0.378 65	−0.957 88	2.036 83	−0.149 73	9
福建	2010	−0.963 98	0.532 54	−0.500 84	−0.276 10	1.088 84	−0.154 56	10
北京	2015	−0.484 94	0.490 81	4.600 14	1.144 46	0.534 09	1.072 16	1
江苏	2015	1.806 27	1.270 77	−0.486 76	0.769 35	1.048 19	1.004 31	2
广东	2015	1.168 12	2.802 62	−0.986 68	0.380 32	−0.180 54	0.920 48	3
浙江	2015	2.091 82	0.219 22	−0.059 67	−0.172 60	0.796 58	0.743 84	4
山东	2015	1.485 89	−0.381 56	−0.003 46	1.715 10	1.249 91	0.719 04	5
上海	2015	−0.086 17	2.351 36	0.899 78	−2.252 91	−0.810 69	0.364 44	6
辽宁	2015	0.087 82	−0.024 14	0.986 05	−0.401 34	0.213 05	0.179 88	7
陕西	2015	0.562 87	−1.000 77	1.010 86	0.148 34	−0.221 92	0.094 54	8
福建	2015	−0.308 64	0.830 06	−0.337 06	0.373 13	−0.343 22	0.068 11	9
安徽	2015	0.311 26	−0.754 87	−0.035 33	0.712 93	0.633 83	0.058 86	10
广东	2019	3.262 08	3.017 28	−0.732 86	0.544 95	−2.082 02	1.451 11	1
北京	2019	−0.054 07	0.765 26	5.699 97	1.301 87	−0.041 95	1.435 37	2
江苏	2019	3.192 37	1.286 61	−0.167 00	0.883 62	−0.628 10	1.303 27	3
浙江	2019	3.775 13	0.357 52	0.327 52	−0.139 55	−0.738 80	1.182 46	4
山东	2019	3.599 52	−0.983 47	0.342 28	1.469 45	−0.405 48	1.035 40	5
上海	2019	0.171 33	2.674 36	1.081 58	−1.943 89	−1.531 96	0.516 41	6
四川	2019	1.514 15	−0.248 79	0.298 39	0.402 57	−1.049 89	0.376 10	7
河南	2019	2.290 94	−0.575 34	−0.437 60	0.047 16	−1.073 08	0.334 32	8
福建	2019	0.036 71	1.154 36	−0.407 87	1.536 61	−1.152 86	0.301 10	9
安徽	2019	1.138 47	−0.643 25	0.095 45	1.306 77	−0.558 81	0.299 24	10

通过分析比较2010～2019年我国30个省区市旅游发展动力的综合水平,可以看出,在2010～2019年,我国30个省区市旅游发展动力的综合水平不断提高,说明各省区市的旅游发展竞争力逐年提高。同时,北京、广东、江苏、上海、浙江、山东等地的综合水平一直位于前十名,这说明我国东部以及沿海地区的旅游发展动力的综合水平较高,旅游产业发展的竞争力较强,中部次之,西部最低。我国应该注意东西部地区旅游产业的均衡发展。

4.1.4 中国省域旅游发展动力系统模型

综上所述,中国省域旅游发展主要受五个主导性因子的影响,即社会文化动力因子、经济发展动力因子、技术创新动力因子、环境条件动力因子和旅游资源动力因子。其一，旅游城市由于受到传统文化、社会习俗和思想观念等的影响，会形成各具特色的区域文化氛围，而旅游是一种社会文化性很强的活动。旅游消费者大都具有一定的知识水平与文化修养，在旅游过程中追求文化艺术的熏陶，关注精神层次上的共鸣，浓郁的人文氛围、先进的社会文明对现代旅游消费者具有巨大的吸引力。因此社会文化氛围是地区旅游开展的有力支撑，也是旅游动力机制中不可分割的一部分，是地区旅游经济的发展动力因子。其二，旅游业是经济高度发展的产物，各地区旅游伴随着地区经济的增长而不断发展。经济发展水平既对居民的旅游消费意愿和能力有影响，也决定着一地对旅游资源的开发程度和旅游设施旅游服务的投入程度，是地区旅游发展的消费需求动力因子。其三，科学技术的不断创新与发展使人类生活逐渐智能化、数字化，促使现代旅游的发展模式由传统的景点景区模式逐步向全域旅游、智慧旅游、互联网旅游等新型模式转变。加强"科技+旅游"的融合，推动旅游智能化和数字化，可以更好地实现优化旅游产业结构、深挖旅游资源、丰富游客体验、促进游客消费等目标，进而实现旅游业的高质量发展。当前我国旅游业还存在旅游供给与游客需求不匹配、旅游项目同质化严重、旅游资源开发深度和广度不足等问题，要解决这些问题，需要进一步加强科技与旅游的融合。因此，技术创新是地区旅游发展的供给侧动力因子。其四，自然环境包括城市地貌、植被、大气、水文和自然景观等自然因素，直接为旅游者感知，是城市旅游者对城市形象追求的重要部分。优美的自然环境是城市发展质量提高的标志，也是城市旅游赖以持续发展的物质基础条件和环境动力因子（张广海和孙文斐，2010）。其五，旅游资源是旅游业开发的重要基础条件，旅游资源的多寡、质量和吸引力对旅游经济发展的影响重大，各省区市旅游资源对省域旅游经济的高质量发展亦具有重要作用，地区旅游资源是该区域旅游经济发展的资源动力因子。依据因子分析得到的五个主导因子，构建中国省域旅游发展动力系统模型，如图 4-2 所示。

4.1.5　结论和建议

本节分析了中国旅游经济发展动力的相关文献，在此基础上选取了影响省域旅游发展的 18 个评价指标。运用因子分析法对 2010～2019 年我国 30 个省区市的旅游发展基本情况进行分析，研究结果表明：①中国省域旅游发展受社会文化动力因子、经济发展动力因子、技术创新动力因子、环境条件动力因子和旅游资源动力因子的影响，并在此基础上构建了中国省域旅游发展动力系统模型。②在

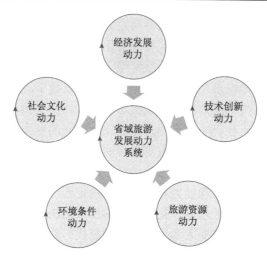

图 4-2 中国省域旅游发展动力系统模型

2019 年，我国 30 个省区市旅游发展动力的综合水平不断提高，并且具有区域异质性。其中，东部以及沿海地区的省域旅游发展动力的综合水平较高，中部次之，西部最低。

中国省域旅游发展中，社会文化因素是主要的推动因素，而经济因素对省域旅游发展也起着重大的推动作用。在今后中国省域旅游发展中，要继续发挥社会经济因素的主导作用。同时要进一步从满足游客需求、加强政府引导、聚焦产业融合、完善基础设施等方面着力加强科技与旅游的融合，合理配置社会资源，引导更多优质社会资源和社会服务向旅游产业倾斜，更加关注旅游城市生态环境保护，充分利用高品质的旅游资源带动周边地区旅游经济高质量发展。

4.2 宏观探索之二：文化和旅游消费试点政策对旅游经济高质量发展的影响研究

4.2.1 文献研究

中国经济在经历 30 多年 10%左右高速增长以后，进入经济增长速度换挡期和经济发展转型期，高质量发展的要求扩展到经济社会发展的方方面面。旅游业承载着人民对美好生活的向往，是国民经济的战略性支柱产业，同时因其经营模式的绿色性和可持续性，旅游业被誉为现代服务业中的"朝阳产业"。2021 年，全国文化和旅游事业费 1132.88 亿元，同比增长 4.1%，全年国内游客数量 32.46 亿人次，同比增长 12.8%，国内旅游收入（旅游总消费）2.92 万亿元，同比增长

31%。在"智慧旅游"时代下，红色旅游、乡村旅游、非遗和民俗活动等为旅游业发展注入新活力，旅游经济高质量发展成为驱动地区经济和其他行业高质量发展的引擎。2022 年 12 月，国务院印发《"十四五"旅游业发展规划》，明确"以文塑旅、以旅彰文""系统观念、筑牢防线""旅游为民、旅游带动""创新驱动、优质发展""生态优先、科学利用"的原则，为旅游业高质量发展擘画新蓝图。

文化是旅游的灵魂，旅游是文化的载体，二者具有密切相关的天然属性，因此推动文化产业与旅游业融合发展，对于促进旅游经济高质量发展具有重要意义。2021 年 4 月，文化和旅游部印发《"十四五"文化和旅游发展规划》，进一步推进文化产业和旅游业繁荣发展，文化产业和旅游业成为满足人民美好生活需要、推动经济高质量发展的重要支撑，文化消费为旅游经济高质量发展注入强大动力。2015 年 6 月，文化部、财政部启动拉动城乡居民文化消费试点项目，并于 2016 年和 2017 年分两批次共计公布了 45 个文化消费试点城市，这意味着国家开始从顶层设计层面加强对文化消费的引导和重视。作为"十四五"时期促进经济高质量发展的重要内容之一，拉动城乡居民文化消费试点政策在提高文化产品与服务的供给质量、提升居民文化消费意识和促进旅游产业高质量发展等方面进行创新探索。

旅游经济高质量发展作为经济研究的热门话题之一，得到学术界和实务界的广泛关注。现有研究多从区域内部治理与外部因素影响两个角度，对旅游经济高质量发展的影响因素进行分析。在区域内部治理的相关研究中，张洪昌（2019）发现通过优化旅游供给结构、增强旅游消费观念和提升科技治理能力等方式能够促进旅游业高质量发展。王新越等（2020）研究发现旅游内核、旅游交通、经济发展与转型升级是影响旅游业经济高质量发展的重要因素。于法稳等（2020）提出要从乡村发展规划的整体性与科学性、资源可持续、产业融合、人才队伍建设、旅游产品和服务、保障措施等方面促进乡村旅游经济高质量发展。在外部因素影响的相关研究中，马红梅和郝美竹（2020）运用双重差分法发现高铁开通能够显著促进沿线地区旅游发展和经济高质量发展，尤其是对欠发达地区旅游业发展具有显著带动作用。侯新烁和刘萍（2023）发现文化消费试点政策能够促进地区旅游经济增长。黄颖祚和王姗（2022）发现"双碳"发展战略能够促进旅游产品低碳化开发，推动乡村旅游业高质量发展。师博和任保平（2021）、冯烽（2022）实证发现以全运会和奥运会为例的大型体育赛事能够通过重塑城市形象、促进结构升级和绿色发展等效应促进旅游经济高质量发展。基于此，本节采用中国 30 个省区市（除西藏、香港、澳门、台湾外）2011~2020 年的面板数据，采用多期双重差分法对拉动城乡居民文化消费试点政策（本节中统称为文化和旅游消费试点政策）的实施对旅游经济高质量发展的影响进行量化评估。

4.2.2 模型设定、变量选取与数据来源

1. 模型设定

文化和旅游消费试点政策于 2016 年、2017 年分批次展开，为使用双重差分法探究文化和旅游消费试点政策对旅游经济高质量发展的影响，提供了良好的准自然实验。采用多期双重差分法能够同时控制试点省份与非试点省份之间的地区差异以及试点前后的时间差异，从而更精准地识别出文化和旅游消费试点政策对旅游经济高质量发展的净效应，双重差分模型构建为

$$TOUR_{it} = \alpha_0 + \alpha_1 PPCC_{it} + \alpha_2 Controls_{it} + \lambda_i + \varphi_t + \varepsilon_{it} \qquad (4\text{-}1)$$

其中，$TOUR_{it}$ 表示 t 年份 i 地区的旅游经济高质量发展；$PPCC_{it}$ 表示文化和旅游消费试点政策的虚拟变量，是实验组虚拟变量与文化和旅游消费试点政策时间虚拟变量的交乘项，若 t 年份 i 地区的城市成为文化和旅游消费试点，则当年及以后的取值为 1，否则为 0；α_0 表示常数项；α_1 表示文化和旅游消费试点政策对旅游经济高质量发展的影响效应；α_2 表示控制变量的影响系数；$Controls_{it}$ 表示控制变量；λ_i 和 φ_t 分别表示个体固定效应和时间固定效应；ε_{it} 表示随机扰动项。

2. 变量选取与数据来源

1）变量选取

（1）被解释变量。本章的被解释变量为旅游经济高质量发展（$TOUR_{it}$）。根据指标体系使用熵值法计算得出，如表 4-7 所示。

表 4-7 旅游经济高质量发展指标体系与权重

一级指标	二级指标	指标属性	权重
绿色环境发展	绿化覆盖面积	+	0.0177
	废水中化学需氧量	−	0.0097
	二氧化硫排放量	−	0.0075
	垃圾处理率	+	0.0500
旅游产业发展	旅行社数	+	0.0356
	旅游饭店数	+	0.0302
	A 级以上旅游景区数量	+	0.0355
	国内外旅游收入	+	0.0758
	国内外旅游收入/地区生产总值	+	0.0772
对外开放水平	入境游客数量	+	0.1109
	旅游外汇收入	+	0.0977

续表

一级指标	二级指标	指标属性	权重
交通运输条件	航空运输业就业人员	+	0.0945
	公路旅客周转量	+	0.0561
	铁路旅客周转量	+	0.0395
创新环境发展	R&D 经费投入强度	+	0.0453
	专利申请受理量	+	0.1044
	专利申请授权量	+	0.1122

注：+表示正向指标；−表示负向指标

（2）核心解释变量。本章的核心解释变量为文化和旅游消费试点政策的虚拟变量，是实验组虚拟变量与文化和旅游消费试点政策时间虚拟变量的交乘项，若 t 年份 i 地区的城市成为文化和旅游消费试点，则当年及以后的取值为 1，否则为 0。

（3）控制变量。控制变量说明如表 4-8 所示，其中失业率为负向指标。

表 4-8　控制变量说明

变量名称	变量说明	单位	数据来源
失业率	一定时期内全部劳动人口失业比重		《中国统计年鉴》
城镇化率	城镇人口占总人口（包括农业与非农业）的比重		
城市交通水平	每万人公共交通车辆	标台	
高等教育比重	大专以上受教育比重		
对外开放程度	外商投资占地区生产总值比重		
市场化水平	樊纲市场化指数		Wind 数据库
绿色创新水平	绿色发明专利数的对数值		中国研究数据服务平台（Chinese Research Data Services Platform，CNRDS）
制造业升级水平	高技术产业产值占工业产值比重		《中国高技术产业统计年鉴》

2）数据来源

由于西藏的数据缺失严重，本章采用 2011～2020 年中国 30 个省区市（未包括西藏、香港、澳门、台湾）的面板数据进行实证分析。在此样本中，有 26 个省区市先后于 2016 年和 2017 年被纳入文化和旅游消费试点的范围，文化和旅游消费试点名单来自文化和旅游部官网。旅游高质量发展水平数据根据指标体系计算得出，控制变量数据来自《中国统计年鉴》、Wind 数据库、中国研究数据服务平台和《中国高技术产业统计年鉴》。主要变量描述性统计如表 4-9 所示。

表 4-9 主要变量描述性统计

变量名称	变量	观测值	最小值	最大值	平均值	标准误
旅游经济高质量发展	TOUR	300	0.0273	0.6985	0.1405	0.1010
文化和旅游消费试点政策虚拟变量	PPCC	300	0.0000	1.0000	0.4267	0.4954
失业率	UEM	300	1.2000	4.6000	3.2593	0.6401
城镇化率	URB	300	35.0300	89.6000	59.0064	12.2183
城市交通水平	VEH	300	7.0500	26.5500	12.7734	2.9816
高等教育比重	HED	300	8.0000	62.2000	19.3903	9.9519
对外开放程度	OPE	300	0.0011	0.2767	0.0470	0.0521
市场化水平	MARK	300	2.3300	12.0000	6.8281	2.0285
绿色创新水平	GTI	300	0.0807	2.7759	1.1493	0.5938
制造业升级水平	MAU	300	−0.0001	0.1316	0.0285	0.0212

4.2.3 实证分析

1. 基准回归

使用多期双重差分法进行实证检验，回归结果如表 4-10 所示。由表 4-10 列（1）可知，当未加入控制变量时，固定个体效应和时间效应，文化和旅游消费试点政策虚拟变量的系数显著为正；由表 4-10 列（2）可知，当加入控制变量后，固定个体效应和时间效应，文化和旅游消费试点政策虚拟变量的系数依旧显著为正，说明文化和旅游消费试点政策的实施能够显著促进旅游经济高质量发展。失业率的减少，市场化水平、制造业升级水平的提升能够显著促进旅游经济高质量发展，城镇化率、绿色创新水平、城市交通水平提升对旅游经济高质量发展的影响并不显著，对外开放程度、高等教育比重提升对旅游经济高质量发展有负向影响，这可能是因为本章样本数据量较少，人力资源水平相关控制变量选取较少。

表 4-10 文化和旅游消费试点政策对旅游经济高质量发展的影响

解释变量	旅游经济高质量发展（TOUR）	
	（1）	（2）
PPCC	0.0041*	0.0073**
	（1.93）	（2.81）
UEM		−0.0041*
		（−2.06）

续表

解释变量	旅游经济高质量发展（TOUR）	
	（1）	（2）
URB		0.0001
		（0.08）
VEH		0.0005
		（0.94）
HED		−0.0012**
		（−2.87）
OPE		−0.3840**
		（−2.56）
MARK		0.0153***
		（13.10）
GTI		0.0067
		（0.84）
MAU		0.4804***
		（4.41）
常数项	0.2246***	0.1720**
	（37.96）	（2.87）
个体效应	控制	控制
时间效应	控制	控制
观测值	300	300
调整的 R^2	0.9574	0.9647

注：括号内是 t 统计量

***、**、*分别表示在 1%、5%和 10%的水平上显著

2. 异质性分析

根据模型对东部地区、中部地区和西部地区[①]文化和旅游消费试点政策对旅游经济高质量发展的影响进行异质性分析，回归结果如表 4-11 所示。由表 4-11 可知，在固定个体效应和时间效应后，东部地区与中部地区文化和旅游消费试点政策虚拟变量的系数显著为正，而西部地区文化和旅游消费试点政策虚拟变量的系数显著为负，说明文化和旅游消费试点政策的实施能够显著促进东部地区和中

---

① 东部地区：北京市、天津市、河北省、上海市、江苏省、浙江省、福建省、山东省、广东省、海南省、辽宁省、吉林省和黑龙江省。中部地区：山西省、安徽省、江西省、河南省、湖北省和湖南省。西部地区：内蒙古自治区、广西壮族自治区、重庆市、四川省、贵州省、云南省、陕西省、甘肃省、青海省、宁夏回族自治区和新疆维吾尔自治区。

部地区的旅游经济高质量发展，但对西部地区的旅游经济高质量发展有显著的抑制作用，可能是因为未成为文化和旅游消费试点的城市大多在西部地区，所以西部地区旅游经济高质量发展水平受到政策实施的影响有限，且囿于西部地区经济发展和城市交通水平的限制，文化和旅游消费试点政策在西部地区并没有发挥出显著的正向作用。从控制变量看，城镇化率、市场化水平和制造业升级水平对东部地区的旅游经济高质量发展有显著促进作用，绿色创新水平、失业率、城市交通水平、高等教育比重对中部地区的旅游经济高质量发展没有显著影响，对外开放程度对西部地区的旅游经济高质量发展有显著的抑制作用，这可能是因为文化和旅游消费试点政策实施后的年份较短，且受到经济发展水平等因素的限制，中部地区和西部地区控制变量对旅游经济高质量发展并未产生显著的促进作用。

表 4-11　文化和旅游消费试点政策对旅游经济高质量发展的影响：异质性分析

解释变量	旅游经济高质量发展（TOUR）		
	东部地区	中部地区	西部地区
PPCC	0.0258*	0.0167***	−0.0064*
	（2.04）	（3.09）	（−2.17）
UEM	0.0009	0.0012	−0.0010
	（0.11）	（0.71）	（−0.29）
URB	0.0089***	0.0018	0.0010
	（6.29）	（0.49）	（0.85）
VEH	0.0010	−0.0003	−0.0010
	（0.45）	（−0.30）	（−0.81）
HED	0.0010	−0.0003	−0.0020***
	（1.40）	（−0.20）	（−3.20）
OPE	−1.3481***	−0.1817	0.0247
	（−6.34）	（−0.27）	（0.41）
MARK	0.0290***	0.0052	0.0006
	（9.99）	（0.58）	（0.25）
GTI	0.0265	0.0063	−0.0052
	（1.15）	（0.35）	（−1.09）
MAU	0.7072***	0.3660	0.0583
	（5.53）	（1.29）	（0.45）

续表

解释变量	旅游经济高质量发展（TOUR）		
	东部地区	中部地区	西部地区
常数项	−0.6657***	0.0426	0.1278*
	（−6.34）	（0.15）	（1.92）
个体效应	控制	控制	控制
时间效应	控制	控制	控制
观测值	130	60	110
调整的 R^2	0.9698	0.9716	0.9217

注：括号内是 t 统计量
***、*分别表示在 1%、10%的水平上显著

4.2.4　稳健性检验

1. 平行趋势检验

使用双重差分法估计政策有效性的前提条件是实验组和控制组在受到政策冲击前具有相同的增长趋势，因此需要对被解释变量进行平行趋势检验。本章将文化和旅游消费试点政策实施前的每一年设置一个虚拟变量，并将其与实验组虚拟变量相乘，然后使用相乘得到的虚拟变量对旅游经济高质量发展进行回归，结果如图 4-3 所示。由图 4-3 可知，文化和旅游消费试点政策实施前，年份与实验组相乘的虚拟变量系数大多为负且不显著，因此，基本可以证明该模型满足平行趋势假设。

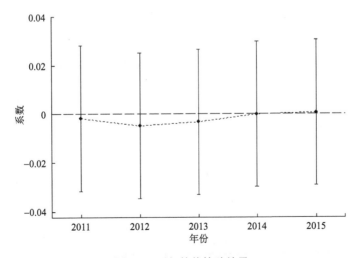

图 4-3　平行趋势检验结果

2. 安慰剂检验

前文通过实证分析发现，文化和旅游消费试点政策的实施能够显著促进旅游经济高质量发展,但是这有可能是因为部分随机因素对实证分析结果产生了干扰。因此，本章采取安慰剂检验，根据文化和旅游消费试点名单，重复进行 500 次随机抽样生成处理组，并对每一次随机抽样后的样本进行基准回归，从而获得 500 个核心解释变量估计系数的核密度分布图，如图 4-4 所示，并将其与表 4-12 中文化和旅游消费试点政策虚拟变量的系数进行对比。由图 4-4 可知，虚假估计系数与实际估计系数有明显差异。因此，未观测到的省域个体特征并不会对估计结果的准确性产生影响，模型通过安慰剂检验，文化和旅游消费试点政策能够显著且稳健地促进旅游经济高质量发展。

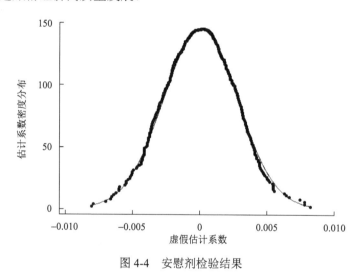

图 4-4　安慰剂检验结果

表 4-12　文化和旅游消费试点政策对旅游经济高质量发展的影响

解释变量	旅游经济高质量发展（TOUR）	
	未改变政策冲击时间 （1）	改变政策冲击时间 （2）
PPCC	0.0073**	0.0180
	(2.81)	(1.58)
UEM	−0.0041*	−0.0320***
	(−2.06)	(−5.14)
URB	0.0001	0.0010*
	(0.08)	(1.73)

续表

解释变量	旅游经济高质量发展（TOUR）	
	未改变政策冲击时间 （1）	改变政策冲击时间 （2）
VEH	0.0005 （0.94）	0.0020 （1.43）
HED	−0.0012** （−2.87）	−0.0020** （−2.24）
OPE	−0.3840** （−2.56）	0.5530*** （4.30）
MARK	0.0153*** （13.10）	0.0230*** （11.15）
GTI	0.0067 （0.84）	0.0890*** （8.66）
MAU	0.4804*** （4.41）	0.6140** （2.44）
个体效应	控制	控制
时间效应	控制	控制
观测值	300	300
调整的 R^2	0.9647	0.7400

注：括号内是 t 统计量

***、**、*分别表示在 1%、5% 和 10% 的水平上显著

3. 反事实检验

虽然通过前文实证分析检验证明，文化和旅游消费试点政策的实施能够显著促进旅游经济高质量发展，但是这也有可能是其他政策或影响因素导致的结果。

为了进一步检验实证结果的稳健性，本章采取反事实检验方法，考察在未实行文化和旅游消费试点政策时，核心解释变量是否仍然显著。如果显著，则证明存在其他未观察到的影响因素促进旅游经济高质量发展；如果不显著，则证明文化和旅游消费试点政策的实行对旅游经济高质量发展的促进作用是显著且稳健的。本章将文化和旅游消费试点政策的实施年份提前一年，重新进行回归，结果如表 4-12 的列（2）所示，表 4-12 的列（1）为未改变政策冲击时间的实证分析结果，表 4-12 的列（2）为改变政策冲击时间的实证分析结果。由表 4-12 的列（2）可知，改变政策冲击时间后，文化和旅游消费试点政策虚拟变量的系数为正但并不显著，说明模型符合反事实假定，文化和旅游消费试点政策的实施能够显著且稳健地促进旅游经济高质量发展。

4.2.5　结论与建议

本章基于中国 30 个省区市 2011～2020 年的面板数据，通过采用多期双重差分法，探究文化和旅游消费试点政策的实施对旅游经济高质量发展的影响，研究结果表明：一是文化和旅游消费试点政策的实施能够显著促进旅游经济高质量发展；二是文化和旅游消费试点政策的实施能够显著促进东部地区和中部地区的旅游经济高质量发展，但对西部地区的旅游经济高质量发展并未表现出促进作用。基于本章的研究结果，提出以下政策建议。

第一，坚定不移地继续推行文化和旅游消费试点政策，在鼓励已有试点城市进行经验探索的同时，发挥试点城市的政策优势以促进国内旅游经济高质量发展，并从理论层面和实践层面拓宽文化消费试点工作。

第二，不断探索文化和旅游消费试点政策促进旅游经济高质量发展过程中的地区差异化发展策略。在对西部地区进行政策倾斜的同时，提升西部地区的经济发展水平与城市交通水平，为政策实施奠定基础。同时，将东部地区的经济发展与创新转型优势向中西部地区转移，在促进全域旅游经济高质量发展的过程中，促进区域间、区域内协调发展。

第三，把握"智慧旅游"时代下的"互联网+旅游"发展机遇，加快推进高质量基础设施建设，打造智慧城市与智慧景区，提高从业人员服务技能与服务水平，以数字化和智能化带动文化消费，从而助力旅游经济高质量发展。

4.3　宏观探索之三：数字经济对旅游经济高质量发展的空间效应影响研究

4.3.1　文献研究

近年来，我国出台了多项数字文旅发展政策，文旅的数字化转型得到国家的大力支持。2020 年，文化和旅游部等 10 部门联合印发《关于深化"互联网+旅游"推动旅游业高质量发展的意见》；2021 年，文化和旅游部印发《"十四五"文化和旅游发展规划》、国务院印发《"十四五"数字经济发展规划》等。随着数字文旅的兴起，旅游不再局限于地理距离上的远近，其方式也更加多样化，游客只需利用直播、虚拟现实（virtual reality，VR）等方式便能足不出户游览景点，超越了时间和空间上的限制。数字技术的发展打破了旅游业的传统发展模式，极大地丰富了旅游业对新模式的探索，通过数字技术打造虚实交互的旅游场景，为不同游客提供个性化的旅游服务，实现实体旅游资源与虚拟旅游资源的再配置，更大程度上实现旅游经济高质量发展。数字经济依托于游客的实时状态和消费习惯等数据，为其制定具有针对性的旅游服务和产品，让其能拥有更舒适、便捷的旅游体验，激发消费者对旅游服务和产品的消费，进而促进旅游经济高质量发展。

　　在数字经济发展的背景之下，旅游产业可依靠数字技术实现转型升级，解决以往文旅产品单一、同质化严重的问题（周锦和王廷信，2021）。数字经济聚焦于消费者的需求，以此将数字技术贯穿于旅游产业的各个环节，推动旅游产业向线上与线下相结合的方式转变，满足人民美好生活的新需求（张玉蓉和蔡雨坤，2022）。国内外学者也从多角度探究旅游经济高质量发展的影响因素，王坤等（2016）基于省级的空间面板模型，探究城镇化对旅游经济的空间影响，研究表明城镇化的规模和质量都会在一定程度上促进旅游经济。Romão 和 Nijkamp（2019）基于空间计量模型，从创新、专业化等角度探究对旅游经济的影响。陈萍（2021）研究发现乡村旅游与数字经济的相互结合，能够提升乡村旅游的服务品质，推动乡村旅游业的转型升级，进一步创新乡村旅游的服务形式和释放其消费潜力。冀雁龙和李金叶（2022）从生产率效应和结构效应两方面考虑数字经济对旅游经济的影响，实证结果显示数字经济与旅游经济增长之间不是简单的线性关系，而是倒"U"形关系。陈琳琳等（2022）提出数字经济在推动旅游经济高质量发展时，会受到城乡之间的数字鸿沟较大的制约，需进一步均衡数字资源的空间分布。

　　国内外学者对旅游经济高质量发展的研究中，大都发现数字经济能够在一定程度上推动旅游经济高质量发展，并且数字经济会成为旅游业未来发展和转型的新引擎（陈晔和贾骏骐，2022；魏翔，2022），但是大多数文献仅停留于理论层面，鲜有文献通过实证方式进行探究，且使用实证方式研究的文献大都忽略了旅游经济高质量发展的空间依赖性，对此本章基于省级数据，使用空间计量模型研究数字经济对旅游经济高质量发展的空间效应，并依据经济发展情况将省份分为较发达地区和较落后地区，再依据不同省份的经济发展情况，给出针对性建议。

4.3.2　研究设计

1. 模型构建

　　旅游经济高质量发展除了会受到本省数字经济发展的制约，同时也会受到其他省的影响，为了充分考虑空间因素，因此构建空间面板计量模型来探讨数字经济对旅游经济高质量的影响作用。现有空间计量模型主要为空间滞后（spatial autoregressive，SAR）模型、空间误差模型（spatial error model，SEM）和空间杜宾模型（spatial Durbin model，SDM），由于不同类别的空间计量模型有不同的经济含义，因而分别建立 SAR、SEM 和 SDM 三种模型，然后再根据拉格朗日乘子（Lagrange multiplier，LM）检验和似然比（likelihood ratio，LR）检验结果，选择更合适的模型进行实证分析，模型设定如式（4-2）所示：

$$\text{Tour}_{it} = \rho \sum_{j=1}^{n} W_{ij} \text{Tour}_{jt} + \beta_0 \text{Dig}_{it} + \beta_1 X_{it} + \mu_i + \gamma_t + \varepsilon_{it} \tag{4-2}$$

$$\begin{cases} \text{Tour}_{it} = \beta_0 \text{Dig}_{it} + \beta_1 X_{it} + \mu_i + \gamma_t + \delta_{it} \\ \delta_{it} = \theta \sum_{j=1}^{n} W_{it} \delta_{jt} + \varepsilon_{it} \end{cases} \tag{4-3}$$

$$\text{Tour}_{it} = \rho \sum_{j=1}^{n} W_{ij} \text{Tour}_{jt} + \beta_0 \text{Dig}_{it} + \beta_1 X_{it} + \theta_0 \sum_{j=1}^{n} W_{ij} \text{Dig}_{jt} + \theta_1 \sum_{j=1}^{n} W_{ij} X_{jt} + \mu_i + \gamma_t + \varepsilon_{it}$$

$$\tag{4-4}$$

其中，Tour_{it} 表示旅游经济高质量发展；Dig_{it} 表示数字经济；μ_i 表示空间固定效应；γ_t 表示时间固定效应；ε_{it} 表示随机扰动项；W_{ij} 表示空间权重矩阵，代表区域 i 与 j 的邻近关系；X_{it} 表示一系列控制变量；ρ 表示空间滞后系数；δ_{it} 表示空间扰动项。

2. 变量解释

（1）被解释变量：旅游经济高质量发展（Tour）。该变量主要从绿色环境发展、旅游产业发展、对外开放水平、交通运输条件以及创新环境发展五个方面建立指标体系，并使用熵值法测度，这主要展示于前面章节的报告中，在此不再赘述。

（2）核心解释变量：数字经济（Dig）。该变量主要从数字基础设施建设、数字技术服务水平和数字技术经费支撑三个方面建立指标体系，具体如表 4-13 所示。

表 4-13　数字经济发展水平

一级指标	二级指标	指标解释	指标属性
数字基础设施建设	互联网普及率	互联网用户数/常住人口总数	+
	电话普及率	电话机总数（包括移动电话）/人口总数	+
	长途光缆线路长度	长途光缆线路长度（万公里）	+
	互联网域名数	互联网域名数（万个）	+
数字技术服务水平	互联网相关从业人员	信息传输与软件从业人员规模	+
	地区软件业务规模	地区软件业务收入	+
数字技术经费支撑	地区技术改造经费	地区技术引进经费支出	+
	电子及通信设备制造业科学技术经费	电子及通信设备制造业科学技术内部支出	+
	电子计算机及办公设备制造业科学技术经费（缺失）	电子计算机及办公设备制造业科学技术经费支出	+

注：+表示正向指标

（3）控制变量：为了缓解遗漏变量带来的内生性问题，模型设定中还加入了一系列控制变量。基础设施水平（Tol）：公共厕所的数量在一定程度上能够反映地区的基础设施情况，公共厕所的数量越多，说明该地区的基础设施情况越好，也更能在外来游客心中留下好印象。法治水平（Crm）：使用各省区市的刑事案件发生率代表各省区市的法治水平，人们出门旅游时更愿意选择相对安全、法治水平高的地区，而不愿意前往法治水平较低，刑事案件多发的地区。医疗保障水平（Med）：使用医疗卫生床位数反映各省区市的医疗保障水平，游客出行时难免会发生意外事件，选择医疗水平较高的地区，更能为出行安全提供保障。地区生产总值（Gdp）：地区生产总值能够反映地区的经济发展水平，经济发展水平较高的地区，其旅游的相关设施支持也会更完备，也更能吸引外来游客。

3. 研究样本与数据来源

数字经济与旅游经济高质量发展数据来源于各省区市统计年鉴、国家统计局与文化和旅游部，选取 2011～2020 年 30 个省区市（未包括西藏、香港、澳门、台湾）作为研究样本，西藏数据缺失严重，因此将其剔除，其余缺失的数据使用插值法补齐。数据主要描述性统计如表 4-14 所示。

表 4-14　变量描述性统计

变量		样本量	均值	标准差	最小值	最大值
被解释变量	Tour	300	0.1603	0.1098	0.0275	0.7316
核心解释变量	Dig	300	0.1123	0.1179	0.0115	0.8539
控制变量	Tol	300	8.1546	0.7834	5.9636	9.6132
	Crm	300	0.0575	0.0268	0.0106	0.0990
	Med	300	12.1528	0.7639	10.0483	13.4108
	Gdp	300	25.5718	20.4943	1.6704	110.7609

4.3.3　实证分析

1. 空间自相关检验

在使用空间计量进行实证分析前，需要对被解释变量即旅游经济高质量发展进行空间自相关性检验，本章主要选择反距离权重矩阵对 2011～2020 年 30 个省区市的旅游经济高质量发展进行全局空间自相关检验，结果如表 4-15 所示。在反距离权重矩阵下，2011～2020 年旅游经济高质量发展的全局莫兰指数均为正，除了 2011 年未通过显著性水平检验，其余年份均通过，说明各省区市的旅游经济高质量发展不是互相独立的，而是存在显著的空间依赖性，说明我国各省区市旅游经济高质量发展呈现正向的空间关联性。

表 4-15　2011～2020 年全局莫兰指数

年份	莫兰指数	Z 值
2011	0.007	1.199
2012	0.032**	2.054
2013	0.030**	2.006
2014	0.031**	2.076
2015	0.037**	2.229
2016	0.034**	2.196
2017	0.035**	2.239
2018	0.026**	1.983
2019	0.022*	1.837
2020	0.020*	1.862

**、*分别表示在 1%、5%的水平上显著

2. 空间模型的选择

根据前文的空间自相关检验可知，旅游经济高质量发展存在显著的空间相关性，因此本章再依据 LM 检验和 LR 检验，选择合适的空间计量模型探究数字经济对旅游经济高质量发展的空间效应。从表 4-16 中可知四个检验只有 LM-lag 统计量未通过检验，其余都显著通过，因此需进行 LR 检验，进一步确定选择 SDM 还是 SEM。经过 LR 检验后，结果表明 SDM 都不能简化为 SAR 模型和 SEM，因而选择 SDM 更为合适（表 4-17）。最后，进行豪斯曼（Hausman）检验，其结果显示选择时间和个体双固定的 SDM 更为合适。

表 4-16　空间计量模型检验——LM 检验结果

空间效应 LM 检验	统计值	p 值
LM-error 统计量	70.237	0.000
稳健 LM-error 统计量	85.294	0.000
LM-lag 统计量	0.728	0.394
稳健 LM-lag 统计量	15.785	0.000

表 4-17 空间计量模型检验——LR 检验结果

LR 检验	LR 统计量值	p 值
原假设：SDM 可退化为 SAR 模型	50.520	0.000
原假设：SDM 可退化为 SEM 模型	42.410	0.000

3. 空间计量实证结果分析

表 4-18 为普通最小二乘法模型和双向固定效应的空间计量模型，为了模型估计结果的稳健性，本章列出了 SDM、SAR 模型、SEM 的估计结果，从三种空间计量模型的对数似然值来看，SDM 达到 825.1809，说明选择 SDM 更为合理，也证明了选择 SDM 的合理性。无论是普通最小二乘法模型，还是空间计量模型，其结果都显示数字经济对旅游经济高质量发展具有显著的正向促进作用，且均在 1% 的水平下显著，说明数字经济的水平越高，越能促进省域的旅游经济发展。从 Dig 来看，数字经济对旅游经济高质量发展的影响系数为 0.3747，在 1% 的水平下显著，说明数字经济对旅游经济高质量发展有正向的溢出效应，数字经济不仅会促进本地的旅游经济高质量发展，还会促进其他地区的旅游经济高质量发展。

表 4-18 空间计量模型实证分析

变量	普通最小二乘法	SDM		SAR	SEM
		主效应系数	空间交互项		
Dig	0.3758***	0.3462***	0.8406**	0.3747***	0.4016***
	(3.09)	(8.42)	(2.27)	(8.79)	(9.52)
Tol	0.0009	0.0028	0.1207***	0.0021	0.0051
	(0.10)	(0.44)	(2.76)	(0.32)	(0.76)
Crm	−0.0240	0.0208	0.6705***	−0.0215	−0.0028
	(−0.60)	(0.58)	(2.80)	(−0.56)	(−0.07)
Med	0.1013**	0.4555*	0.4683***	0.1087***	0.1258***
	(2.68)	(1.86)	(4.11)	(4.49)	(5.81)
Gdp	0.0005	0.0001*	−0.0030	0.0006*	0.0003
	(0.70)	(1.78)	(−1.52)	(4.68)	(1.02)
时间效应	控制	控制		控制	控制
个体效应	控制	控制		控制	控制
ρ/λ		−0.9139***		−0.1866***	−0.8244***
		(−3.58)		(12.24)	(−2.92)
R^2	0.6676	0.4331		0.6458	0.6178
对数似然值		825.1809		799.9194	803.9782
N	300	300		300	300

注：括号内表示 t 统计量

***、**、*分别表示在 1%、5% 和 10% 的水平上显著

由于 SDM 解释了各省区市之间的空间经济相关性，其参数估计并不能准确估计出数字经济对旅游经济高质量发展的直接影响和空间溢出效应，因此参考 LeSage 和 Pace（2009）提出的偏微分方法，将各自变量对旅游经济高质量发展的影响分解成直接效应、间接效应和总效应。如表 4-19 所示，在直接效应和总效应下，数字经济对旅游经济高质量发展有显著的正向促进作用，且均通过 1%的显著性水平检验。从控制变量上看，基础设施水平、法治水平和医疗保障水平的间接效应显著为正，经济发展通过旅游产生环境负向效应，环境资源消耗、开发过度有一定的负向效应；基础设施水平、法治水平和医疗保障水平的总效应显著为正，说明基础设施水平、法治水平和医疗保障水平通过空间溢出效应显著促进了空间相关地区的旅游经济高质量发展，而地区生产总值的直接效应通过了 5%的显著性水平检验，说明地区生产总值会促进本地区的旅游经济高质量发展，地区生产总值越高，说明该地区整体的发展相对较好，旅游相关的基础设施也会更加完善，因而会促进本地区的旅游经济发展。

表 4-19　空间效应分解

变量	直接效应	间接效应	总效应
Dig	0.3287***	0.3009	0.6296***
	（7.77）	（1.55）	（3.22）
Tol	−0.0017	0.0654***	0.0638***
	（−0.27）	（2.64）	（2.54）
Crm	0.0018	0.3625***	0.3642***
	（0.05）	（2.66）	（2.61）
Med	0.0305	0.2437***	0.2742***
	（1.20）	（3.33）	（4.25）
Gdp	0.0007**	−0.0020*	−0.0013
	（2.03）	（−1.78）	（−1.28）

注：括号内表示 t 统计量

***、**、*分别表示在 1%、5%、10%的水平上显著

4. 稳健性和异质性分析

本章通过将反距离矩阵更换为 0-1 矩阵进行稳健性检验，结果与前文保持一致，数字经济对旅游经济高质量发展依旧有着显著的促进作用，证明了结论的稳健性。本章参考冯智杰和刘丽珑（2021）的做法，将样本中的 30 个省区市分为较发达地区和较落后地区。地区异质性的结果如表 4-20 所示，在较发达地区，数字

经济对本地区的旅游经济高质量发展有显著的促进作用，而在较落后地区，数字经济对本地区的旅游经济高质量发展有显著的抑制作用，这可能是因为数字经济在较落后地区的发展较慢，相关的数字设施也不完善。

表 4-20　稳健性与异质性分析

变量	0-1 矩阵	较发达地区	较落后地区
Dig	0.3628***	0.3460***	−0.3861*
	(8.68)	(7.05)	(−1.66)
$W×$Dig	0.1366*	0.6516*	−1.3569
	(1.77)	(1.79)	(−1.37)
控制变量	控制	控制	控制
时间效应	控制	控制	控制
个体效应	控制	控制	控制
ρ	−0.1797**	−1.0386***	−0.3676*
	(−2.18)	(−3.79)	(−1.91)
R^2	0.2843	0.1441	0.3563
对数似然值	821.9743	504.4690	355.1253
N	300	190	110

注：括号内表示 t 统计量

***、**、*分别表示在 1%、5%和 10%的水平上显著

4.3.4　结论与建议

1. 结论

本节基于我国 30 个省区市 2011～2020 年的面板数据，利用空间计量模型探究数字经济对旅游经济高质量发展的空间影响效应，并将 30 个省区市根据经济发展情况分为较发达地区和较落后地区进行异质性分析。通过实证检验，得出以下结论：①旅游经济高质量发展存在显著正向的空间相关性，且数字经济对旅游经济高质量发展存在着显著的正向促进作用，该结论无论是更换模型还是更换权重矩阵，其结论都保持不变，说明具有一定的稳健性。②异质性检验中发现在较发达地区，数字经济对旅游经济高质量发展有着显著的正向促进和空间溢出效应，而在较落后地区，数字经济对旅游经济高质量发展是负向的抑制作用，说明在较落后的地区，数字技术和相关的基础设施相对落后，而且建设数字相关的设施也需较高的成本，因而在短时间内对旅游经济高质量发展有抑制作用。

2. 政策建议

各地在加快数字基础设施建设的同时,也要注重数字经济与旅游产业的融合,进而推动旅游产业数字化转型。各地政府需积极建立旅游大数据平台,实现旅游大数据的共享,为管理部门决策合理化、科学化提供保障,同时也要依据旅游大数据为消费者提供个性化的服务,保证消费者的舒适体验。政府在充分利用旅游大数据的同时,也要重视旅游数据的安全问题,建立相应的数据监管机制,防止消费者的隐私被泄露,损害消费者的利益。

不同地区应根据旅游经济发展的实际情况,有针对性地发展数字经济。数字经济在经济较发达地区的发展较好,能够带动本地区旅游经济高质量发展,在经济较落后地区则发展较为缓慢,数字相关的基础设施也相对不完善,对旅游经济高质量的促进作用不明显,需要数字经济的进一步发展才能逐步作用于旅游经济高质量发展。较发达地区与较落后地区可建立一种互帮联动机制,由较发达地区一对一帮扶较落后地区,协力共助旅游经济高质量发展。

政府需大力培养数字旅游的复合型人才,改变以往培养普通旅游人才的教学模式,在培养体系中加入数字技术的相关课程,同时推动旅游院校与旅游相关企业联合建立实践基地,使培养的数字旅游复合型人才更加贴合数字化旅游场景,提升数字旅游人才的整体素质。政府也要加大对在线旅游企业的政策支持,引导在线旅游企业开发创新型数字旅游产品和服务,为消费者的数字旅游提供全方位的服务。

4.4　微观验证:基于结构方程模型的中国旅游经济高质量发展的供给侧结构性改革动力研究

4.4.1　结构方程模型基本理论

结构方程模型(structural equation model):基于变量的协方差矩阵分析变量间的统计方法,亦可称为协方差结构分析。结构方程模型包括因素分析和路径分析两种,也可以检验显变量与潜变量之间的关系,进而通过因变量对自变量产生直接或间接影响,最终产生总效果。其中,显变量通常可以测量,又称为观测变量,如旅游业消费优惠度、消费者满意程度等;隐变量虽然客观存在,但是不能直接测量,又称为潜变量,如旅游新技术等。

因子分析、多重回归等方法可以用结构方程模型实证分析来替代,分析因变量对自变量产生相互影响的关系。各模型结构方程式为 $\eta = \gamma\zeta + \beta\eta + \zeta$,此结构方程式可以表示潜在自变量与潜在因变量之间的线性关系。

4.4.2　文献与研究假设

结合现有文献，在中国旅游业转型驱动下，对旅游新技术、旅游新产业、旅游新模式、旅游新经营、旅游新制度的五大转型高质量发展因子影响消费者满意度进行综合理论分析，并提出相应的研究假设。

1. 旅游新技术动力因素

许多研究认为，新兴的旅游通过先进科学技术提供给消费者新的体验，旅游新技术对消费者的评价以及满意度产生直接影响。杨立勋和殷书炉（2008）认为，将人工智能应用到旅游预测中，运用支持向量机等方法，充分了解旅游消费者的需求。陈玥（2017）通过"互联网+旅游"研究中国文化艺术传播新途径，发现其有利于文化艺术的传播，可以促进旅游产业的转型发展。湛研（2019）研究发现将智慧旅游目的地进行体验升级与服务升级，促使智慧景区技术发生变革，将微商城智慧化、窗口化，使得旅游平台对于消费者的服务更加精准化。王燕（2019）研究发现，利用智慧旅游平台与乡村旅游全方位对接，可以将烟台乡村旅游打造成特色旅游点，并联动相关产业发展。基于这一分析，本节提出旅游新技术影响消费者满意度的研究假设 H4-1。

H4-1：旅游新技术对消费者满意度的影响为正向，旅游新技术发展越好，消费者越满意。

2. 旅游新产业动力因素

创新旅游新业态的发展，丰富了消费者的旅游体验，增强其幸福感。越来越多的消费者不再满足于"打卡"式的旅游方式，陈怡宁和李刚（2019）从空间角度出发研究发现，博物馆旅游的全新体验方式有利于向消费者进行具体文化的传播。陕南"茶旅融合"的全新产业模式，不断创新茶旅的结合方式，使消费者获得不同而且丰富的旅游体验（成党伟和杨东拓，2018）。田美玲和方世明（2019）研究工业遗产旅游发现，对于黄石国家矿山公园工业旅游开发方面，可以通过以自然景观为依托，驱动创新旅游新产品。基于这一分析，提出旅游新产业影响消费者满意度的研究假设 H4-2。

H4-2：旅游新产业对消费者满意度的影响为正向，旅游新产业越具有吸引力，消费者越满意。

3. 旅游新模式动力因素

在智慧旅游时代背景下，打造高端的一对一旅游产品，才能满足消费者的需求，并提高市场占有率（郭又荣，2016）。张丹（2019）对乡村旅游民宿业进行研究发现，共享旅游新模式强化了使用权意识，乡村拥有丰富的旅游资源，吸引着游客，可以凭借自身特色带给游客全新的体验。近年来，我国自驾游发展迅速，成为旅游新型模式的动力，这就需要精确到交通路线，通过研究全国自驾游出行方案，为消费者提供更精确、更具价值的路线，使消费者出行更加便利（孙领等，2019）。基于这一分析，提出旅游新模式影响消费者满意度的研究假设 H4-3。

H4-3：旅游新模式对消费者满意度的影响为正向，旅游新模式越多样化，消费者越满意。

4. 旅游新经营动力因素

孙健慧（2019）通过研究发现，旅行社与旅游景区的合作可以带动双方的经济效益，并促进消费者低碳旅游，节能环保，有利于旅游系统的高效发展。在物联网、互联网、大数据、人工智能的大背景下，在线旅游运营模式改变了线上与线下的分离状态，进一步推动智慧旅游运营的发展，以消费者为中心，从形式、内容、体验多方面入手，不断提供新型的特色产品和服务，满足消费者个性化定制化的需求（狄蓉等，2019）。赵磊和全华（2011）通过对中国国内旅游消费的研究，新的经营方式影响旅游消费经济的发展，短期内经济增长也会推动国内旅游消费的增长。基于这一分析，提出旅游新经营影响消费者满意度的研究假设 H4-4。

H4-4：旅游新经营对消费者满意度的影响为正向，旅游新经营越有效，消费者越满意。

5. 旅游新制度动力因素

旅游制度是影响当前旅游发展的重要因素，创新旅游制度保障有利于这种旅游活动的发展，并推动旅游经济的发展（姚云浩等，2017）。杨柳（2017）通过研究全域旅游发现，以往旅游实践中的隐藏发展要素，已经成为大力发展的模式，江西通过颁布旅游法规，用法治推动全域旅游的发展。目前，旅游警察制度的机构设置、职权安排等需要迫切完善，推动旅游制度的完善与创新，建立科学高效的旅游警察执法模式有利于推动旅游业安全稳定发展（黄天饶，2018）。

基于这一分析，提出旅游新制度影响消费者满意度的研究假设 H4-5。

H4-5：旅游新制度对消费者满意度的影响为正向，旅游新制度保障性越高，消费者越满意。

6. 消费者满意度与消费期待因素

我国进入社会主义新时代，只有高质量产品才能提高消费者满意度。社会消费品的满意度会直接影响居民消费信心指数,可以采取积极的优惠消费政策满足居民的消费期待(刘伟和朱立龙,2012)。另外,旅游业作为消费升级以及动力发展的重要引擎,制定合理、有效、科学的税收政策会促进消费者的旅游消费,通过税收鼓励特色旅游发展,提高消费者的旅游热情。因此,有效的税收政策有利于提高居民的满意度,进而增加对未来消费的预期(计金标,2015)。

基于这一分析,提出消费者满意度影响消费期待的研究假设 H4-6。

H4-6:消费者满意度对消费期待的影响为正向,消费者越满意,对文化消费越期待。

4.4.3　动力测量

通过对旅游新技术、旅游新产业、旅游新模式、旅游新经营、旅游新制度的五大旅游经济高质量发展因子影响消费者满意度进行综合理论分析,构建中国旅游经济高质量发展的供给侧结构性改革动力概念模型(图4-5),运用 AMOS 24.0 软件,运用结构方程模型,研究中国旅游业转型高质量发展因子,构建复杂的因果模型,以验证动力因子的内在关系及其影响路径。

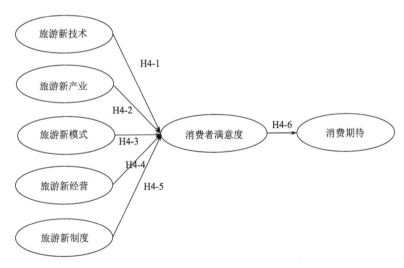

图4-5　中国旅游经济高质量发展的供给侧结构性改革动力概念模型

为使结构方程模型研究具有可靠性和针对性,进行了反复实验、剔除与模型修正,最终选定 32 个变量作为结构方程模型的因子,效果显示较为良好。针对消费者参与的关键因素分析,将其分类为旅游新技术因子:Q1、Q2、Q3、Q4、Q5。旅游新产业因子:Q6、Q7、Q8、Q9、Q10。旅游新模式因子:Q11、Q12、Q13、Q14。旅游新经营因子:Q15、Q16、Q17、Q18。旅游新制度因子:Q19、Q20、

Q21、Q22。消费者满意度因子：Q23、Q24、Q25、Q26、Q27。消费期待因子：Q28、Q29、Q30、Q31、Q32。

4.4.4 研究设计

1. 问卷设计及研究样本

调查问卷主要针对消费者对中国旅游业消费的情况，选择矩阵量表具体分析人们对旅游消费的关注点，从消费关注点揭示中国旅游业转型高质量发展。本调查问卷共计 32 道题项，采用 7 级利克特量表来衡量测项，将旅游转型高质量发展的五大因子、消费满意度因子、消费期待因子的观察变量分为 7 点评价刻度，分值越高，同意度越高，"1"表示非常不同意，"7"表示非常同意，具体测算指标体系见表 4-21。

表 4-21　中国旅游经济高质量发展的供给侧结构性改革动力测量

潜变量	序号	测量变量
旅游新技术	Q1	借助北斗位置服务科技，我能够浏览三维智慧景区
	Q2	运用云技术和人工智能技术基础，我在旅游时消费的旅游文化产品符合我的个性需求
	Q3	应用智能机器人导游解说，让我能享受更好的旅游体验
	Q4	应用 VR 技术，使我事先了解我国旅游景区
	Q5	应用第三方在线旅游平台，如携程网、飞猪网等，让我能方便快捷预订旅游时的机票、酒店
旅游新产业	Q6	我比较喜欢休闲农业旅游、乡村旅游等
	Q7	我比较喜欢工业旅游，如观赏伊利工厂
	Q8	我可以接受"茶旅融合"新方式，边观赏茶山、边品茶
	Q9	我喜欢夜间旅游，如"夜游锦里"
	Q10	我喜欢新型博物馆旅游（借助 AR、3D 技术，实现数字化藏品展现）
旅游新模式	Q11	我比较倾向于自由的自驾游
	Q12	我非常喜欢旅行社推出的个性化、私人定制"一对一"旅游
	Q13	我喜欢比较刺激野外生存式的"露营式"旅游
	Q14	我比较喜欢"共享旅游"（短期租赁民宿、共享出游攻略、拼团游拼租车、旅游资源共享等）
旅游新经营	Q15	旅游景区与旅行社合作，使我得到更好的旅游体验
	Q16	旅游景区或博物馆等旅游目的地的优惠活动促使我进行旅游消费
	Q17	我喜欢出现的新型营销途径和方式，如"网络营销"、旅游大篷车、发放旅游消费券等
	Q18	携程、去哪儿等网站的促销经营活动吸引我进行旅游消费

续表

潜变量	序号	测量变量
旅游新制度	Q19	在旅游消费中，"旅游警察"让我更有安全感
	Q20	在旅游消费中，遇到问题能及时得到相关部门解决
	Q21	在旅游消费中，我能及时得到指示牌或工作人员的指引
	Q22	在旅游消费中，我能够享受到"旅游新法规"带来的更高质量的旅游体验
消费者满意度	Q23	在旅游消费中，新技术的运用使我的旅游体验更加丰富
	Q24	在旅游消费中，新型的旅游产业让我感到很满意
	Q25	在旅游消费中，新型的旅游模型更加满足我的旅游体验
	Q26	在旅游消费中，新的旅游经营方式让我感到很满意
	Q27	在旅游消费中，制度保障使得问题的解决方式能够让我感到满意
消费期待	Q28	我希望能出现更多的运用新技术的旅游文化产品
	Q29	我期待出现具有我国传统文化元素的新奇创意性强的旅游产业
	Q30	我期待更加新奇的新型旅游模式
	Q31	我期待旅游企业创造出更方便快捷的旅游消费方式
	Q32	我期待更有安全保障的旅游体验

注：AR 表示 augmented reality（增强现实）

在线上和线下发放中国旅游业的调查问卷，共计发出问卷 347 份，获得有效问卷 313 份（截至 2019 年 12 月 9 日）。调查问卷总体上可以较好地代表中国旅游业的消费者实际情况，样本数据特征如表 4-22 所示。

表 4-22　样本特征描述统计

基本信息	选择参数	数目	所占比重
长期居住地区	江苏	45	14.38%
	山东	43	13.74%
	浙江	39	12.46%
	山西	25	7.99%
	湖南	24	7.67%
	其他省区市	137	43.77%
年龄	20 岁及以下	40	12.78%
	21～30 岁	145	46.33%
	31～40 岁	55	17.57%
	41～50 岁	40	12.78%
	51～60 岁	31	9.90%
	61 岁及以上	2	0.64%
性别	男	151	48.24%
	女	162	51.76%

续表

基本信息	选择参数	数目	所占比重
每月平均用于旅游消费的支出	500 元及以下	241	77.00%
	500～1000 元（含）	59	18.85%
	1000～2000 元（含）	10	3.19%
	2000 元以上	3	0.96%
户籍	城镇	161	51.44%
	乡村	152	48.56%
职业	学生	81	25.88%
	教师	20	6.39%
	公务员	26	8.31%
	企业职工	47	15.02%
	医护人员	17	5.43%
	其他	122	38.98%

注：表中数据进行过修约，存在合计不等于 100%的情况

从调查的消费者的长期居住地区看，样本前五名主要来源于江苏、山东、浙江、山西、湖南，其中江苏所占比重最多，达 14.38%，其次是山东，所占比重达13.74%；从调查的消费者的年龄看，调查样本中的 21～30 岁的消费者所占比重达 46.33%，其次 31～40 岁的消费者达 17.57%，旅游消费以青年与中年为主；从调查的性别来看，48.24%为男性，51.76%为女性，男女比例适中；从调查的消费者的每月平均用于旅游消费的支出来看，其中所占比重最多的为每月旅游消费支出为 500 元及以下，占比 77.00%，其次为 500～1000 元（含）、1000～2000 元（含），占比分别为 18.85%、3.19%，最少的为 2000 元以上，占比为 0.96%，说明旅游消费的支出还有待发展；从调查者的户籍来看，来自城镇、乡村的，分别为 51.44%、48.56%，两者比例差距较小；从调查的消费者的职业来看，此次调查中学生较多，占比为 25.88%，其次是企业职工，占比为 15.02%，医护人员占比为 5.43%，公务员占比为 8.31%，教师占比为 6.39%，其他占比为 38.98%，职业比例较为符合。

2. 变量测量

1）描述性统计分析

本章运用 IBM SPSS Statistics 26.0 软件测度各个因子的均值、标准差以及相关系数，进行描述性统计分析，去判断各个因子之间的基本水平和数据分布的状态，统计结果见表 4-23。由表 4-23 可知，各个因子的题项的均值和标准差均满足正态分布条件，问卷的数据可以直接用于信度效度分析，7 个变量的相关系数均小于 0.5，且 p 值显著，不存在共线性问题，因此可以继续进行信度和效度检验。

表 4-23 描述性统计分析与各变量相关系数

测量变量	均值	标准差	1	2	3	4	5	6	7
1.旅游新技术	4.93	1.616	1.000						
2.旅游新产业	4.74	1.660	0.456**	1.000					
3.旅游新模式	4.99	1.711	0.236**	0.463**	1.000				
4.旅游新经营	4.76	1.668	0.345**	0.422**	0.435**	1.000			
5.旅游新制度	4.78	1.367	0.033	0.053	0.133	0.326**	1.000		
6.消费者满意度	4.89	1.332	0.222**	0.295**	0.376**	0.356**	0.211**	1.000	
7.消费期待	5.12	1.442	0.275**	0.252**	0.255**	0.234**	0.256**	0.267**	1.000

**表示在 5%的水平上显著

2）信度分析

通过采用克龙巴赫 α 系数，对七个测量变量的一致性进行检验，利用 IBM SPSS Statistics 26.0 对经过因子分析剔除后 32 个问题进行信度检验，使用 Alpha 模型，得出克龙巴赫 α 系数综合值为 0.973，表明通过调查的问卷数据，具有良好的稳定性、一致性及可信度。

如表 4-24 所示，旅游新技术因子、旅游新产业因子、旅游新模式因子、旅游新经营因子、旅游新制度因子、消费者满意度因子、消费期待因子的克龙巴赫 α 系数分别为 0.845、0.863、0.827、0.792、0.860、0.873、0.865，均大于 0.7，表明问卷有良好的稳定性和可信度，各题项间的一致性较好。

表 4-24 量表信度与效度检验

潜变量	项数	克龙巴赫 α 系数综合值	克龙巴赫 α 系数	KMO 综合值	KMO	累计解释方差
1.旅游新技术	5		0.845		0.835	61.719%
2.旅游新产业	5		0.863		0.858	64.669%
3.旅游新模式	4		0.827		0.793	65.893%
4.旅游新经营	4	0.973	0.792	0.959	0.818	64.689%
5.旅游新制度	4		0.860		0.817	70.505%
6.消费者满意度	5		0.873		0.871	66.421%
7.消费期待	5		0.865		0.847	65.114%

3）效度分析

本章采用探索性因子分析法进行效度分析，先运用 KMO 和巴特利特球形检验进行有效性检验，得出结果为 KMO=0.959>0.7，巴特利特球形检验值显著（Sig<0.001），因此符合因子分析的前提。通过因子分析，数据结果如表 4-24 所

示，七大因子各因素解释能力分别为 61.719%、64.669%、65.893%、64.689%、70.505%、66.421%、65.114%，均大于 50%，说明这 7 个因素具有良好的代表性。

隐藏因素负荷量系数小于 0.4，各测量题项因子载荷量分别为 0.835、0.858、0.793、0.818、0.817、0.871、0.847，均大于 0.7，说明数据具有良好的结构效度。

4.4.5 实证分析

1. 模型建立与假设检验

本节运用 AMOS 24.0 统计软件对中国旅游经济高质量发展的供给侧结构性改革动力进行分析。通过两阶段线性结构关系分析法，对各观测变量和潜变量进行信度和效度检验，以及确定可用的因子结构，然后建立中国旅游经济高质量发展的供给侧结构性改革动力的结构方程模型，如图 4-6 所示。

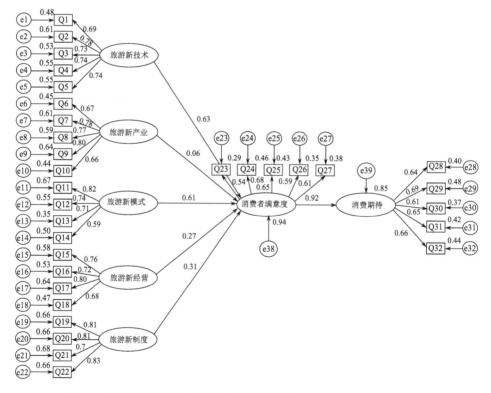

图 4-6 中国旅游经济高质量发展供给侧结构性改革动力的结构方程模型

e1～e32，e38，e39 是数据的残差

在结构方程模型中，多个拟合指标用于评估模型的适配度。CMIN/DF 是模型的卡方统计量（CMIN）与其自由度的比值，该值用于评估模型的拟合程度，一般来说 CMIN/DF 值小于 2 或 3 被认为是良好的拟合，值越小表示模型与数据的拟合越好。拟合优度指数（goodness of fit index，GFI）表示模型解释数据的能力，取值范围在 0 到 1 之间，值越接近 1，表示模型拟合越好，通常 GFI 值大于 0.90 被认为是可接受的拟合。残差均方误差（residual mean square error，RMSE）表示模型预测值与实际观测值之间的平均平方差，值越小表示模型的拟合越好，通常 RMSE 小于 0.05 被认为是良好的拟合。均方根误差逼近度（root mean square error of approximation，RMSEA）用于衡量模型的逼近误差，值越小表示模型拟合越好，一般来说 RMSEA 小于 0.05 表示良好的拟合，0.05 到 0.08 之间表示合理的拟合，超过 0.10 则表示拟合较差。比较拟合指数（comparative fit index，CFI）用于比较模型与完全拟合模型之间的相似程度，取值范围在 0 到 1 之间，值越接近 1 表示模型拟合越好，通常 CFI 值大于 0.95 被认为是良好的拟合。规范拟合指数（normed fit index，NFI）用于衡量模型相对于基线模型的改进程度，取值范围在 0 到 1 之间，值越接近 1 表示模型拟合越好，一般来说 NFI 值大于 0.90 被认为是可接受的拟合。塔克-刘易斯指数（Tucker-Lewis index，TLI）也用于比较模型与基线模型的拟合程度，取值范围在 0 到 1 之间，值越接近 1 表示模型拟合越好，通常 TLI 值大于 0.95 被认为是良好的拟合。

在验证性因子分析模型中，拟合度可接受的标准包括绝对拟合指数、相对拟合指数。绝对拟合指数包括以下几项：CMIN/DF，即卡方除以自由度，越小越好，本节模型的 CMIN/DF=2.669，符合要求；GFI 是拟合优度指数，越接近 1 表示模型适合度越好，本节模型的 GFI=0.921，符合理想值；CFI 是比较拟合指数，其值位于 0 和 1 之间，CFI>0.9 说明拟合效果较好，本节模型的 CFI=0.831，略低于理想值；RMSE 是残差均方误差，越小越好，本节模型 RMSE =0.145，符合要求；RMSEA 是近似均方根残差，RMSEA<0.08 时可判断拟合效果较好，本节模型的 RMSEA=0.073，数值显著。相对拟合指数包括以下几项：NFI 是规范拟合指数，NFI>0.9 说明拟合效果较好，本节模型 NFI=0.835，略低于理想值；TLI 是从自由度的角度对 NFI 进行调整，TLI>0.9 说明拟合效果较好，本节模型 TLI=0.882，略低于理想值。

结构方程模型所建立的关系虽通过显著性检验，其中 CMIN/DF、GFI、RMSE、RMSEA 均达到理想值，CFI、NFI、TLI 略低于理想值，模型仍然需要修正。

由表 4-25 可知，旅游新技术对消费者满意度（β=0.63，$p<0.001$）具有显著影响，表明旅游新技术越多，消费者满意度越高，H4-1 成立；旅游新产业对消费者满意度（β=0.06，$p<0.001$）有正向影响，虽然影响较小，但旅游新产业越具有吸引力，消费者满意度越高，H4-2 成立；旅游新模式对消费者满意度（β=0.61，

$p<0.001$）具有正向影响，旅游新模式越多样，消费者满意度越高，H4-3 成立；旅游新经营对消费者满意度（$\beta=0.27$，$p<0.001$）具有正向影响，旅游新经营方式越多样，消费者满意度越高，H4-4 成立；旅游新制度对消费者满意度（$\beta=0.31$，$p<0.001$）具有正向影响，旅游新制度保障性越高，消费者满意度越高，H4-5 成立；消费者满意度对消费期待（$\beta=0.92$，$p<0.001$）具有正向影响，消费者满意度越高，消费者的消费期待程度越高，H4-6 成立。

表 4-25　中国旅游经济高质量发展供给侧结构性改革动力的结构方程模型的各路径系数估计

路径	标准化系数	非标准化系数	标准估计	建构信度	p 值
旅游新技术→消费者满意度	0.63	0.410	0.059	6.904	***
旅游新产业→消费者满意度	0.06	0.041	0.032	1.288	***
旅游新模式→消费者满意度	0.61	0.308	0.042	7.296	***
旅游新经营→消费者满意度	0.27	0.157	0.034	4.668	***
旅游新制度→消费者满意度	0.31	0.160	0.030	5.349	***
消费者满意度→消费期待	0.92	1.121	0.156	7.194	***

***表示 p 值显著

2. 模型修正分析

虽然一阶验证性因素分析（confirmatory factor analysis，CFA）可以验证假设，但是仍然需要更好地改进和修正模型。通过 Lai 等（2010）研究表明，可以分别使用一阶 CFA 因子模型和二阶 CFA 因子模型，以及根据 Marsh 和 Hocevar（1985）的研究，通过计算目标系数（一阶因子相关卡方值/二阶模型卡方值），以确定数据的适应度，接近 1 的目标系数 t 值意味着二阶 CFA 可以取代一阶 CFA，使得模型更精确、更具有代表性，本章的中国旅游消费的 t 值为 0.99（1222.53/1231.25），接近目标系数 1，表明中国旅游业二阶 CFA 的适应度指数适应性良好。

Kline 等（2011）研究指出，为了识别具有二阶因子的 CFA 模型，必须至少有三个一阶因子（标准单因子 CFA 模型的类似要求是至少有三个指标）。此外，每个一阶因子应该至少有两个指标。在二阶模型有四个以上一阶因子时，二阶模型卡方值大于一阶因子相关卡方值。在图 4-7 的模型中，其中二阶 CFA 模型中有五个一阶 CFA 模型，每个一阶因子至少三个指标，皆符合要求。

因此，如表 4-26 所示，中国旅游业在零模型及一阶七因子结构方程模型下，CMIN/DF、GFI、AGFI、RMSEA 指标都不理想。其中，二阶因子模式的各指标为 CMIN/DF=2.665、GFI=0.931、AGFI=0.914、CFI=0.922、RMSEA=0.067，表明修正的中国旅游经济高质量发展供给侧结构性改革动力的结构方程模型符合要

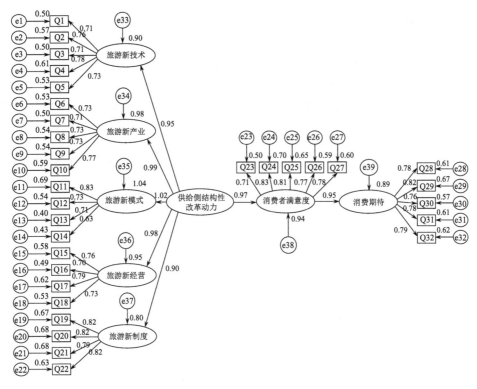

图 4-7　修正后的中国旅游经济高质量发展供给侧结构性改革动力的结构方程模型

e1～e39 是数据的残差

求，其中二阶 CFA 因子模式的数值皆显著，因而可以用二阶 CFA 代替一阶 CFA，二阶模型为一阶模型的简化，简化了结构方程模型，因此本节采用二阶 CFA 的结果来实现结构方程模型分析。

表 4-26　中国旅游经济高质量发展供给侧结构性改革动力二阶验证因素模型配适指标

类别	χ^2（CMIN）	DF	CMIN/DF	GFI	AGFI	CFI	RMSEA
	4496.530	478	9.407	0.435	0.231	0.101	0.329
1.一阶七因子分析（因素之间无相关）	2355.435	435	5.415	0.623	0.453	0.432	0.014
2.一阶七因子模式（因素间有相关）	1222.530	458	2.669	0.921	0.825	0.831	0.073
3.二阶因子模式	1231.250	462	2.665	0.931	0.914	0.922	0.067
建议值	越小越好	越大越好	小于 5	大于 0.8	大于 0.8	大于 0.9	小于 0.08

供给侧结构性改革动力因子中包括旅游新技术因子、旅游新产业因子、旅游新模式因子、旅游新经营因子以及旅游新制度因子，且五个因子具有一定的相关性，因此供给侧结构性改革动力因子能够很好地代表这五个因子，并且相关程度都很高。表 4-27 表明，供给侧结构性改革动力因子对消费者满意度（$\beta=0.967$，$p<0.001$）具有显著的正向影响，供给侧结构性改革动力因子每增加 1 单位，消费者满意度增加 0.967 个单位，转换率为 96.7%。

表 4-27　修正后的中国旅游经济高质量发展供给侧结构性改革动力的结构方程模型各路径系数估计

路径	标准化系数	非标准化系数	标准估计	建构信度	p 值
供给侧结构性改革动力→消费者满意度	0.967	1.011	0.102	9.909	***
供给侧结构性改革动力→旅游新技术	0.951	1.000	0.115	9.926	***
供给侧结构性改革动力→旅游新产业	0.991	1.091	0.114	9.566	***
供给侧结构性改革动力→旅游新模式	1.019	1.352	0.122	11.086	***
供给侧结构性改革动力→旅游新经营	0.977	1.107	0.112	9.891	***
供给侧结构性改革动力→旅游新制度	0.895	1.165	0.118	9.851	***
消费者满意度→消费期待	0.946	1.069	0.094	11.324	***

***表示 p 值显著

4.4.6　结论与建议

本节通过问卷对消费者进行有效调查，探讨了中国旅游经济高质量发展供给侧结构性改革动力的五个因子。研究发现，旅游新技术因子、旅游新产业因子、旅游新模式因子、旅游新经营因子、旅游新制度因子对消费者满意度因子皆具有正向影响，以及供给侧结构性改革动力对消费者满意度具有显著的正向影响，消费者满意度对消费期待具有正向影响。

基于以上研究，为了促进中国旅游经济高质量发展，可以从以下几方面着手。

（1）创新旅游新技术。智能语音识别、物联网、移动互联网等让旅游过程中的购物、美食尽在掌握。旅游新技术将极大改变新时代旅游业面貌，促进旅游业供给侧结构性改革。

（2）挖掘旅游新产业。当前旅游产业不断融合发展，自驾游、夜间旅游、工业旅游、茶旅融合等新产业不断涌现，不断探索新的旅游产业，与其他产业融合发展，创造利润价值，如"绿色康养+文化旅游"新产业形态，不断推进绿色生态康养旅游等产业项目等。"旅游+产业"将不断产生新的改革动力，推动中国旅游经济高质量发展。

（3）探索旅游新模式。个性化的一对一定制化旅游方式、共享旅游的新模式、乡村旅游、体育旅游等都在一定程度上推动了旅游业的发展，实现了旅游体验最优化，促进了旅游经济高质量发展。

4.5　本 章 小 结

本章从微观和宏观两个角度对中国旅游经济高质量发展供给侧结构性改革的动力进行了探索，在宏观探索方面，首先从省域层面，采用因子分析法对中国旅游经济高质量发展动力因子进行研究，得出中国省域旅游发展主要受五个主导性因子的影响，即社会文化动力因子、经济发展动力因子、技术创新动力因子、环境条件动力因子和旅游资源动力因子，从而构建出省域旅游发展动力系统模型。其次，从宏观政策的维度分析了旅游经济高质量发展的动力。使用双重差分法探究文化和旅游消费试点政策对旅游经济高质量发展的影响，得出文化和旅游消费试点政策的实施能够显著促进旅游经济高质量发展。最后，利用空间计量模型探究数字经济对旅游经济高质量发展的空间效应，得出旅游经济高质量发展存在显著正向的空间相关性，且数字经济对旅游经济高质量发展存在显著的正向促进作用。

在微观探索方面，利用旅游新技术、旅游新产业、旅游新模式、旅游新经营、旅游新制度的五大供给侧结构性改革动力因子对消费者满意度的影响进行分析，构建出中国旅游经济高质量发展供给侧结构性改革动力的概念模型，结果显示，这五个因子对消费者满意度皆具有正向影响，消费者满意度对消费期待具有正向影响。这对促进中国旅游业不断转型升级，以及旅游供给侧结构性改革具有重要意义，推动中国经济可持续发展。

第5章　中国旅游经济高质量发展的潜力挖掘

中国旅游经济的高质量发展，离不开消费潜力的充分挖掘。本章主要包括以下内容：基于关联规则分析的中国旅游产品消费研究；基于多重对应分析的中国旅游消费者市场细分研究；基于结合分析法的旅游产品选择影响因素分析与产品设计；基于文本挖掘的旅游消费者舆情分析与满意度研究。通过不同视角的分析，充分挖掘消费潜力，结合供给侧结构性改革动力，进一步促进中国旅游经济高质量发展。

5.1　基于关联规则分析的中国旅游产品消费研究

5.1.1　引言

改革开放以来，中国旅游业蓬勃发展，势头良好，逐步实现了旅游资源大国向亚洲旅游大国的转变，伴随着国内节假日制度完善以及居民消费结构升级与提升，居民旅游的潜在需求正在逐步转化为有效、真实的旅游需求。根据文化和旅游部数据，2019 年我国国内旅游收入已达 5.73 万亿元，同比增长 11.6%左右。其中，城镇居民旅游人次达 44.71 亿，花费 4.75 万亿元；农村居民旅游人次达 15.35 亿，花费 0.97 万亿元，同比增长 12.1%。另外，入境旅游市场也在逐步增长，数据显示，入境游客数量较上年增长 2.9%，人数达 1.45 亿，国际旅游（外汇）收入约 1313 亿美元，比上年同期增长 3.3%。由于新冠疫情，2020 年旅游业收入呈断崖式下跌，但随着新冠疫情得到控制，2021 年，国内旅游收入 2.92 万亿元，同比增长 31%，旅游业逐渐复苏，保持稳定增速，随着新冠疫情影响逐步消退，旅游业必将迎来新的发展。由此可知，我国旅游业是国民经济的重要组成部分，市场前景广阔，并处于经济支柱地位，但我国旅游消费也存在一定问题，如旅游产品种类缺乏创新、旅游设施不完备等，故为进一步满足旅游市场激增的需求以及推动我国旅游经济高质量发展，深入挖掘我国旅游产品消费潜在需求具有重要意义。

本节在线上和线下发放中国旅游业调查问卷，共计发出问卷 1647 份，获得有效问卷 1617 份（截至 2022 年 8 月 8 日）。采用关联规则数据挖掘的方法，建立旅游消费者特征与旅游新技术、旅游新产业、旅游新模式、旅游新经营、旅游新制度认可度之间的关系模型，旅游消费动机和消费偏好关系模型以及旅游消费问题认知和问题解决偏好之间的关系模型，探究消费者进行旅游产品消费存在的关联性，了解这些关联研究成果可以知悉当前我国旅游消费状况，充分挖掘旅游经济增长潜力，针对性地满足消费者对于旅游消费的需求。

5.1.2　关联规则的 Apriori 算法

关联规则是一种能够从繁多数据集合中发掘隐藏在各数据之间某种特定关系的数据挖掘方法。关联规则是由阿格拉沃尔（Agrawal）等于 1993 年提出的，主要用途是探究大型超市消费者购买商品之间的关系，发现消费者的购买偏好，从而帮助超市管理者设计货架商品的摆放，借此来促进产品的销售量，这被称为购物篮分析（陈海波等，2013）。随着关联规则的不断完善和发展，应用范围也在不断扩大，如护理领域、医药领域、公安交通领域、通信领域等。在采用关联规则技术进行数据挖掘时，通常需要使用两个重要指标来量化表现项集之间的关系，分别为置信度和支持度。

置信度是反映规则的可靠性，表明前项内容 a 出现的情况下，后项内容 b 出现的条件概率，置信度越高，代表 a 出现后，b 有很大概率出现，关联规则更加具有说服力，公式如式（5-1）所示：

$$\text{Cofindence}(a \rightarrow b) = P(a,b)/P(a) \qquad (5-1)$$

支持度反映的是规则的普遍性，表明前项内容 a 和后项内容 b 所包括的所有项集同时出现的概率，支持度越高，挖掘的关联规则前后项同时出现的概率就越高。公式如下：

$$\text{Support}(a \rightarrow b) = P(a,b) \qquad (5-2)$$

在关联规则数据挖掘中，最常见的算法是 Apriori，该算法主要分为两个步骤。第一步为寻找频繁项集，在众多数据集中筛选出超出或者等于设定的最小支持度的项集。第二步为在频繁项集中计算项集之间的置信度，筛选出频繁二项集，得到强关联规则，此规则需要同时大于或者等于已设定的最小支持度和最小置信度。另外，可进行关联规则分析的软件众多，其中 SPSS Modeler 软件有着直观的操作界面和成熟的预测分析，简单易懂，成为应用最广泛和最理想的挖掘工具，本节将基于此软件采用 Apriori 算法对旅游消费相关调查问卷数据进行关联规则的数据挖掘。

5.1.3　消费者特征与旅游消费认可度关联规则分析

1. 数据准备

本节中消费者特征主要包括性别、年龄、长期居住的地区、户籍、职业、学历、月收入、月平均支出和旅游消费支出，如表 5-1 所示。旅游消费认可度数据包含旅游新技术、旅游新产业、旅游新模式、旅游新经营以及旅游新制度这五个部分，并分别设置多个测量变量，问卷调查者对旅游消费相关描述进行打分，非常同意的打 7 分，非常不同意的打 1 分。

表 5-1　我国旅游消费者特征

样本序号	性别	年龄	长期居住的地区	户籍	职业	学历	月收入	月平均支出	旅游消费支出
1	男	21～30 岁	江苏	城镇	大学生	硕士研究生	还没有收入	1 001～2 000 元	500 元及以下
2	女	21～30 岁	四川	乡村	大学生	硕士研究生	还没有收入	2 001～3 000 元	500 元及以下
3	女	21～30 岁	江苏	乡村	大学生	硕士研究生	还没有收入	2 001～3 000 元	500 元及以下
4	女	21～30 岁	江苏	乡村	大学生	硕士研究生	3000 元及以下	2 001～3 000 元	500 元及以下
⋮	⋮	⋮	⋮	⋮	⋮	⋮	⋮	⋮	⋮
250	男	31～40 岁	湖北	城镇	文艺工作者	大学本科	10 001～30 000 元	1 001～2 000 元	1 001～2 000 元
⋮	⋮	⋮	⋮	⋮	⋮	⋮	⋮	⋮	⋮
512	男	21～30 岁	山西	乡村	其他	大学本科	5 001～10 000 元	1 001～2 000 元	500 元及以下
⋮	⋮	⋮	⋮	⋮	⋮	⋮	⋮	⋮	⋮
1112	男	41～50 岁	江苏	乡村	金融业者	大专	3 001～5 000 元	1 001～2 000 元	500 元及以下
⋮	⋮	⋮	⋮	⋮	⋮	⋮	⋮	⋮	⋮
1617	女	21～30 岁	西藏	城镇	文艺工作者	大学本科	5 001～10 000 元	5 000 元以上	501～1 000 元

2. 关联规则

数据处理后，将数据导入 IBM SPSS Modeler 18.0 软件中使用建模模块中的 Apriori 节点进行关联规则分析，并对模型参数进行设置，当最小置信度为 30%、最低条件支持度为 10% 时，最终得到 10 条有效的关联规则，根据置信度由高到低排列，具体结果见表 5-2。

表 5-2　消费者特征与旅游消费认可度之间的关联规则

序号	后项	前项	支持度 百分比	置信度 百分比
1	我倾向于比较自由舒畅的自驾游=7	您长期居住的地区=江苏	13.23%	36.45%
2	在旅游消费中，"旅游警察"让我更有安全感=6	您的年龄=21～30 岁；您目前的月收入=5 001～10 000 元；您正在攻读或已获得的最高学历=大学本科	11.44%	35.68%
3	在旅游消费中，"旅游警察"让我更有安全感=6	您的年龄=21～30 岁；您正在攻读或已获得的最高学历=大学本科；您的户籍：城镇	14.35%	32.76%
4	在旅游消费中，"旅游警察"让我更有安全感=5	您的年龄=21～30 岁；您目前的月收入=5 001～10 000 元；您的户籍：城镇	13.17%	31.92%
5	应用智能机器人导游解说，让我能享受更好的旅游体验=6	您的年龄=21～30 岁；您目前的月收入=5 001～10 000 元；您的户籍：城镇	13.17%	31.46%
6	在旅游消费中，"旅游警察"让我更有安全感=6	您的每月平均支出=1 001～2 000 元；您正在攻读或已获得的最高学历=大学本科	10.64%	31.40%
7	在旅游消费中，"旅游警察"让我更有安全感=5	您的每月平均支出=1 001～2 000 元；您的年龄=21～30 岁	13.11%	31.13%
8	应用智能机器人导游解说，让我能享受更好的旅游体验=5	您的年龄=21～30 岁；您目前的月收入=5 001～10 000 元；您正在攻读或已获得的最高学历=大学本科	11.44%	30.81%
9	应用第三方在线旅游平台，如携程、飞猪网等，让我能方便快捷预订旅游时的机票、酒店=5	您的年龄=21～30 岁；您目前的月收入=5 001～10 000 元；您正在攻读或已获得的最高学历=大学本科	11.44%	30.27%
10	应用智能机器人导游解说，让我能享受更好的旅游体验=5	您的年龄=21～30 岁；您正在攻读或已获得的最高学历 = 大学本科；您的户籍：城镇	14.35%	30.17%

3. 结果分析

第 1 条是长期居住的地区为江苏→我倾向于比较自由舒畅的自驾游=7（7 表示利克特量表最高级，即非常同意，以下均同此解释），表明旅游消费者长期居住在江苏时，在 36.45%的情况下，对比较自由舒畅自驾游的新模式非常喜欢，并且该规则支持度为 13.23%。第 2、8 条是：您的年龄=21～30 岁；您目前的月收入=5001～10 000 元；您正在攻读或已获得的最高学历=大学本科→在旅游消费中，"旅游警察"让我更有安全感=6 或应用智能机器人导游解说，让我能享受更好的旅游体验=5，表明当旅游消费的年龄在 21～30 岁、收入为 5001～10 000 元以及学历为大学本科，在 35.68%的情况下，对在旅游消费中，安排"旅游警察"这一旅游新制度感到很满意，以及在 30.81%的情况下，对应用智能机器人导游解说这一旅游新技术可增强旅游享受体验的说法表示赞成。同理可知，其他规则也在不同程度上揭示了消费者特征与对旅游新技术、旅游新产业、旅游新模式、旅游新经营以及旅游新制度认可性之间的关联性。从得出的关联规则结果上来看，可大致得到：年龄在 21～30 岁具有大学本科学历的年轻旅游消费者更加偏好旅游新制度中的"旅游警察"和旅游新技术中的智能机器人导游解说，其在增加消费者安全感的同时也能让年轻消费者有更好的旅游体验，将会是促进高学历年轻群体旅游消费的驱动性因素。

5.1.4　旅游消费动机和消费偏好关联规则分析

1. 数据准备

旅游消费者的消费动机主要有以下几个方面：满足个人精神需要，提高生活质量；缓解生活压力，放松自己；锻炼身体，促进身体健康；消磨闲暇时间；追求时尚；等等，具体数据见表 5-3。旅游消费者通常选择的旅游目的地主要是自然风景区、游乐园和主题公园、野生动植物保护区、人文景点以及购物游等，具体数据见表 5-4。

表 5-3　旅游消费动机事实表

序号	满足个人精神需要，提高生活质量	缓解生活压力，放松自己	锻炼身体，促进身体健康	消磨闲暇时间	追求时尚
1	选中	选中	选中	选中	未选中
2	选中	选中	未选中	未选中	未选中
3	选中	选中	选中	选中	选中
4	选中	选中	未选中	选中	未选中
5	选中	选中	未选中	未选中	未选中
⋮	⋮	⋮	⋮	⋮	⋮
210	未选中	选中	选中	未选中	选中
⋮	⋮	⋮	⋮	⋮	⋮
812	未选中	选中	选中	未选中	未选中
⋮	⋮	⋮	⋮	⋮	⋮
1210	未选中	未选中	选中	选中	未选中
⋮	⋮	⋮	⋮	⋮	⋮
1617	未选中	未选中	选中	未选中	选中

表 5-4　旅游消费偏好事实表

序号	自然风景区	游乐园和主题公园	野生动植物保护区	人文景点	购物游
1	选中	未选中	未选中	未选中	未选中
2	选中	未选中	未选中	未选中	未选中
3	选中	未选中	未选中	未选中	未选中
4	未选中	选中	未选中	未选中	未选中
⋮	⋮	⋮	⋮	⋮	⋮
210	未选中	未选中	选中	未选中	未选中
⋮	⋮	⋮	⋮	⋮	⋮
812	未选中	未选中	未选中	选中	未选中
⋮	⋮	⋮	⋮	⋮	⋮
1210	未选中	未选中	未选中	未选中	选中
⋮	⋮	⋮	⋮	⋮	⋮
1617	未选中	选中	未选中	未选中	未选中

2. 关联规则

将模型参数最低条件支持度设为 10%，最小规则置信度设为 30%，将会得到 6 条规则，具体见表 5-5。

表 5-5　旅游消费动机和消费偏好间的关联规则

序号	后项	前项	支持度百分比	置信度百分比
1	旅游时选择目的地主要是=自然风景区	（缓解生活压力，放松自己）	45.21%	40.90%
2	旅游时选择目的地主要是=自然风景区	（缓解生活压力，放松自己）（锻炼身体，促进身体健康）	27.09%	34.70%
3	旅游时选择目的地主要是=自然风景区	（缓解生活压力，放松自己）（追求时尚）（锻炼身体，促进身体健康）	13.05%	32.23%
4	旅游时选择目的地主要是=自然风景区	（缓解生活压力，放松自己）（消磨闲暇时间）	18.18%	31.97%
5	旅游时选择目的地主要是=自然风景区	（缓解生活压力，放松自己）（追求时尚）	14.97%	30.99%
6	旅游时选择目的地主要是=人文景点	（追求时尚）（消磨闲暇时间）	13.11%	30.19%

3. 结果分析

以上得到 6 条有效的关联规则。第 1 条：缓解生活压力，放松自己→旅游时选择目的地主要是=自然风景区，置信度为 40.90%，表明当消费者的旅游消费动机是缓解生活压力，放松自己时，在 40.90%的情况下，其会选择去自然风景区，并且该规则的支持度为 45.21%，具有非常高的应用价值。第 6 条：追求时尚以及消磨闲暇时间→旅游时选择目的地主要是=人文景点，置信度为 30.19%，表明当消费者的旅游消费动机是追求时尚和消磨闲暇时间时，在 30.19%的情况下，其选择去人文景点。同理可知其他规则，也揭示了旅游消费者的动机和消费偏好之间的关联性。从关联结果可知，我国旅游消费者选择消费的动机大多是缓解生活压力，放松自己；锻炼身体，促进身体健康；追求时尚；消磨闲暇时间。他们选择的旅游目的地大概率为自然风景区，这表明，自然风景区是我国旅游消费的重要内容。

5.1.5 旅游消费问题认知和问题解决偏好间关联规则分析

1. 数据准备

当前我国旅游消费存在一些问题，这些问题都将影响我国旅游消费者的旅游欲望，故本节研究了消费者对问题的认知情况，具体数据见表 5-6。同时，针对这些问题收集了我国旅游消费者对于问题解决方法偏好的相关数据。

表 5-6　旅游消费者对旅游存在问题的认知事实表

序号	旅游活动场所较少	旅游产品的价格太贵	旅游活动内容缺乏新意	旅游产品宣传不到位	对传统文化的景区保护及继承意识缺失	政府的引导和扶持工作欠缺
1	选中	选中	选中	选中	选中	选中
2	未选中	选中	选中	未选中	选中	选中
3	未选中	未选中	未选中	选中	选中	选中
4	未选中	选中	选中	未选中	未选中	未选中
5	未选中	选中	未选中	未选中	未选中	未选中
⋮	⋮	⋮	⋮	⋮	⋮	⋮
277	未选中	未选中	选中	选中	选中	未选中
⋮	⋮	⋮	⋮	⋮	⋮	⋮
616	选中	未选中	未选中	选中	选中	未选中
⋮	⋮	⋮	⋮	⋮	⋮	⋮
1111	未选中	选中	选中	选中	未选中	未选中
⋮	⋮	⋮	⋮	⋮	⋮	⋮
1617	选中	选中	未选中	选中	未选中	选中

2. 关联规则

基于 Apriori 算法，对模型参数进行设置，当最小置信度为 75%，最小支持度为 20%时，将得到 21 条规则，将最小置信度调整为 80%，得到 11 条规则，具体结果见表 5-7。

表 5-7　旅游消费问题认知与问题解决偏好关联规则

序号	后项	前项	支持度百分比	置信度百分比
1	开发与保护并重，发展可持续旅游	旅游产品宣传不到位；旅游活动场所较少；旅游活动内容缺乏新意	25.42%	85.16%
2	开发与保护并重，发展可持续旅游	旅游产品宣传不到位；旅游活动场所较少	32.16%	84.42%
3	多放长假，促进旅游消费	旅游产品宣传不到位；旅游活动场所较少；旅游活动内容缺乏新意	25.42%	83.45%
4	开发与保护并重，发展可持续旅游	旅游产品宣传不到位；旅游活动内容缺乏新意	38.34%	83.39%
5	开发与保护并重，发展可持续旅游	旅游活动场所较少；旅游活动内容缺乏新意	39.39%	83.20%
6	开发与保护并重，发展可持续旅游	旅游产品的价格太贵；旅游活动内容缺乏新意	27.58%	81.39%
7	开发与保护并重，发展可持续旅游	对传统文化的景区保护及继承意识缺失；旅游活动内容缺乏新意	25.79%	81.06%
8	多放长假，促进旅游消费	旅游产品宣传不到位；旅游活动场所较少	32.16%	80.77%
9	多放长假，促进旅游消费	旅游产品宣传不到位；旅游活动内容缺乏新意	38.34%	80.65%
10	开发与保护并重，发展可持续旅游	旅游产品宣传不到位	52.13%	80.07%
11	开发与保护并重，发展可持续旅游	旅游活动场所较少	54.79%	80.02%

3. 结果分析

第 1、3 条：旅游产品宣传不到位、旅游活动场所较少、旅游活动内容缺乏新意→"开发与保护并重，发展可持续旅游"或"多放长假，促进旅游消费"，置信度为 85.16%和 83.45%，表明当旅游消费者认为当前旅游存在旅游产品宣传不到位、旅游活动场所较少和旅游活动内容缺乏新意等多种问题时，在 85.16%的情况下，他们认为通过"开发与保护并重，发展可持续旅游"这一策略能够促进旅游产业更好地发展以及可解决他们所认知的问题，在 83.45%的情况下，旅游消费者解决问题的偏好是希望多放长假，这将会促进旅游消费，两条规则的支持度均为 25.42%，有较高的应用价值。通过这些有效的规则，可以意识到旅游产品宣传不到位、旅游活动内容缺乏新意、旅游活动场所较少、旅游产品的价格太贵等是影响旅游消费的主要问题，并且消费者对于这些问题的认知与期望解决的策略息息相关，了解这些规则，有利于有效提供相关策略去解决问题，消除旅游消费的负面影响，从而促进旅游消费。

5.1.6　结论与建议

通过分析反映我国旅游消费实际情况的 1617 份调查问卷，并且基于 Apriori 算法进行关联规则数据挖掘，主要得到以下结论。①对于旅游新技术、旅游新产业、旅游新模式、旅游新经营以及旅游新制度，不同特征的消费者对其认可度存在差异，如年轻且具有高学历的旅游消费者可能更加认可旅游新技术中的"智能机器人导游解说"以及新制度中的"旅游警察"。②我国旅游消费者选择消费的动机大多是缓解生活压力，放松自己以及锻炼身体，促进身体健康，并且他们更倾向于选择去自然风景区。③消费者认为目前旅游主要存在旅游活动内容缺乏新意、旅游产品价格太贵、旅游活动场所较少和旅游产品宣传不到位等问题，同时他们认为改善相关问题，需要开发与保护并重，发展可持续旅游，从而促进旅游消费。

为提高我国旅游经济的高质量发展，挖掘更多的旅游消费潜力，根据上述关联规则探索的关系，提出以下建议。第一，把握我国居民旅游消费特征，提供创新型的旅游消费模式。旅游新技术、旅游新产业、旅游新模式、旅游新经营以及旅游新制度都是驱动旅游消费经济增长不可或缺的动力，针对不同消费群体，提供不同的消费模式，在传统旅游业的基础上注入新元素，不断推进旅游产业新发展，能够更好地满足不同旅游消费者的需求。第二，顺应消费者的旅游偏好，提升整体服务品质。可重点完善旅游高频率景区的公共服务体系，为旅游消费者提供有效的保障。随着旅游消费动机的不断升级，人们已经不再满足于简单的娱乐，而是更加追求"商、养、闲、情、奇"的体验感，传统旅游需要逐步转向单一观光旅游与多样化休闲旅游一体化发展，只有这样才能更多地释放消费者的旅游潜力。第三，充分认识现有旅游消费存在的问题，补齐短板完善旅游体系。要加强旅游文化产品的创新性开发，全方位提供优质个性化旅游产品和活动，同时，政府相关部门要加强监管，在开发旅游产业时注重保护环境，尊重市场规律，致力于发展可持续的旅游产业。

5.2 基于多重对应分析的中国旅游消费者市场细分研究

5.2.1 引言

旅游消费属于较高层次的享受型和发展型的消费,随着经济社会的快速发展,中国旅游经济已发展成为国民旅游消费主导的大众旅游模式,中国旅游消费者市场受到越来越多因素的影响,其中包括经济发展程度、生活方式、城市化水平和思想观念等,不同的旅游消费群体对旅游产品和模式的需求存在差异,将中国旅游消费者市场进行分类以根据不同旅游消费群体提供不同的旅游服务是进一步发展我国旅游经济的重点所在。

5.2.2 研究设计

本节的主要目的是分析当前中国旅游消费者市场,主要从游客的个人信息和旅游消费等角度进行划分。调查问卷总体上可以较好地代表中国旅游业的消费者实际情况,1617 份样本数据特征如表 5-8 所示。从调查的消费者的长期居住地区看,样本前五名主要来源于江苏、安徽、辽宁、重庆、浙江,其中江苏占比最多,达 13.2%,其次安徽占比达 6.5%;从调查的消费者年龄看,调查样本中的 21～30 岁的消费者占比达 42.7%,其次 31～40 岁的消费者达 25.0%,旅游消费以青年与中年为主;从调查性别来看,46.7%为男性,53.3%为女性,男女比例适中;从调查的消费者的每月平均用于旅游消费的支出来看,其中占比最多的为每月旅游消费支出为 500 元及以下,达 54.5%,其次为 500～1000 元(含)、1000～2000 元(含),占比分别为 22.6%、12.6%,最少的为 2000 元以上,占比为 10.3%,说明旅游消费的支出还有待发展;从调查者的户籍来看,来自城镇、乡村的分别为 67.6%、32.4%,两者比例差距较大;从调查的消费者的职业来看,此次调查者为学生的较多,占比为 14.8%,其次为企业职工,占比为 13.9%,医护人员占比为 7.3%,公务员占比为 10.8%,教师占比为 11.6%,其他占比为 41.6%,职业比例较符合实际情况。

表 5-8 样本特征描述统计

基本信息	选择参数	数目	占比
	江苏	214	13.2%
	安徽	105	6.5%
长期居住地区	辽宁	64	4.0%
	重庆	63	3.9%
	浙江	60	3.7%
	其他省份	1111	68.7%

续表

基本信息	选择参数	数目	占比
年龄	20 岁及以下	101	6.2%
	21～30 岁	690	42.7%
	31～40 岁	405	25.0%
	41～50 岁	241	14.9%
	51～60 岁	132	8.2%
	61 岁及以上	48	3.0%
性别	男	755	46.7%
	女	862	53.3%
每月平均用于旅游消费的支出	500 元及以下	881	54.5%
	500～1000 元（含）	365	22.6%
	1000～2000 元（含）	204	12.6%
	2000 元以上	167	10.3%
户籍	城镇	1093	67.6%
	乡村	524	32.4%
职业	学生	239	14.8%
	教师	188	11.6%
	公务员	175	10.8%
	企业职工	224	13.9%
	医护人员	118	7.3%
	其他	673	41.6%

接下来，采用多重对应分析对中国旅游消费者市场进行细分，以个人每月平均用于旅游的消费支出作为衡量中国旅游消费者市场的指标，将消费支出对应分为四个等级的消费水平，由低到高分别是 500 元及以下、500～1000 元（含）、1000～2000 元（含）、2000 元以上，分别对应旅游消费低水平、中等水平、中高等水平、高水平。

按照年龄段进行分层分析，旅游消费群体的基本特征选取了性别、户籍、月收入，旅游消费特征则从个人每月平均用于旅游消费的支出和旅游时选择的目的地入手。

5.2.3　实证分析

观察多重对应分析图的原则具体来说有如下几点：第一，落在由原点（0，0）出发接近相同方位及图形相同区域的同一变量的不同类别具有类似的性质；第二，落在原点出发接近相同方位及图形相同区域的不同变量的类别间可能有联系。

（1）20 岁及以下：女性、城镇户籍、还没有月收入的群体，她们与个人每月平均用于旅游消费的支出为 500 元及以下并且选择购物游的旅游方式有联系；男性、乡村户籍、月收入 3000 元及以下的群体，他们与个人每月平均用于旅游消费的支出为 500 元及以下并且选择自然风景区和人文景点的旅游方式有联系，如图 5-1 所示。由此可以得出，不管是男性还是女性，在 20 岁及以下的团体中基本月收入较低，所以用于旅游消费的支出也较低。

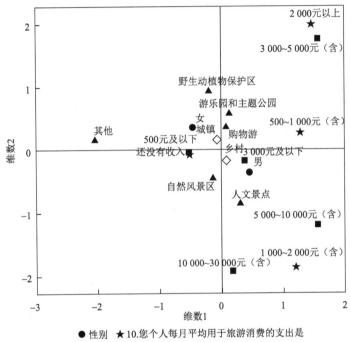

图 5-1　中国旅游消费者市场细分（20 岁及以下）

（2）21～30 岁：女性、城镇户籍、月收入 3000～5000 元（含）的群体，她们与个人每月平均用于旅游消费的支出为 500 元及以下并且选择游乐园、主题公园的旅游方式有联系；女性、城镇户籍、月收入 5000～10 000 元（含）的群体，她们与个人每月平均用于旅游消费的支出为 500～1000 元（含）并且选择人文景点和野生动植物保护区的旅游方式有联系；男性、月收入 10 000～30 000（含）元的群体，他们与个人每月平均用于旅游消费的支出为 1000～2000 元（含）并且选择购物游的旅游方式有联系，如图 5-2 所示。由此可以得出，在 21～30 岁的旅游消费群体中，随着个人月收入的提升，大家用于旅游消费的支出也逐渐扩大，并且年轻群体更热衷于选择购物游的旅游方式。

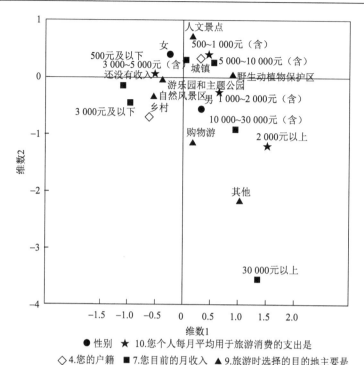

图 5-2　中国旅游消费者市场细分（21～30 岁）

（3）31～40 岁：女性、城镇户籍、月收入 5000～10 000 元的群体，她们与个人每月平均用于旅游消费的支出为 500 元及以下并且选择自然风景区的旅游方式有联系；男性、城镇户籍、月收入 3000～5000 元的群体，他们与个人每月平均用于旅游消费的支出为 500～1000 元（含）并且选择游乐园和主题公园的旅游方式有联系，如图 5-3 所示。由此可以得出，在 31～40 岁的旅游消费群体中，大多数已经组成家庭并为人父母，所以在旅游消费支出方面处于中等水平，并且考虑到子女也倾向于选择游乐园和主题公园的旅游方式。

（4）41～50 岁：女性、城镇户籍、月收入 5000～10 000（含）元的群体，她们与个人每月平均用于旅游消费的支出为 500～1000（含）元并且选择人文景点的旅游方式有联系；男性、城镇户籍、月收入 3000～5000（含）元的群体，他们与个人每月平均用于旅游消费的支出为 1000～2000 元（含）并且选择自然风景区的旅游方式有联系，如图 5-4 所示。由此可以得出，在 41～50 岁的旅游消费群体中，城镇户籍的家庭收入处于比较稳定的状态，旅游消费支出方面处于中等、中高等水平，并且人到中年也倾向于选择自然风景区和人文景点的旅游方式。

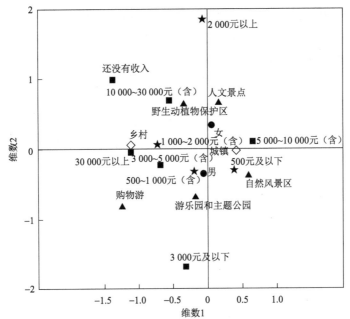

图 5-3　中国旅游消费者市场细分（31～40 岁）

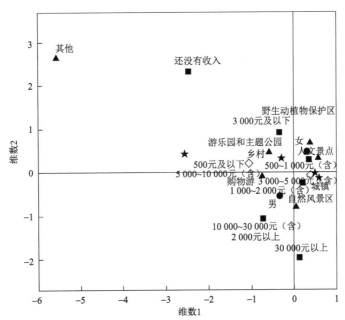

图 5-4　中国旅游消费者市场细分（41～50 岁）

（5）51～60 岁：女性、城镇户籍、月收入 5000～10 000（含）元的群体，她们与个人每月平均用于旅游消费的支出为 1000～2000 元（含）并且选择野生动植物保护区的旅游方式有联系；男性、乡村户籍、月收入 10 000～30 000 元（含）的群体，他们与个人每月平均用于旅游消费的支出为 500～1000 元（含）并且选择自然风景区和人文景点的旅游方式有联系，如图 5-5 所示。由此可以得出，在51～60 岁的旅游消费群体中，不管是城镇户籍还是乡村户籍的家庭，其家庭收入都比较可观，从而也更愿意进行旅游消费，并且倾向于选择自然、绿色、人文等旅游方式。

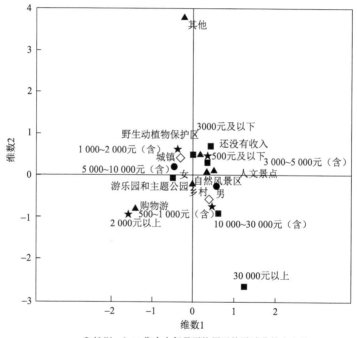

图 5-5　中国旅游消费者市场细分（51～60 岁）

（6）61 岁及以上：无论性别和户籍，月收入在 3000～5000 元（含）的群体，他们与个人每月平均用于旅游消费的支出为 500 元及以下并且选择自然风景区的旅游方式有联系，如图 5-6 所示。由此可以得出，在 61 岁及以上的旅游消费群体中，大多数消费者处于退休状态，收入水平和旅游消费水平较低，倾向于选择自然风景区的旅游方式。

综上，各个年龄段的旅游消费者都具有一定的特征，年轻群体更倾向于选择游乐园、主题公园及购物游的旅游方式，而中年群体则更多地选择自然风景区和人文景点的旅游目的地；性别与户籍对消费群体的旅游选择影响很小；月收入水平在一定程度上决定了旅游消费支出水平。

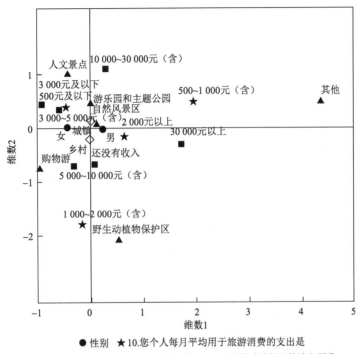

图 5-6　中国旅游消费者市场细分（61 岁及以上）

5.2.4　结论与建议

当前我国旅游消费方式呈现出多样化特征，那么针对不同的旅游消费群体推出个性化旅游消费模式将会给我国旅游市场的精细化发展带来帮助。具体地，可以根据消费者的偏好对旅游消费市场中旅游方式进行针对性的建设与发展。

（1）创建更多特色主题游。徒步、登山、滑雪等已经成为不同于以往景区旅游的特色旅游方式，并且热度不断上升。突出鲜明主题，充分考虑游客体验来设计产品，考虑消费人群的消费特点、心理，研究出量身定做的主题旅游线路。

（2）利用新媒体新技术拓宽旅游场景。随着 5G 时代的到来，"互联网+"带动线下场景向线上转移，并且可以针对不同的旅游消费群体推送个性化内容。通过微信等在线方式形成旅游新链条，不仅能够在较短时间内提升品牌价值与关注度，还能与用户直接接触，拓展新的销售增长渠道。

（3）进一步推进文化旅游融合。现如今，文化和旅游产业的发展呈现出相互融合与相互促进的趋势。一方面，要充分发挥有地域特色的文化旅游资源优势，对消费者精准定位，实现优质服务；另一方面，政府要做好产业规划和发展指导，通过制定合理的产业政策来为文旅融合发展提供良好环境。

5.3　基于结合分析法的旅游产品选择影响因素分析与产品设计

5.3.1　引言

随着经济和科技水平的快速发展，人们可支配收入的逐渐增多，闲暇时间的增加，越来越多的人喜欢出门旅游，在旅游中放松自己认识自己，旅游消费逐渐成为居民消费的热点。各地为发展旅游经济，不断加大旅游投入，开发旅游产品，设计出适合市场需求的旅游产品，优质的旅游产品可以提供极高的旅游体验。旅游产品是旅游相关部门根据游客的喜好对相关属性做出的整合，不同地区对旅游产品的分类会有所不同，吸引的游客类型也不尽相同。我国旅游业发展迅速，但是在发展中仍存在一些不足，这一系列问题可能导致游客在旅游途中不能很好地体验旅游带来的舒适感。

对于旅游产品的研究，国外学者早于国内学者，主要是从旅游产品概念、旅游产品开发及存在的问题、旅游产品策略等方面进行研究。Cooper（1991）使用4AS（一个地理区域作为旅游目的地所必不可少的旅游供给要素，可归纳为4AS）——旅游吸引物（attractions）、可进入性（access）、接待设施（amenities）、友好态度（attitudes）来阐述旅游产品的概念。Urban 和 Hauser（2004）提出旅游产品的开发步骤。Hall 和 Jenkins（1995）认为政府在城市旅游规划开发和管理中应该明确发展目标。Chhabra 等（2003）提出保持旅游资源的原生态有利于开发旅游产品及提高游客满意度。Sharoley（2002）认为应加大旅游产品多样化发展的潜力。Chirozva（2015）发现旅游产品在开发时发生困难是因为旅游企业缺乏社区机构以及企业家的支持。David（1997）通过调查游客满意度，为旅游产品开发者提供方案。Vaso 和 Oliver（2016）认为城市文化融入旅游产品策略中，有利于发展城市特色。

近几年国内学者从不同方面对旅游产品进行分析研究，分析不同地区不同文化资源下的旅游产品的发展方向。在旅游方式方面，周永广和江一帆（2008）分析了不同旅游网站内容特征，以其推出的"自由行"为例，提取出高体验性的影响因子。张红娟（2017）研究出境自由行时提出，提升中国游客出境自由行的途径选择将成为国人走出去的重要筹码。在旅游产品类型方面，焦世泰（2017）分析红色旅游地的开发以及旅游资源的优势，提出适合红色旅游地区发展的旅游产品类型；乌兰敖登（2016）从宗教角度对旅游产品进行分类，探索生活理念在佛教旅游产品中的设计和应用，为产品的创新设计提供新的思路和方法。在旅游产品价格方面，胡抚生（2019）分析近年来"天价"旅游产品的特征、表现形式和难点。在旅游产品研究方面，马仪亮（2013）通过使用旅游卫星账户和投入产出的方法，测算旅游产品价格波动对其他产业及物价水平的影响，以及其他产业价格水平变化对旅游产品价格的影响，将产业分析与旅游产品价格联系在一起；李燕（2019）基于灰色关联度分析，分析北部湾海洋旅游业的发展状况，制定北部湾海洋旅游业的发展对策，设计出符合游客需求的旅游产品。

众多学者研究集中关注旅游产品的某几种属性，如景点开发、旅游价格等，而忽略了旅游产品是由众多属性构成的统一体这一事实。本节使用结合分析法对旅游产品消费者偏好进行分析，根据旅游产品的重要性将其划分为八个属性，并划定各属性的水平。旅游产品的分类对游客的体验感尤为重要，旅游产品的消费方式对游客的体验感提高也有深远影响，因而游客在选择旅游产品时从不同角度有着自己的评价标准和要求。本节综合使用正交设计实验法和多元统计分析中的结合分析方法，模拟出各种旅游产品类型，再通过发放调查问卷收集所需数据，进行科学严谨的实证研究，揭示影响游客选择旅游产品的关键因素以及游客偏好的旅游产品，从而提出提升旅游产品质量的对策建议。

5.3.2　研究设计

大多数学者主要分析旅游产品的单个影响因素对旅游产品的影响，对旅游产品属性的效用水平及市场模拟关注度方面的研究还比较少，所以本节主要运用正交设计实验法和多元统计分析中的结合分析法，得出旅游产品属性的效用水平及市场的模拟关注度。因变量是消费者对某一轮廓的整体偏好评价，自变量是组成轮廓的各种不同属性或者因子水平，其中全轮廓的整体是由全部属性的各个水平组合构成的，结合分析法广泛应用于消费者行为等研究领域（沈浩和柯惠新，1998）。结合分析模型的工作原理是首先确定产品属性和属性水平，并且通过正交设计模拟出各种类型的产品，然后让消费者按照自身偏好对这些产品进行评价。在得到评价数据之后，采用统计学的方法对其结果进行分析，从而对每一属性及属性水平的重要程度做出量化评价。结合分析是将总体评价进行分解的过程，相对于传统方法，结合分析更符合人们实际的思维习惯，因而结论更加具有真实性。

纵观各大旅游网站，不同旅游产品之间都有一定的差异，主要体现在旅游产品的分类、旅游方式、消费方式、档次等属性上。这些属性在不同游客心目中的重要程度是不一样的，因此，可以使用结合分析方法对游客选择偏好因素进行研究。通过评估不同属性，游客可以选择最适合自己的旅游产品类型，因此，将结合分析法应用到旅游产品选择中，有助于识别影响决策的关键因素。

1. 旅游产品的基本属性和属性水平

由于旅游产品涉及面广，消费者选择旅游产品时的影响因素也有很多。进行综合分析必须确定旅游产品的属性及属性水平，本节根据以下三个原则选取八项属性。本节中因素的选择基于三个原则：首先是重要性原则，它们应该是影响游客选择偏好的突出因素；其次是可操作性原则，属性因素和属性水平应该是可以操作的；最后是独立性原则，各种属性水平之间要避免高相关。通过查阅相关文献以及对消费者的访谈，影响游客选择旅游产品的属性主要有旅游产品的类型、旅游方式、价格、旅游天数、线路游玩项目、导游素养、旅行社口碑以及产品热度。这八个因素涉及旅游产品的分类、价格及游玩项目等方面。具体属性水平设计如表 5-9 所示。

表 5-9　旅游产品的基本属性及属性水平

属性	属性水平
旅游产品的类型	观光（自然风光、名胜古迹、城市风光、文化等）
	度假（海滨、山地、温泉、乡村、野营等）
旅游方式	跟团游
	半自助游
	自由行
价格	高档价格
	标准价格
	经济价格
旅游天数	3 天及以下
	4~7 天
	7 天以上
线路游玩项目	项目多
	项目一般
导游素养	亲和力强
	亲和力一般
旅行社口碑	口碑好
	口碑一般
产品热度	热度高
	热度一般

2. 旅游产品类型正交设计

结合分析模型综合考虑旅游产品的属性和属性水平后，将组合生成一系列旅游产品类型。采用正交实验的方法，将原本生成 2×3×3×3×2×2×2×2=864 张卡片的模型，减少到最后的 16 张卡片组合，以及 4 张用于检查的卡片（受测者需作答，但数据不参与分析，仅用于考核模型质量好坏），共计 20 张卡片。其中每一张卡片均代表一种类型的旅游产品，之后对这 20 张卡片进行编号，卡片组如表 5-10 所示。

表 5-10　正交设计获取的旅游产品的类型卡片组

序号	旅游产品的类型	旅游方式	价格	旅游天数	线路游玩项目	导游素养	旅行社口碑	产品热度
1	观光	跟团游	经济价格	3 天及以下	项目一般	亲和力强	口碑一般	热度一般
2	度假	跟团游	高档价格	3 天及以下	项目多	亲和力强	口碑好	热度高
3	度假	跟团游	标准价格	4～7 天	项目多	亲和力一般	口碑好	热度一般
4	观光	半自助游	标准价格	3 天及以下	项目多	亲和力强	口碑一般	热度高
5	度假	自由行	高档价格	3 天及以下	项目一般	亲和力强	口碑好	热度一般
6	度假	自由行	经济价格	4～7 天	项目多	亲和力强	口碑一般	热度高
7	度假	跟团游	标准价格	7 天以上	项目一般	亲和力强	口碑一般	热度一般
8	度假	半自助游	经济价格	7 天以上	项目一般	亲和力一般	口碑好	热度高
9	度假	半自助游	高档价格	3 天及以下	项目多	亲和力一般	口碑一般	热度一般
10	观光	跟团游	高档价格	4～7 天	项目一般	亲和力一般	口碑一般	热度高
11	观光	跟团游	高档价格	7 天以上	项目多	亲和力强	口碑好	热度高
12	观光	半自助游	高档价格	4～7 天	项目一般	亲和力一般	口碑好	热度一般
13	观光	跟团游	经济价格	3 天及以下	项目多	亲和力一般	口碑好	热度一般
14	度假	跟团游	高档价格	3 天及以下	项目一般	亲和力一般	口碑好	热度高
15	观光	自由行	高档价格	7 天以上	项目多	亲和力一般	口碑一般	热度一般
16	观光	自由行	标准价格	3 天及以下	项目一般	亲和力一般	口碑好	热度高
17	观光	跟团游	高档价格	4～7 天	项目一般	亲和力强	口碑好	热度一般
18	观光	跟团游	高档价格	3 天及以下	项目多	亲和力一般	口碑一般	热度一般
19	度假	半自助游	经济价格	3 天及以下	项目一般	亲和力强	口碑一般	热度一般
20	观光	跟团游	标准价格	7 天以上	项目多	亲和力一般	口碑一般	热度高

3. 数据收集

根据卡片组，制作调查问卷，对 20 种旅游产品类型进行排序。本次调查的样本为 18 岁到 50 岁之间不同行业的消费者，调查时间为 2019 年 2 月至 3 月中旬，本次调查共收集 130 份问卷，有效问卷 96 份，有效率 73.85%。在问卷中每位被调查者对卡片组进行排序，而后对于有效排序经过 SPSS 20.0 统计分析软件进行数据分析，可得到结合分析数据矩阵。

5.3.3　实证分析

1. 整体样本分析

运用 SPSS 中包含的结合分析过程进行结合分析。经过 SPSS 软件分析可以得到每个个体与全部 96 个总体的重要性值如图 5-7 所示，相关性检验如表 5-11 所示。

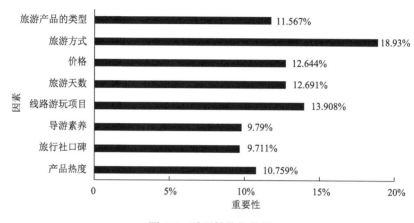

图 5-7　重要性值柱状图

表 5-11　相关系数表

指标	值	显著性
皮尔森相关系数	0.725	0.001
肯德尔相关系数	0.533	0.002

结合分析中相关性系数越接近 1，表示误差越小，结果越可靠。由软件给出的结果可以看出，本次调查的皮尔森相关系数是 0.725，肯德尔相关系数是 0.533，有统计学意义，这样模型的拟合效果较好，可以较好地预测哪种旅游产品更受游客的喜欢。对整体样本而言，各属性水平对旅游产品偏好的重要性依次为旅游方式（18.93%）、线路游玩项目（13.908%）、旅游天数（12.691%）、价格（12.644%）、旅游产品的类型（11.567%）、产品热度（10.759%）、导游素养（9.79%）、旅行社口碑（9.711%）。从重要性值来看，消费者在选择旅游产品的时候更关注旅

游产品的旅游方式，跟团游、半自助游以及自由行会根据每个人的喜好、职业以及年龄产生相应的差异；对于旅游产品的线路游玩项目，消费者更加注重旅游项目多样性；对于旅游产品的价格，消费者更加注重价格是否符合自身的经济条件以及满足当前的价格定位。

从 SPSS 运行的结果看，总体样本属性的效用水平及标准误如表 5-12 所示、总体样本属性的效用水平是消费者对旅游产品每个属性所做出的评价，效用水平越大，说明游客更加偏向于这种属性水平。从表 5-12 中的数据可得，在选择旅游产品分类时消费者更倾向于选择的旅游产品是度假型旅游产品，度假型旅游产品主要是包括海滨、山地、温泉等这些可以舒缓身心、放松压力的地方，在当前社会，人们的工作压力大，会优先考虑这种类型的旅游产品；对于旅游方式的选择，消费者更倾向于自由行，这种类型的旅游产品游客的自由感更强；对于产品旅游天数的选择，消费者更倾向于选择 3 天及以下的短期旅游产品，这种时间长度的旅游产品主要是由于工作时间以及人的精力的限制；在选择产品热度时，消费者更偏好于产品热度高的旅游产品，近年来由于抖音、小红书等平台的流行，出现了许多网红餐厅、网红景点，打卡网红地已然成为当前旅游的一种趋势；同时价格也会影响消费者的选择，普通家庭的消费者更偏向于选择经济价格的旅游产品，高档价格的旅游产品对一般消费者预算超支，除非是选择蜜月旅行；旅行社口碑也会影响消费者的选择，消费者更偏好旅行社口碑好的旅游产品，因为好的旅行社安全系数比较高，对于一些导游亲和力和旅游线路安排等都比较合理；在考虑导游素养时，消费者更喜欢亲和力强的导游，导游的亲和力会影响跟团游以及半自助游游客旅游时的心情与体验感，有些导游会强烈推荐景区的产品来强制消费，以至于游客反感，所以导游素养对消费者的选择也会产生影响。以此来看，最受消费者欢迎的旅游产品包含以下要素：度假（海滨、山地、温泉、乡村、野营等）、经济价格、3 天及以下的自由行、线路游玩项目多、导游亲和力强、产品热度高并且旅行社口碑好。但是，全部满足以上条件的产品极少（何蓉蓉，2020）。

表 5-12　总体样本属性的效用水平及标准误

属性及属性水平		效用水平	标准误
旅游产品的类型	观光	−0.243	0.157
	度假	0.243	0.157
旅游方式	跟团游	−0.101	0.209
	半自助游	−0.137	0.246
	自由行	0.238	0.246

续表

属性及属性水平		效用水平	标准误
线路游玩项目	项目多	0.077	0.157
	项目一般	−0.077	0.157
导游素养	亲和力强	0.100	0.157
	亲和力一般	−0.100	0.157
产品热度	热度高	0.172	0.157
	热度一般	−0.172	0.157
价格	高档价格	0.205	0.189
	标准价格	0.411	0.379
	经济价格	0.616	0.568
旅游天数	3 天及以下	−0.058	0.189
	4～7 天	−0.166	0.379
	7 天以上	−0.173	0.568
旅行社口碑	口碑好	−0.187	0.314
	口碑一般	−0.375	0.628
（常量）		8.548	0.685

2. 虚拟旅游产品的模拟关注度

将上述 16 张设计卡片重复设计为模拟卡片，得到 16 张卡片所代表的旅游产品受到消费者的关注程度，即模拟出的 16 种旅游产品卡片的市场占有率，如表 5-13 所示。表 5-13 中拟合了三个模型：最大效用模型、字节潜在模型、逻辑回归模型。一般以最大效用模型结果为准，可以得到在现有的 16 张卡片所代表的模拟工作中 13 号卡片代表的旅游产品最受消费者关注，观察设计文件，其特征分别是：13 号，观光（自然风光、名胜古迹、城市风光、文化等），跟团游，经济价格，3 天及以下，线路游玩项目多，导游亲和力一般，旅行社口碑好，产品热度一般。其次为 3 号、7 号、8 号、10 号、14 号卡片，其余的属性组合受关注程度相对这几种属性组合来说市场占有率较小。

表 5-13　虚拟旅游产品的模拟关注度

卡片	最大效用模型	字节潜在模型	逻辑回归模型
1	7.3%	6.5%	7.4%
2	5.2%	6.4%	5.0%
*3	9.4%	6.4%	8.1%
4	1.0%	6.0%	2.9%

续表

卡片	最大效用模型	字节潜在模型	逻辑回归模型
5	4.2%	6.3%	6.3%
6	5.2%	6.1%	5.7%
*7	9.4%	6.7%	8.3%
*8	8.3%	6.3%	6.6%
9	4.2%	6.2%	4.8%
*10	8.3%	6.3%	8.3%
11	7.3%	6.2%	5.9%
12	1.0%	5.6%	1.5%
*13	12.5%	6.7%	11.8%
*14	8.3%	6.2%	6.6%
15	7.3%	6.5%	7.6%
16	1.0%	5.6%	3.3%

*代表最大效用大于 8%

5.3.4　结论与建议

本节使用结合分析法，得出旅游产品属性的效用水平以及市场模拟关注度，探析各属性对旅游产品选择偏好的影响及预测能力，结果显示，消费者选择旅游产品时，旅游产品的类型、旅游方式以及价格等因素都是消费者考虑最多的问题。基于此，为了提高消费者的旅游消费体验感与满意度，我们从三个方面提出相关建议。

第一，优化产品路线，提高口碑营销。丰富的游玩项目对游客的旅游体验很关键，为了让游客参与度更强，更有活力，旅游产品的开发商应有更合理的市场定位。运用创新思维深入挖掘当地旅游文化资源，不断开发新型旅游产品和项目，不断为游客创造新鲜体验感，以此吸引更多的游客，使之成为旅游产品开发的一个重要抓手。旅游产品的线路可以根据地方特色、地理环境以及旅游资源等方面着手开发，结合当地民风民俗，开展不同的旅游项目，让游客了解当地的风俗习惯，使游客体验达到最佳状态。此外，一个丰富多样的线路游玩项目，还需要有好的旅行社来推广。消费者更愿意选择口碑好、安全系数高的旅行社。旅行社在设计自由行产品时，可以为游客做好旅游攻略，安排游玩项目以及一些导游服务，提供与自由行匹配的旅游服务。因此，旅行社应不断提高业界口碑，改善服务水平，提高安全系数，让游客更加放心地消费。

第二，加强网络营销，增加产品特色。随着互联网的普及，抖音、快手等的流行，以及电视节目的快速传播，一些旅游景点的游客激增，成为当今旅游的一大热点。据统计，由于电视剧《都挺好》的热播，2019 年清明节期间，苏州同德里、平江路以及金鸡湖等成为旅游打卡的网红景点，全市共接待游客 120 万人次，同比增长了 17.86%，实现旅游收入 22.5 亿元。因此，有关部门应积极与多方媒体进行合作，充分依托网络平台，打造符合当地特色的网红景点，宣传有当地风味的网红小吃，从而提高旅游产品在当地居民中的消费比重。当前市场上的旅游产品，不管是乡村旅游还是都市旅游，都不同程度地呈现出地方特色，各地在开发和设计旅游产品时应普遍结合当地特色，宣扬当地文化，增强各旅游景区的可持续经营能力。对于一些观光型旅游产品，应该多结合本地的民风民俗，以体现出与其他各地旅游产品的文化差异。因此，旅游产品的开发者应该挖掘符合当地特色的文化资源，从可以触动游客情感共鸣出发，将符合其特色的元素体现在游客吃喝住行中，增强游客体验感，让游客在游山玩水的同时，也能够真切地感受到浓厚的文化气息，保留地方特色进行文化宣传。

第三，推进文明教育，提升导游素质。近年来，有关导游的负面报道层出不穷，如强迫游客购物、推销景区产品等。因此，导游的素质也会直接影响到游客的心情和体验感，无条件地推销产品和强迫购物，会给游客带来压迫感。因此，优秀的导游应具备亲和力，本节从以下三方面加以说明：首先，导游自身要具备过硬的专业知识，对景点的起源传说和历史发展情况等有深刻的了解，通过丰富的知识和生动的讲解来坚定游客对产品项目的选择。素质高的导游能够使游客对旅游景点产生二次再来的冲动。其次，优秀的导游应该具备合格劳务者的操守，有成熟的职业观和价值观，对待游客文明热情，不搞购物旅游，不把自己的利益强加于游客，积极营造文明旅游、文明导游的氛围和习惯养成。最后，切实加强导游的道德教育，导游的道德水准也关系着游客在旅游过程中的心情，努力加强导游的思想道德建设也是新时期培养导游的关键因素之一（何蓉蓉，2020）。

5.4 基于文本挖掘的旅游消费者舆情分析与满意度研究

5.4.1 引言

根据国务院批准的《长江三角洲城市群发展规划》，长三角城市群包括：上海，江苏省的南京、无锡、常州、苏州、南通、盐城、扬州、镇江、泰州，浙江省的杭州、宁波、嘉兴、湖州、绍兴、金华、舟山、台州，安徽省的合肥、芜湖、马鞍山、铜陵、安庆、滁州、池州、宣城等 26 市。这里江南文化特色鲜明，旅游资源互补性强,年接待境内外游客量数以亿计。近年来,长三角旅游产业规模明显壮大,乡村旅游、生态旅游、文化旅游、滨水旅游等特色产业快速发展,规模持续壮大,在全国产生广泛影响。2019 年,中共中央、国务院印发《长江三角洲区域一体化发展规划纲要》,更是提出"共建世界知名旅游目的地"的要求。这就要求长三角地区加快深度融合推动文旅一体化发展。本节对长三角城市群主要地级市 4A 级以上旅游景区进行分析,运用词频分析、共现分析、特征分析等方法,挖掘游客评价内容的主要特点,对游客情感进行赋分,分析旅游景区存在的问题,以更好地满足游客需求,提升旅游景区服务品质。

5.4.2 研究设计

1. 研究流程

通过网络爬虫技术爬取网络文本建立信息数据库。调查数据源时间跨度为 2015～2020 年,以携程上长三角 25 个地级市 4A 级以上景区游客评价内容作为初始分析文本,进行数据去重,剔除无效数据。通过 Python 中的 Jieba 分词工具处理评论文本,主要利用分词、词性标注与去停用词等形成文本分析库,对其进行内容特征分析和情感倾向分析。进行内容特征分析时,利用 Jieba 库进行分词及词频统计,使用 Wordcloud 库绘制高频词云。基于 LDA 模型对数据进行主题聚类分析,挖掘游客对景区的评价内容并进行可视化分析。读取分词处理后的文本数据,利用 BosonNLP 语义情感词典中的词汇与评论文本中所提取的词汇进行匹配。依据情感词典中对于词语的分值,计算所有分句的情感值并用数组进行记录,通过加总平均每个句子的情感得分,得到每个城市每年游客评论情感指数。

2. 数据收集

目前,国内主流旅游信息交流网站有携程、马蜂窝、途牛、去哪儿网等,这些旅游网站为消费者提供旅游信息和服务,用户可以线上分享自身体验。其中携程评论内容更加丰富,消费者参与程度高,并且有针对单独旅游景点的旅游评价,更有利于对城市旅游景区消费者情感进行分析,因此选择其为数据来源。利用爬虫技术收集 25 个地级市所有 4A 级及以上景区的游客评论数据,累计收集有效数据 390 908 条,文本统计情况如表 5-14 所示。

表 5-14　4A 级以上景区的游客评论文本统计

省份	城市	4A 级以上景区/个	评论/条	省份	城市	4A 级以上景区/个	评论/条	省份	城市	4A 级以上景区/个	评论/条
江苏	南京	26	25 586	浙江	杭州	44	45 133	安徽	合肥	26	10 555
	无锡	30	30 903		宁波	34	29 603		芜湖	10	13 903
	常州	13	30 293		嘉兴	13	11 012		马鞍山	7	3 233
	苏州	40	49 876		湖州	24	24 495		铜陵	8	877
	南通	9	10 801		绍兴	19	14 382		安庆	22	6 659
	盐城	17	7 694		金华	21	10 530		滁州	5	3 192
	扬州	15	14 445		舟山	5	4 711		池州	18	7 351
	镇江	9	11 703		台州	17	7 244		宣城	23	10 298
	泰州	11	6 429								

5.4.3　文本挖掘

1. 基于 Wordcloud 的高词频分析

江苏、浙江和安徽地区词云分别如图 5-8～图 5-10 所示。TOP50 高频词统计如表 5-15 所示。

图 5-8　江苏地区词云

图 5-9　浙江地区词云

图 5-10　安徽地区词云

表 5-15　TOP50 高频词统计

江苏		浙江		安徽	
词语	频次	词语	频次	词语	频次
不错	64 425	不错	44 036	不错	16 346
值得	32 423	景色	20 685	值得	8 057
景色	31 074	值得	20 416	好玩	4 906
好玩	16 336	地方	16 683	风景	4 776
风景	14 310	好玩	13 644	项目	4 295
推荐	13 165	风景	12 394	门票	3 852
孩子	12 677	感觉	11 963	适合	3 449
门票	12 532	适合	10 374	孩子	3 390

江苏		浙江		安徽	
词语	频次	词语	频次	词语	频次
体验	11 756	推荐	10 147	游玩	2 801
特别	11 711	门票	9 949	推荐	2 799
适合	11 267	体验	9 612	总体	2 751
性价比	11 261	特别	9 149	体验	2 694
喜欢	11 187	孩子	9 091	开心	2 636
有趣	10 222	游玩	8 994	玻璃	2 516
游玩	9 816	喜欢	8 770	环境	2 376
古镇	9 749	性价比	8 512	古镇	2 339
历史	9 598	项目	8 404	刺激	2 299
真的	9 449	真的	8 167	性价比	2 244
园林	8 932	开心	7 895	喜欢	2 232
开心	8 893	总体	7 591	真的	2 136
时间	8 561	古镇	7 463	小时	2 118
环境	8 556	小朋友	7 376	时间	2 037
很大	8 124	小时	6 892	栈道	1 944
项目	8 013	时间	6 650	公园	1 788
表演	7 933	有趣	6 572	有趣	1 781
公园	7 545	西湖	5 717	排队	1 766
动物	7 216	表演	5 607	建议	1 594
特色	7 089	环境	5 523	特色	1 470
小时	7 031	很大	5 400	文化	1 434
服务	6 862	一下	5 080	游客	1 434
温泉	6 486	建议	4 896	索道	1 342
江南	6 204	乐园	4 637	旅游	1 315
文化	6 186	游客	4 587	历史	1 297
建议	6 163	动物	4 293	很大	1 294
小朋友	6 124	特色	4 254	小孩	1 268
游客	6 056	旅游	3 966	朋友	1 259
超赞	6 034	免费	3 954	设施	1 189
免费	5 715	服务	3 920	价格	1 185
晚上	5 654	排队	3 834	建筑	1 182
建筑	5 552	设施	3 833	服务	1 179
博物馆	5 306	工作人员	3 605	爬山	1 173
排队	4 730	历史	3 601	九华山	1 125

续表

江苏		浙江		安徽	
词语	频次	词语	频次	词语	频次
旅游	4 598	天气	3 584	收费	1 117
朋友	4 523	朋友	3 544	免费	1 111
天气	4 462	价格	3 531	取票	1 108
游览	4 032	超赞	3 471	表演	1 087
动物园	4 028	公园	3 462	空气	1 076
价格	3 997	晚上	3 457	瀑布	1 056
小孩	3 983	酒店	3 395	下山	1 053

　　江苏地区、浙江地区和安徽地区的高频词相关度极高,"不错""值得""好玩""风景""门票"均出现在江苏地区、安徽地区和浙江地区排名前十的高词频中。这些词汇都表现出对旅游地点极高的肯定,认为景色不错,性价比高。说明长三角城市群旅游的总体水平很高,具有极大的发展潜力。

　　在分析江苏、浙江和安徽三地旅游景区游客评价中共同的高频词汇时,我们可以更好地了解游客的主要关注点和体验偏好。这些高频词汇揭示了游客在游玩过程中对景区景观、体验价值、家庭友好性以及服务质量的重视。

　　词汇如"不错""风景"频次较高,说明游客对景区的自然风貌和整体观赏性评价较好。景观因素通常是吸引游客的核心要素,而这些词的高频出现表明景区的风光是游客评价中的重要考量。

　　"值得""好玩""体验"等词汇反映了游客对游玩体验的重视,尤其是希望获得物有所值的感受。游客选择景区时,往往期待丰富的游玩体验,而这些词汇的高频出现说明了游客对游玩活动的质量、趣味性和参与性有较高期待。

　　词汇如"孩子""小朋友"频繁出现,表明游客中家庭出游比例较高,并且对儿童友好型设施和活动的关注度很高。对于许多家庭游客而言,是否适合带孩子成为他们选择景区的重要因素。因此,这些词汇的高频出现反映了景区应在儿童游乐项目、设施安全性和家庭互动性方面加大投入,以满足游客的多样化需求。

　　"门票""性价比""价格"等词汇在三地的评价中都频繁出现,说明游客对于景区的收费情况和性价比关注度高。高性价比不仅是吸引游客的重要因素,也决定了游客对景区整体满意度的评价。这些词的高频出现揭示了游客对价格敏感的特征,尤其是在门票、服务和附加消费方面,希望获得较高的性价比体验。

　　词汇如"服务""设施""排队""建议"显示出游客对景区服务体验和

管理水平的重视。排队是较为常见的负面体验，尤其在热门景区，过长的等待时间会影响游客的整体游玩体验。因此，"排队"频次的较高说明部分景区可能存在拥挤问题，而"建议"一词则反映了游客希望提供意见、帮助改进的意愿。通过优化服务流程、提升设施管理水平，景区可以更好地提升游客体验并提高满意度。

江苏、浙江和安徽三地景区中共同高频词汇的分析显示，游客关注的重点集中在景观的观赏性、游玩体验的丰富性、家庭出游的友好性、消费的性价比，以及服务的质量和管理效率方面。景区若能在这些关键方面提升体验，将更能满足游客需求并在市场竞争中脱颖而出。

各地区的特定高频词汇反映了江苏、浙江和安徽三地旅游景区的不同吸引力和游客的独特偏好。以下是对每个地区特定关注点的详细分析。

1）江苏

在江苏地区的高频词汇中，"古镇""园林""温泉""江南"突出，这些词汇反映了江苏的文化特色和自然资源。

古镇和园林：词汇"古镇"和"园林"频次较高，显示出江苏的古典建筑、传统文化和园林景观对游客的吸引力。苏州的园林和江南水乡古镇（如周庄、同里）等景点在全国都具有很高的知名度。游客对这些景区的高度评价说明，江苏的旅游资源主要集中在文化遗产和历史风貌上。

温泉：江苏的温泉旅游资源也受到游客欢迎，特别是寒冷季节，温泉旅游为游客提供了不同于传统观光的休闲体验。温泉的高频次反映出江苏在休闲、养生型旅游上的优势。

江南：作为江南文化的重要代表，江苏在游客心中被赋予了江南水乡的诗意与人文气息，"江南"一词反映了游客对江南风光和生活方式的向往。江苏的景区因其文化底蕴和江南风貌在全国范围内独具特色。

2）浙江

在浙江的高频词汇中，"西湖""乐园""酒店""地方"显示了游客对浙江的自然美景和丰富娱乐设施的喜爱。

西湖：西湖是浙江的标志性景区，吸引了大量游客前来游览。高频出现的"西湖"表明，作为中国著名的自然与文化景观，杭州西湖不仅是一个景点，而且是浙江旅游的核心资源，吸引了大量的国内外游客。西湖的知名度使其成为浙江旅游的"必去之地"。

乐园：浙江的娱乐设施和主题乐园，如杭州的宋城主题公园和宁波的方特东方神话乐园，广受欢迎，吸引了大量家庭游客。高频次的"乐园"说明，游客在浙江不仅关注自然风光，还重视体验型项目。浙江的乐园和主题公园为亲子家庭提供了丰富的选择。

酒店：酒店在高频词中出现，反映出浙江的住宿服务配套完善。浙江拥有许多优质的度假酒店和民宿，尤其是在杭州等地，酒店已成为游客体验的一部分。高质量的住宿环境使游客在游览之余可以享受舒适的休憩体验，提升了整体的出游体验。

地方：与江苏和安徽相比，"地方"一词在浙江的高频次出现，说明游客对浙江的各种景点和城市游览印象深刻。浙江的旅游资源丰富且多元化，游客在评价中不仅提到具体景点，也对浙江的整体印象进行较多反馈。

3）安徽

安徽的特定高频词汇如"玻璃""栈道""九华山""瀑布""下山"展现了安徽的山地风光和宗教文化的独特魅力。

玻璃和栈道：安徽的玻璃栈道项目如黄山的玻璃栈道，成为游客评价中的热门词汇。这类项目具有观赏性和刺激性，深受年轻游客和家庭游客欢迎。玻璃栈道不仅提供了壮丽的视角，也增加了旅行的趣味性和挑战性。

九华山：九华山是安徽著名的佛教名山，具有宗教文化的深厚底蕴。在高频词中，九华山的出现表明其作为宗教旅游目的地的吸引力。九华山不仅吸引了前来朝圣的游客，也吸引了对佛教文化和山水风光感兴趣的普通游客。

瀑布：安徽的山地旅游资源丰富，自然景观中以瀑布、溪流等尤为突出。瀑布在高频词中的出现表明游客对安徽山水景色的喜爱。瀑布景观在游客中形成了鲜明的体验印象，尤其是黄山、天柱山等景区的瀑布观光带来的自然震撼。

下山：这一词汇在安徽的高频词中出现，可能是因为安徽的景区多为山地景区，游客需要经历攀爬和下山的过程。尤其在黄山、九华山等景区，下山往往是游客反馈中的重要部分。这说明安徽的山地景区对游客的体能提出了较高的要求。

从特定高频词汇的分析可以看出，江苏、浙江和安徽三地的旅游吸引力各有侧重。江苏以其江南水乡、古镇和园林闻名，呈现出浓厚的文化底蕴和休闲特色；浙江则以西湖、主题乐园、酒店等自然与人文景观相结合，吸引游客在娱乐与度假中寻找多样化体验；安徽则以山地风光、宗教文化和刺激体验的项目为主打，为游客提供了与自然亲密接触和挑战自我的机会。各地区的差异化旅游资源和景区特色使得它们各具竞争力，有效满足了不同类型游客的需求。

2. 网络语义

ROST CM6.0 是由武汉大学沈阳教授及其团队研发的社会计算平台，可用于文本内容挖掘、聚类分析、语义网络分析、情感分析等。本节利用 ROST CM6.0

内容挖掘系统分别对江苏地区、安徽地区和浙江地区游客评论文本中关键词的语义关联性进行分析。

从图 5-11 江苏地区语义网络图中可以看出，该图展示了江苏地区景区游客评价的语义网络，通过对游客评论中常用关键词及其共现关系的分析，揭示出游客在景区体验中的主要关注点及其相互关联性。网络中心节点如"景区""景点""体验"显示出游客对景区整体形象和体验感受的高度关注，而"值得一游""性价比""环境"等关键词则反映出游客对景区游玩价值和环境质量的重视。此外，语义网络中呈现出多个子主题，譬如文化和历史背景的重要性、服务质量对评价的影响以及适合家庭出游的需求。此外，网络中还包含交通便利性、自然景观、生态环境等因素，说明游客在评价时不仅考量娱乐性和服务质量，也关注生态环境和出行便捷性等要素。该语义网络分析为江苏景区管理者提供了深入理解游客需求的视角，可用于优化管理策略、提升服务水平，从而进一步提高游客满意度和景区的竞争力。

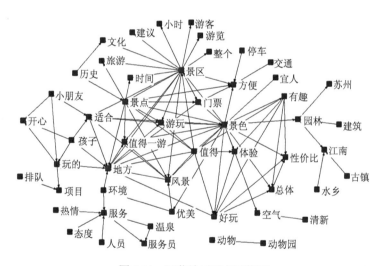

图 5-11　江苏地区语义网络图

图 5-12 展示了浙江地区景区游客评价的语义网络，通过分析游客评论中的关键词及其共现关系，揭示了游客在浙江景区体验中的关注点及其相互关联性。图中以"景区""景色""体验"等核心节点为中心，反映出游客对景区整体形象、景观质量和游览体验的高度关注。此外，游客在评价中对性价比、文化历史底蕴、服务质量、亲子友好性及生态环境等多维度因素表现出显著关注。

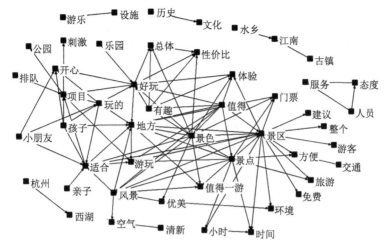

图 5-12　浙江地区语义网络图

网络图中呈现的多个子主题表明，浙江景区在满足游客的文化体验、亲子游乐、自然美景以及便捷交通等方面需求的同时，应进一步优化服务质量，提升生态保护力度，以更好地满足游客对景区环境及设施的期望。该语义网络分析为浙江景区管理者提供了游客需求的深层洞察，能够指导其在服务提升、设施完善、文化推广和生态管理等方面实施有针对性的改进，以提升游客满意度并增强景区的市场竞争力。

图 5-13 展示了安徽地区景区游客评价的语义网络，通过分析游客评论中的关键词及其共现关系，揭示出游客在安徽景区体验中的主要关注点及其相互关联性。

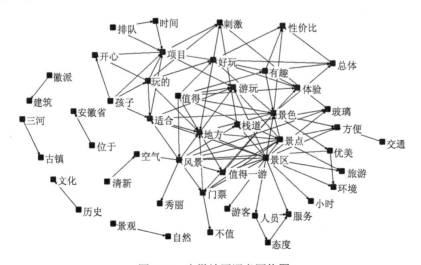

图 5-13　安徽地区语义网络图

图中以"景区""景点""景色"等核心节点为中心，显示出游客对景区整体印象和景观质量的高度关注。此外，游客在评价中对性价比、文化历史、亲子游体验、自然环境及服务质量等多维度因素表现出显著关注。

网络图中的多个子主题揭示了安徽景区在满足游客对文化底蕴、自然风光、亲子娱乐以及便捷交通的需求上具有优势，同时也突显出部分游客对门票价格与游览体验匹配度的期待。该语义网络分析为安徽景区管理者提供了游客需求的深度洞察，可用于指导其在服务优化、设施完善、交通便捷性提升和文化体验丰富化等方面的改进，以提升游客满意度并增强景区的市场竞争力。

3. 基于LDA主题模型的特征分析

文本评论经中文预处理后，借助LDA主题模型对处理后的评论内容进行主题挖掘分析。先确定主题个数并且训练LDA模型，然后借助LDA主题模型对旅游评论进行主题挖掘。景区的主题强度得分越高，表示涉及的相关词汇越多，即游客对景区的关注度越大。本节将每条用户评论视为一个文档，对LDA建模需要的潜在主题数量进行预设，通过反复实验最终确定当主题数设定为6时，LDA主题挖掘一致性最大，最终得到LDA主题及主题词概率如表5-16～表5-18所示。

表5-16 江苏地区LDA模型

主题	主题词概率									
1	0.101	0.090	0.039	0.036	0.034	0.029	0.022	0.021	0.021	0.014
	不错	景色	好玩	性价比	古街	可以	体验	超赞	有趣	总体
2	0.037	0.030	0.016	0.012	0.011	0.009	0.009	0.009	0.008	0.007
	非常	金山寺	值得一看	历史	博物馆	大明寺	文化	寺庙	何园	太湖
3	0.021	0.020	0.019	0.017	0.016	0.014	0.013	0.012	0.010	0.009
	方便	适合	游玩	开心	喜欢	下次	小朋友	孩子	无锡	取票
4	0.022	0.018	0.013	0.012	0.010	0.010	0.009	0.009	0.009	0.009
	园林	古镇	讲解	麋鹿	樱花	江南	老街	好去处	导游	坐船
5	0.040	0.025	0.019	0.014	0.009	0.009	0.009	0.008	0.008	0.008
	瘦西湖	北固山	焦山	金山	入园	游览	打卡	20	北固楼	甘露寺
6	0.063	0.046	0.039	0.038	0.034	0.033	0.026	0.020	0.018	0.017
	值得	镇江	津渡	不错	风景	扬州	一去	个园	一游	推荐

表 5-17　浙江地区 LDA 模型

主题	主题词概率									
1	0.029	0.019	0.018	0.011	0.010	0.009	0.008	0.007	0.007	0.006
	古镇	西塘	乌篷船	乌镇	夜景	富春江	游船	严子陵	东湖	美食
2	0.023	0.013	0.013	0.011	0.011	0.010	0.009	0.008	0.008	0.008
	西湖	湿地	值得一看	公园	渔村	美景	沙滩	千岛湖	天一阁	西溪
3	0.033	0.021	0.019	0.016	0.015	0.014	0.008	0.008	0.007	0.006
	一去	值得	门票	方便	一游	10	免费	20	取票	朱家尖
4	0.018	0.012	0.009	0.009	0.008	0.008	0.007	0.007	0.007	0.006
	可以	表演	排队	宋城	好看	地方	比较	夏天	一下	演出
5	0.074	0.054	0.052	0.039	0.034	0.033	0.032	0.030	0.023	0.018
	不错	景色	好玩	值得	性价比	有趣	总体	超赞	体验	小朋友
6	0.046	0.012	0.011	0.010	0.009	0.008	0.008	0.007	0.007	0.006
	坐船	漂流	溶洞	门票	柯岩	鲁镇	一般般	这个	导游	游玩

表 5-18　安徽地区 LDA 模型

主题	主题词概率									
1	0.033	0.023	0.021	0.010	0.010	0.010	0.009	0.008	0.007	0.007
	栈道	玻璃	索道	彩虹	明堂	公园	缆车	门票	九华	上山
2	0.020	0.012	0.011	0.010	0.010	0.010	0.010	0.008	0.008	0.008
	喜欢	没有	挺好玩	项目	山上	好看	下山	出游	还行	导游
3	0.114	0.070	0.041	0.031	0.025	0.025	0.021	0.018	0.016	0.016
	不错	景色	好玩	风景	可以	性价比	非常	开心	体验	有趣
4	0.073	0.028	0.025	0.020	0.019	0.018	0.016	0.013	0.010	0.010
	值得	一去	九华山	瀑布	一游	推荐	天柱山	风景	琅琊山	特色
5	0.033	0.022	0.019	0.012	0.010	0.009	0.009	0.008	0.008	0.008
	方便	环境	取票	合肥	订票	便宜	不值	周末	服务	购票
6	0.027	0.025	0.018	0.015	0.013	0.011	0.010	0.010	0.009	0.007
	超赞	总体	古镇	空气清新	很漂亮	爬山	20	游客	巨石	三河

　　由表 5-16 江苏地区 LDA 模型可以整理出三个主题：文化古迹旅游、园林古镇旅游、亲子游园旅游。由表 5-16 可知，游客对于江苏地区的文化古迹感知最强，古镇老街感知次之，对亲子动物乐园感知最弱。可以看出游客在江苏地区旅游更希望体会历史和古镇的氛围。

　　浙江地区 LDA 模型可以预设为古镇旅游、自然旅游和乐园旅游三个类型。对浙江地区 LDA 模型中各潜在主题分析如下。

第一，"坐船""乌篷船""游船""漂流"有较高概率出现，可以看出浙江地区旅游与水的关联性极强。因此，浙江地区旅游景区可以结合实际旅游资源，将水资源与旅游项目相结合，吸引更多游客。

第二，"门票""取票""排队"等词的出现概率较大，说明游客对旅游排队入园的管理服务较为重视，景区需要提升入园服务。

第三，"宋城""演出""小朋友"等词体现儿童已成旅游项目的主力军，景区应加强对儿童游客的关注度，提升儿童游客的体验感。

安徽地区 LDA 模型可以预设为登山旅游和古镇旅游两类，对 LDA 主题模型中各潜在主题分析如下。

第一，安徽地区山区较多，"九华山""天柱山""琅琊山"都是非常受欢迎的旅游景区。"栈道""索道""缆车""上山""下山"体现出山地旅游开发较发达，风景优美。

第二，"门票""取票""购票""服务""订票""方便"体现消费者对购票服务的关注度最高，景区需要对购票服务提供更多便利。

第三，"喜欢""好看""开心""有趣"说明游客对景区总体评价较高。但也有游客提出认为"还行""不值"，说明景区部分地区仍然有待加强。

4. 用户评论情感倾向分析

情感分析指的是对新闻报道、商品评论、电影影评等文本信息进行观点提取、主题分析、情感挖掘。情感分析常用于对某一篇新闻报道积极消极分析、淘宝商品评论情感打分、股评情感分析、电影评论情感挖掘。本节使用基于 BosonNLP 情感词典对文本进行情感词匹配，汇总情感词进行评分，得到文本的情感倾向，最终得到游客情感得分，得分越高表明游客态度越积极，游客对旅游景点好感度越高，经过 Python 计算得到江苏地区、浙江地区和安徽地区所有评论文本的情感倾向总体为正向评价，如表 5-19 所示。

表 5-19　旅游情绪类型统计

省份	情绪类型	数量/个	占比
江苏	积极情绪	177 355	94.473 445 9%
	消极情绪	10 375	5.526 554 1%
浙江	积极情绪	136 012	92.455 985 3%
	消极情绪	11 098	8.159 574 2%
安徽	积极情绪	50 392	89.876 578 4%
	消极情绪	5 676	11.263 692 6%

从表 5-19 可以看出，三个地区游客总体满意度很高，江苏地区游客认可度最高，积极情绪占比达到 94.5%左右，浙江地区游客积极情绪占比达到 92.5%左右，安徽地区游客积极情绪占比达到 89.9%左右。总之旅游参与者对长三角地区旅游体验是愉快和满意的，但是安徽地区旅游服务质量仍需提升。

通过对比长三角城市群江苏地区、浙江地区和安徽地区年旅游收入、旅游人次和人均旅游消费可以发现，游客情感评分对旅游发展有一定促进作用，如图 5-14 所示。

由表 5-20 长三角城市群游客情感评分与旅游发展和图 5-14 可以看出，安徽地区游客情感评分低于江苏地区与浙江地区，江苏地区与浙江地区好感度大致相同，江苏地区略高于浙江地区。将游客情感评分与人均旅游消费进行对比，可以发现江苏地区人均旅游消费整体略高于浙江地区，远高于安徽地区，由此可以认为，消费者游客情感评分越高，好感度越高，在当地的旅游消费也越高。

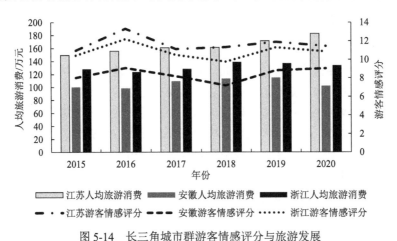

图 5-14 长三角城市群游客情感评分与旅游发展

表 5-20 长三角城市群游客情感评分与旅游发展

省份	年份	游客情感评分	旅游收入/亿元	旅游人次/万人次	人均旅游消费/万元
江苏	2015	10.96	7 757.071 2	51 902.911	149.453
	2016	13.30	8 792.953 6	56 473.625	155.700
	2017	11.13	9 910.515 0	61 539.360	161.044
	2018	11.33	10 824.393 2	67 010.970	161.532
	2019	11.88	12 279.800 8	71 629.058	171.436
	2020	11.44	7 545.486 6	41 307.740	182.665
安徽	2015	8.03	2 769.844 8	27 668.813	100.107
	2016	9.09	3 219.398 1	32 686.226	98.494

续表

省份	年份	游客情感评分	旅游收入/亿元	旅游人次/万人次	人均旅游消费/万元
安徽	2017	8.20	4 241.752 2	38 803.520	109.314
	2018	7.19	5 052.749 4	44 552.300	113.412
	2019	8.83	5 807.312 9	50 562.660	114.854
	2020	9.05	2 919.089 0	28 621.700	101.989
浙江	2015	10.43	7 635.212 4	59 548.283	128.219
	2016	12.20	8 775.159 1	70 912.102	123.747
	2017	10.50	10 674.604 1	83 195.087	128.308
	2018	9.76	13 101.716 7	94 209.342	139.070
	2019	11.30	14 501.238 3	105 769.080	137.103
	2020	10.86	12 927.892 2	96 653.130	133.756

5.4.4 结论与建议

基于文本挖掘,从词频分析看,长三角地区的江苏、浙江和安徽高频词相关度高,然而由于各自的旅游资源不同,其关注点也有差异。从网络语义看,三个地区分度差异性较大,旅游消费者的总体感受有差别。从 LDA 主题模型的特征分析看,江苏地区 LDA 模型可以整理出三个主题:文化古迹旅游、园林古镇旅游、亲子游园旅游。浙江地区 LDA 模型可以预设为古镇旅游、自然旅游和乐园旅游三个类型。安徽地区 LDA 模型可以预设为登山旅游和古镇旅游两类。从用户评论情感倾向分析看,三个地区游客总体满意度很高,江苏地区游客认可度最高,积极情绪占比达到 94.5%左右,浙江地区游客积极情绪占比达到 92.5%左右,安徽地区游客积极情绪占比达到 89.9%左右。总之旅游参与者对长三角地区旅游体验是愉快和满意的,可以继续在以下三个方面不断提升。

1. 提升景区管理服务水平

对于人数较多的景区,景区服务管理部门应注意取票困难、入园不方便等问题。在游客评价中,入园不方便、景区排队人多混乱已经成为最严重的问题,排队体验感不好直接影响游客体验。为了提升游客景区游览体验感,应从游客取票排队入园开始就加强服务管理,注意游客秩序。

2. 结合地区旅游资源,发挥旅游优势

长三角城市群旅游资源互补性强,江苏地区古镇和园林旅游资源发达,特别是苏州地区,因园林和古镇保护较好,宣传工作到位,吸引了众多游客,江苏地区城市可以大力发展古镇和园林旅游资源,推广古镇历史文化宣传,吸引消费者。浙江地区湿地公园、溶洞漂流资源丰富,景区可以大力推广漂流、游船等旅游项目。安徽地区山地旅游资源较多,可以大力推广登山类生态旅游产品。

3. 坚持以游客为中心的理念

游客情感态度的提高可以促进当地旅游行业的高质量发展,通过采集游客对景区在线评论内容并分析其关注点、情感态度进而提出对策建议是理论落地的有效选择。对于景区而言,应将实时采集游客评论、科学分析并合理采纳建议、最终进行有效改进纳入景区日常工作范围,这对推动旅游业发展、满足游客需求有着重要的价值与意义。

5.5　本　章　小　结

本章基于反映我国旅游消费实际情况的 1617 份调查问卷进行相关分析,首先基于 Apriori 算法对消费者特征与旅游消费认可度、旅游消费动机和消费偏好、旅游消费问题认知和问题偏好解决进行关联规则数据挖掘,得出了以下结论。①对于旅游新技术、旅游新产业、旅游新模式、旅游新经营以及旅游新制度,不同特征的消费者的认可度存在差异。②我国旅游消费者选择消费的动机大多是缓解生活压力,放松自己以及锻炼身体,促进身体健康,并且他们更倾向于选择去自然风景区。③消费者认为目前旅游主要存在旅游活动内容缺乏新意、旅游产品价格太贵、旅游活动场所较少和旅游产品宣传不到位等问题,同时他们认为改善相关问题,需要将开发与保护并重,发展可持续旅游,将会促进旅游消费。

其次,本章基于多重对应分析对中国旅游消费者市场进行细分研究,从年龄、性别、月收入水平、户籍等维度进行划分,分析了消费者对于旅游目的地的偏好,得出如下结论:年轻群体更倾向于选择游乐园、主题公园以及购物游的旅游方式,而中年群体则更多地选择自然风景区和人文景点的旅游目的地;性别与户籍对消费群体的旅游选择影响很小;月收入水平在一定程度上决定了旅游消费支出水平。我们应该根据不同消费群体的特征推出相应的旅游模式。

再次,基于结合分析法对旅游产品选择偏好的影响因素进行分析,将旅游产品根据它的重要性划分为八个属性,并划定其属性水平,通过衡量不同属性,游客可以选出最适合自己的旅游产品类型,从而可以分析出旅游产品属性中的关键因素。结果显示,旅游产品的类型、旅游方式、线路游玩项目、导游素养、产品热度、价格、旅游天数、旅行社口碑等会在很大程度上影响消费者的选择。应着重从以上因素进行考虑,提升消费者的旅游满足感和体验感。

最后,基于文本挖掘的旅游消费者舆情分析与满意度研究,得出如下结论:

从词频分析看，长三角地区的江苏、浙江和安徽高频词相关度高，然而由于各自的旅游资源不同，其关注点也有差异。从网络语义看三个地区分度差异性较大，旅游消费者的总体感受有差别。从 LDA 主题模型的特征分析看，江苏地区 LDA 模型可以整理出三个主题：文化古迹旅游、园林古镇旅游、亲子游园旅游。浙江地区 LDA 模型可以预设为古镇旅游、自然旅游和乐园旅游三个类型。安徽地区 LDA 模型可以预设为登山旅游和古镇旅游两类。从用户评论情感倾向分析看，三个地区游客总体满意度很高，江苏地区游客认可度最高，积极情绪占比达到 94.5% 左右，浙江地区游客积极情绪占比达到 92.5% 左右，安徽地区游客积极情绪占比达到 89.9% 左右。总之旅游参与者对长三角地区旅游体验是愉快和满意的。

第6章　中国旅游经济高质量发展的供给侧结构性改革动力系统动态仿真研究

本章在中国旅游经济高质量发展供给侧结构性改革动力的实证分析基础上，根据旅游供给侧结构性改革动力的影响因素分析，运用系统动力学模型，从旅游供给子系统、旅游 R&D 与人才子系统、旅游资源与环境子系统、旅游制度与管理子系统、旅游需求子系统五个子系统方面，建立中国旅游经济高质量发展的供给侧结构性改革动力系统动态仿真模型。根据旅游业数据对中国旅游经济高质量发展进行系统分析并绘制流图，同时进行有效性检验，测度并模拟中国旅游经济高质量发展的未来趋势。

6.1　系统动力学模型的基本原理

系统动力学由福里斯特（Forrester）提出，首先运用在工业管理企业生产和存货领域，之后才逐渐应用到其他领域中。系统动力学基于系统科学理论，是一种学习与政策分析工具，旨在探究系统内部的各项模块的反馈结构以及动态关系。

系统动力学能够解释由系统内部各要素间的反馈作用机制所决定的系统行为模式，包括流、积量、率量、辅助变量四种变量，其是一组环环相扣的行动规则，最终形成流程网络。流可以表示为旅游订单流、资金流等；积量可表示为存货水平、旅游从业人数等；率量则表示一种积量，表示单位时间内的变化速率；辅助变量表示中间过程、参数值、测试函数三种含义。系统动力学的建模过程是一个由粗到精，由浅入深地将思维模型转化为数学模型和计算机模型的过程。在这个转化过程中，系统动力学有一整套有助于模型逐步量化的方法：方框图法、因果关系图法、流图法和图解分析法等。

6.2　系统动力学模型的构建

6.2.1　中国旅游经济高质量发展的供给侧结构性改革动力系统分析

中国旅游经济高质量发展的供给侧结构性改革动力系统是一个动态、复杂的旅游经济生态系统。以系统动力学为基础，以我国旅游业为研究对象，通过构建包含旅游供给子系统、旅游 R&D 与人才子系统、旅游资源与环境子系统、旅游制度与管理子系统、旅游需求子系统五个子系统的中国旅游经济高质量发展的供给侧结构性改革动力系统，模拟供给侧结构性改革动力变动下中国旅游经济高质量发展的情况。旅游供给子系统、旅游 R&D 与人才子系统、旅游资源与环境子系统、旅游制度与管理子系统作为四大转型驱动力系统，影响着居民的旅游需求以及居民的幸福指数，进而影响我国旅游经济的发展。因此，需要加强旅游供给，强化与培养旅游 R&D 与人才、加强旅游资源与环境资源保护、保障旅游制度与管理，以期促进中国旅游经济高质量发展。

1. 旅游供给子系统

旅游供给子系统作为旅游经济发展的核心，其中旅游的供给包括政府与企业。随着经济的发展，旅游业逐渐成为我国经济发展的支柱型产业。旅游供给动力系统以固定资产投资与财政支出为主要力量。首先，通过固定资产投资对旅游业进行投资，诸如旅行社、在线旅游平台、星级酒店等产业；其次，对财政支出中交通基础设施进行支持，方便居民出行旅游；再次，影响旅游供给便利指数或减少游客数量；最后，通过增加旅游总收入来增加我国的 GDP 总量。旅游供给动力子系统因果关系具体如图 6-1 所示。

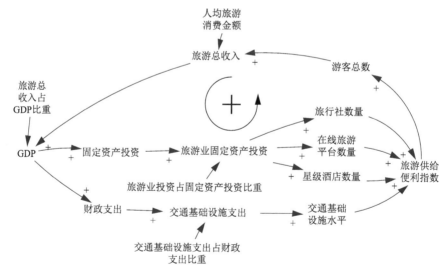

图 6-1　旅游供给动力子系统因果关系图

+表示正向循环

2. 旅游 R&D 与人才子系统

旅游 R&D 与人才子系统是旅游业发展的重要推动力量，旅游科技的创新是旅游经济高质量发展的强劲动力，也是我国经济发展的助推器。旅游人才的培养有利于我国人才强国战略的推进，更有利于我国旅游业新鲜血液的补充以及旅游业的可持续发展。其中 R&D 支出分别由固定资产投资和财政支出组成，而旅游人才则主要由高校来培养，最终提高我国旅游服务的质量，使得游客拥有更好的旅游体验，进而增加旅游业收入以及我国 GDP。旅游 R&D 与人才子系统因果关系具体如图 6-2 所示。

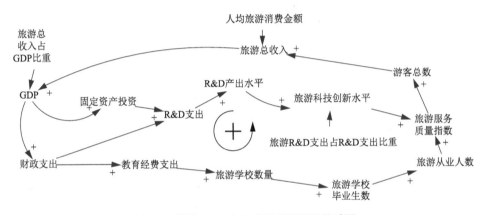

图 6-2　旅游 R&D 与人才子系统因果关系图

3. 旅游资源与环境子系统

旅游资源与环境子系统作为基本因素影响我国旅游经济高质量发展。旅游资源与环境主要受到财政支出中的政府旅游基础设施建设支出、林业支出、环境治理支出的影响，政府旅游基础设施建设支出会影响 A 级景区数量，林业支出会影响林区面积，环境治理支出会影响污染处理数，三者共同对旅游环境质量指数产生影响。资源与环境的改善更能促进旅游景区环境的改善，吸引更多的游客，增加旅游业收入，促进旅游经济高质量发展。旅游资源与环境子系统因果关系具体如图 6-3 所示。

4. 旅游制度与管理子系统

旅游制度与管理子系统是从政府层面角度影响旅游产业发展的子系统。财政支出中包含公共安全支出、旅游制度与管理支出，公共安全支出会影响旅游案件存量，进而会影响游客总数，最终旅游总收入也因此改变，形成正反馈。旅游制度与管理子系统因果关系具体如图 6-4 所示。

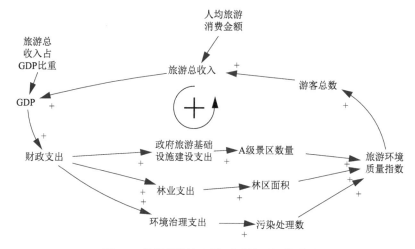

图 6-3　旅游资源与环境子系统因果关系图

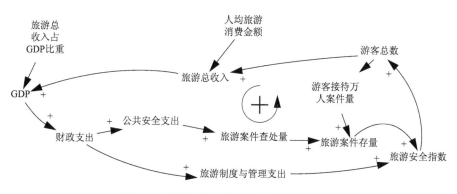

图 6-4　旅游制度与管理子系统因果关系图

5. 旅游需求子系统

旅游需求子系统是影响我国旅游经济高质量发展的根本因素。张俊和程励 (2019) 指出，在旅游业系统中，居民的旅游需求与居民的幸福期望是相同的，居民旅游偏好会受到经济、环境、安全的影响，居民的安全感、舒适的生活环境、旅游基础设施的建设都会影响居民旅游偏好指数。我国居民旅游消费影响旅游需求，居民旅游偏好指数受到居民消费价格指数的影响，因此需要重视旅游需求，进而促进我国游客总数以及旅游总收入的增加。居民收入的改善，有利于提高旅游参与度，以期促进我国旅游业发展。旅游需求子系统因果关系具体如图 6-5 所示。

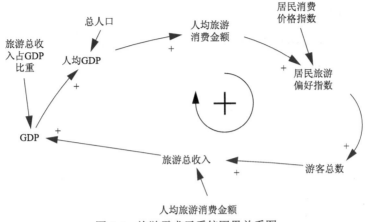

图 6-5　旅游需求子系统因果关系图

6.2.2　中国旅游经济高质量发展的供给侧结构性改革动力系统因果关系图

构建中国旅游经济高质量发展的供给侧结构性改革动力系统因果关系图有利于建立旅游业系统仿真模型。具体而言，可结合五大子系统的指标，建立因素之间的关系，运用 Vensim 软件构建出中国旅游经济高质量发展的供给侧结构性改革动力系统因果关系图，并列出各大系统流动指向（图 6-6）。

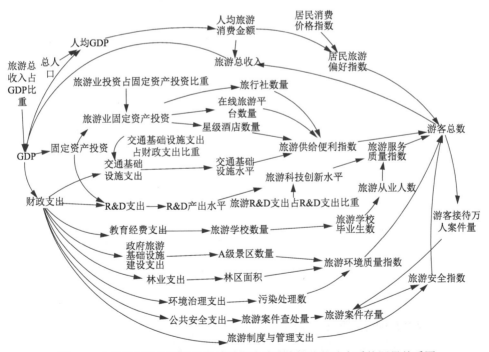

图 6-6　中国旅游经济高质量发展的供给侧结构性改革动力系统因果关系图

各大系统流动指向如下所述。

（1）GDP→人均 GDP→人均旅游消费金额→居民旅游偏好指数→游客总数→旅游总收入→GDP。

（2）GDP→固定资产投资→旅游业固定资产投资旅行社数量→旅游供给便利指数→游客总数→旅游总收入→GDP。

（3）GDP→固定资产投资→旅游业固定资产投资在线旅游平台数量→旅游供给便利指数→游客总数→旅游总收入→GDP。

（4）GDP→固定资产投资→旅游业固定资产投资星级酒店数量→旅游供给便利指数→游客总数→旅游总收入→GDP。

（5）GDP→财政支出→R&D 支出→R&D 产出水平→旅游科技创新水平→旅游服务质量指数→游客总数→旅游总收入→GDP。

（6）GDP→财政支出→交通基础设施支出→交通基础设施水平→旅游供给便利指数→游客总数→旅游总收入→GDP。

（7）GDP→财政支出→教育经费支出→旅游学校数量→旅游学校毕业生数→旅游从业人数→旅游服务质量指数→游客总数→旅游总收入→GDP。

（8）GDP→财政支出→政府旅游基础设施建设支出→A 级景区数量→旅游环境质量指数→游客总数→旅游总收入→GDP。

（9）GDP→财政支出→林业支出→林区面积→旅游环境质量指数→游客总数→旅游总收入→GDP。

（10）GDP→财政支出→环境治理支出→污染处理数→旅游环境质量指数→游客总数→旅游总收入→GDP。

（11）GDP→财政支出→公共安全支出→旅游案件查处量→旅游案件存量→旅游安全指数→游客总数→旅游总收入→GDP。

（12）GDP→财政支出→旅游制度与管理支出→旅游安全指数→游客总数→旅游总收入→GDP。

6.3 中国旅游经济高质量发展的供给侧结构性改革动力系统动力学流图构建

6.3.1 系统流图模型的构建

综合分析中国旅游经济高质量发展的供给侧结构性改革动力可持续发展系

统,在五个子系统之间的因果关系上,利用回归模型以及表函数等方法,建立变量之间的关系,运用 Vensim 软件构建中国旅游经济高质量发展的供给侧结构性改革动力系统动力学流图,如图 6-7 所示。整个旅游业系统模型中包含了 50 个变量,其中有 8 个累计变量、8 个速率变量、34 个辅助变量。

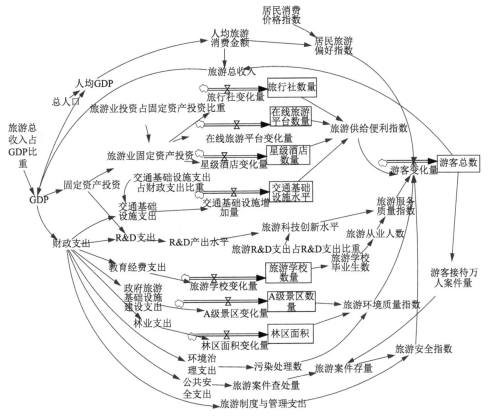

图 6-7　中国旅游经济高质量发展的供给侧结构性改革动力系统动力学流图

模型包含的累计变量如表 6-1 所示。

表 6-1　累计变量汇总

变量名称	单位	变量名称	单位
旅行社数量	万人	星级酒店数量	个
在线旅游平台数量	个	交通基础设施水平	个
游客总数	亿人次	旅游学校数量	个
A 级景区数量	个	林区面积	平方公里

模型包含的速率变量如表 6-2 所示。

表 6-2　速率变量汇总

变量名称	单位	变量名称	单位
旅行社变化量	个/年	星级酒店变化量	个/年
在线旅游平台变化量	个/年	交通基础设施增加量	个/年
游客变化量	百万人次/年	旅游学校变化量	个/年
A 级景区变化量	个/年	林区面积变化量	平方公里/年

模型包含的辅助变量如表 6-3 所示。

表 6-3　辅助变量汇总

变量名称	单位	变量名称	单位
人均 GDP	万元/人	固定资产投资	亿元
GDP	万亿元	旅游业固定资产投资	亿元
总人口	人	旅游业投资占固定资产投资比重	
旅游总收入	亿元	R&D 支出	亿元
旅游总收入占 GDP 比重		交通基础设施支出	
旅游 R&D 支出占 R&D 支出比重		交通基础设施支出占财政支出比重	
旅游从业人数	人	教育经费支出	亿元
财政支出	亿元	政府旅游基础设施建设支出	亿元
环境治理支出	亿元	旅游制度与管理支出	亿元
林业支出	亿元	旅游服务质量指数	
旅游学校毕业生数	万人	旅游案件查处量	件
公共安全支出	亿元	旅游供给便利指数	
旅游科技创新水平		旅游安全指数	
旅游环境质量指数		旅游案件存量	件
游客接待万人案件量	件	居民消费指数	
污染处理数	个	居民旅游偏好指数	
人均旅游消费金额	元/人	R&D 支出	

6.3.2　主要变量与方程的建立

本章在采集 2008～2021 年的《中国旅游统计年鉴》、《中国统计年鉴》、《中国环境统计年鉴》、中国经济与社会发展统计数据库的相关数据的基础上，运用线性回归等方法，建立方程，应用 Vensim PLE 软件进行仿真模拟分析。其中各变量关系及主要方程建立如下。

（1）GDP＝旅游总收入/旅游总收入占 GDP 比重。

（2）人均 GDP＝GDP/总人口。

（3）人均旅游消费金额＝186.42＋0.22×人均 GDP。通过回归分析得到人均 GDP 的影响系数为 0.22，186.42 为常数项。

（4）居民消费价格指数＝ WITH　LOOKUP (Time, ([(2006,1)-(2030,1.05)],

(2006,1.018),(2007,1.057),(2008,1.044),(2009,1.012),(2010,1.032),(2011,1.050),

(2012,1.026),(2013,1.024),(2014,1.018),(2015,1.018),(2016,1.017),(2017,1.016),(2018,

1.015),(2019,1.014),(2020,1.013),(2021,1.012),(2022,1.012),(2023,1.011),(2024,1.009),

(2025,1.009),(2026,1.008),(2027,1.007),(2028,1.006),(2029,1.005),(2030,1.004)))

（5）居民旅游偏好指数＝居民消费价格指数×0.5＋人均消费金额×0.5。

（6）游客变化量＝旅游供给便利指数×0.35＋旅游服务质量指数×0.25＋居民旅游偏好指数×0.18＋旅游环境质量指数×0.12＋旅游安全指数×0.10。

（7）游客总数＝INTEG（游客变化数量，1712），其中 1712 百万人次为 2008 年的游客总数，作为该累积量的初始值。

（8）旅游总收入＝人均旅游消费金额×游客总数。

（9）固定资产投资＝INTEG（固定资产投资，172 828），其中 172 828 为 2008 年的固定资产投资，作为该累积量的初始值。

（10）旅游业固定资产投资＝固定资产投资×旅游业投资占固定资产投资比重。

（11）旅游业投资占固定资产投资比重＝0.3。

（12）旅行社变化量＝40＋0.2ln（旅游业资本投入）。

（13）旅行社数量＝INTEG（旅行社变化量，20 110）。其中 20 110 为 2008 年的旅行社数量，作为该累积量的初始值。

（14）在线旅游平台变化量＝2＋0.1ln（旅游业固定资产投资）。

（15）在线旅游平台数量＝INTEG（在线旅游平台变化量，20)，其中 20 为 2008 年的在线旅游平台数量，作为该累积量的初始值。

（16）星级酒店变化量＝40＋0.2ln（旅游业固定资产投资）。

（17）星级酒店数量＝INTEG（星级酒店变化量，14 009），其中 14 009 为 2008 年的星级酒店数量，作为该累积量的初始值。

（18）财政支出＝GDP×0.18，其中 0.18 为对历年财政支出占 GDP 比重取的算术平均值。

（19）交通基础设施支出＝财政支出×0.055，其中 0.055 为对历年交通基础设施投资占 GDP 的财政支出的平均值。

（20）旅游供给便利指数＝星级酒店数量＋旅行社数量＋在线旅游平台数量。

（21）R&D 支出＝固定资产投资×0.2＋财政支出×0.1%。

（22）旅游 R&D 支出占 R&D 支出比重=0.25。

（23）旅游服务质量指数=旅游学校毕业生人数／旅游从业人数。

（24）教育经费支出=财政支出×0.14。据相关政策支出教育支出占财政总支出比重不低于 14%。

（25）旅游学校数量=INTEG（旅游学校变化量，1195），其中 1195 为 2000 年的旅游学校数量，作为该累积量的初始值。

（26）旅游学校毕业生人数=旅游学校数量×40，其中 40 为每年旅游学校数量毕业人数的均值（万人）。

（27）旅游从业人数=旅游学校毕业生人数×0.5，其中 0.5 为旅游学校毕业生人数从事旅游相关职业比重。

（28）政府旅游基础设施建设支出=财政支出×0.26

（29）A 级景区数量=INTEG（A 级景区变化量，3900），其中 3900 为 2008 年的 A 级景区数量总数，作为该累积量的初始值。

（30）林业支出=财政支出×0.1%，其中 0.1%为对林业支出占财政支出比重的平均值。

（31）林区面积= INTEG（林区面积增加量，26 543），其中 26 543 为 2000 年的林区面积总数，作为该累积量的初始值。

（32）旅游环境质量指数=A 级景区数量×0.6+林区面积×0.3+污染处理数×0.1。

（33）环境治理支出=财政支出×2.3%，其中 2.3%为历年环境治理支出占财政支出比重的平均值。

（34）公共安全支出=财政支出×6.10%，其中 6.10%为历年公共安全支出占财政支出比重的平均值。

（35）旅游案件存量=游客接待万人案件量−旅游案件查处量。

（36）游客接待万人案件量=游客总数×0.002%，其中 0.002%为对历年游客接待万人案件量选取平均值。

（37）旅游制度与管理支出=财政支出×0.13%，其中 0.13%为历年旅游制度与管理支出占财政支出的算术平均比例。

（38）SAVEPER=TIMESTEP。

（39）TIMESTEP=1。

6.4 模型模拟分析

6.4.1 有效性检验

为确保系统动力学模型具有有效性，需要检验所构建的系统动力学模型与实际数据一致性，以验证所构建的中国旅游经济高质量发展的供给侧结构性改革动力系统模型是否有效。本章选取 2008～2021 年的游客总数、旅游总收入、GDP 三个指标对中国旅游业系统动力学模型进行真实性检验，如表 6-4 所示。通过比照显示，2008～2021 年，游客总数、旅游总收入、GDP 三个指标的系统仿真的数值与实际数值的误差在–10%～10%，仅在 2020 年由于新冠疫情原因超过 75%，其他都在合理范围内，说明模拟程度较好。

表 6-4　2008～2021 年仿真值与实际值对照表

年份	游客总数			旅游总收入			GDP		
	仿真值/亿人次	实际值/亿人次	误差	仿真值/万亿元	实际值/万亿元	误差	仿真值/万亿元	实际值/万亿元	误差
2008	17.04	17.12	−0.47%	1.13	1.14	−0.88%	31.95	31.92	0.09%
2009	18.99	19.02	−0.16%	1.24	1.26	−1.59%	34.45	34.85	−1.15%
2010	21.14	21.03	0.52%	1.58	1.57	0.64%	42.01	41.21	1.94%
2011	26.21	26.41	−0.76%	1.91	1.93	−1.04%	48.97	48.79	0.37%
2012	29.23	29.57	−1.15%	2.25	2.27	−0.88%	53.56	53.86	−0.56%
2013	33.01	32.62	1.20%	2.74	2.63	4.18%	59.12	59.30	−0.30%
2014	36.01	36.11	−0.28%	3.08	3.03	1.65%	64.56	64.36	0.31%
2015	38.93	40.00	−2.68%	3.55	3.42	3.80%	67.89	68.89	−1.45%
2016	44.10	44.40	−0.68%	3.81	3.94	−3.30%	74.67	74.64	0.04%
2017	50.20	50.01	0.38%	4.76	4.57	4.16%	82.67	83.2	−0.64%
2018	56.39	55.39	1.81%	5.21	5.13	1.56%	92.93	91.93	1.09%
2019	61.37	60.06	2.18%	5.69	5.73	−0.70%	98.91	99.09	−0.18%
2020	48.76	28.79	69.36%	3.91	2.23	75.34%	103.20	101.6	1.57%
2021	34.36	32.46	5.85%	3.12	2.92	6.85%	116.30	114.37	1.69%

6.4.2　仿真结果与分析

1. 旅游供给子系统

旅游供给子系统的仿真结果如图 6-8 所示。从图中可以看出，在线旅游平台在互联网的发展基础上从无到有、从有到发展迅速，互联网、物联网的快速发展，以及固定资产的投资，使得其快速增长，到 2030 年模拟仿真值达到 843 个；在旅行社方面，在全域旅游的发展依托下，旅行社吸引了大量投资，其数量迅速增加，虽然因为疫情在 2020 年至 2024 年会有不同程度的起伏，但趋势是增加的；在星级酒店方面，在经济发展下，其数量在总体下降，说明我国旅游业住宿餐饮不单单靠酒店，也有其他行业出现，如自驾游、民宿等原因，对星级酒店行业产生了影响。

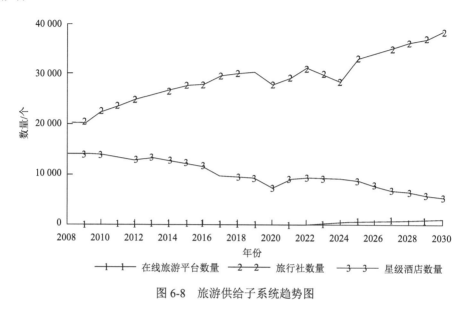

图 6-8　旅游供给子系统趋势图

2. 旅游 R&D 与人才子系统

旅游 R&D 与人才子系统仿真结果如图 6-9 所示。由图可知，虽然从 2008～2011 年，旅游从业人数存在小幅下降，说明 2008 年的非典影响了高校旅游专业相关毕业生的就业。在 2012～2030 年，旅游从业人数整体趋势是增长，但是在 2019～2020 年由于新冠疫情的影响，旅游从业人数大幅下降，但是在 2020～2022 年由于新冠疫情的控制以及经济的慢慢复苏，以及在教育强国的背景下，我国财政支出在教育支出占很大比重，促进了旅游专业相关院校对于旅游人才的培养，极大地增加了我国旅游从业人数，以及推进了我国旅游人才素质和旅游服务质量的提高。在旅游科技创新方面，我国旅游科技创新水平一直迅速发展，科技创新驱动着经济的发展，在财政大量支持下，我国 R&D 投入大幅增加，我国旅游科技创新水平也大幅提高，近几年出现的 VR 智慧景区、语音讲解景区、网上订票等智慧旅游功能，方便游客出行、住宿、观光，有利于旅游供给侧结构性改革。

3. 旅游资源与环境子系统

旅游资源与环境子系统仿真结果如图 6-10 所示。由图可知，随着政府对资源与环境支出的投入，以及对资源与环境保护的加强，我国的 A 级景区数量在

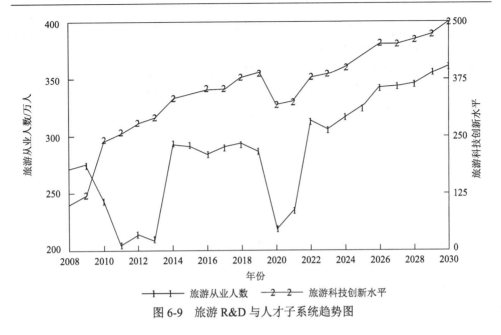

图 6-9 旅游 R&D 与人才子系统趋势图

2008～2018 年总体增加，虽然受到新冠疫情的影响，但并未减缓 A 级景区数量的增加，在未来发展中，A 级景区数量增速明显，到 2030 年将增加至 13 600 个。政府对环境治理支出的逐渐增加，说明政府对环境治理的重视，游客可以呼吸新鲜空气，观光旅游，并且从拟合结果可知，环境治理支出 2030 年达到 13 301 亿元。

4. 旅游制度与管理子系统

旅游制度与管理子系统仿真结果如图 6-11 所示。旅游制度与管理的拟合情况由图可知，政府旅游制度与管理支出总体增加，虽然在 2020 年受新冠疫情的影响，

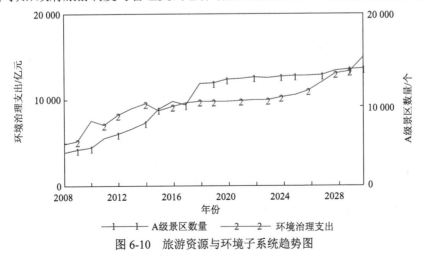

图 6-10 旅游资源与环境子系统趋势图

但是并未影响旅游制度与管理的支出，说明我国旅游业的快速发展也得益于我国政府对旅游业的大力支持，其趋势一直在迅速发展中。从旅游案件存量的趋势图可知，虽然在2012~2016年存在上升趋势，但在我国扫黑除恶专项行动下，我国旅游案件存量持续下降，未来的旅游案件存量也在不断下降，说明政府对公共安全不断投入人力和物力，使得我国旅游出行更加安全，有利于我国旅游业的不断发展。

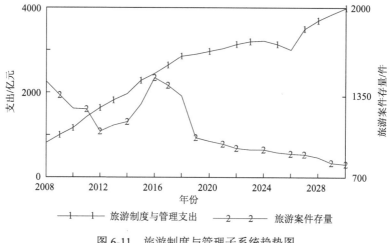

图6-11　旅游制度与管理子系统趋势图

5. 旅游需求子系统

旅游需求子系统仿真结果如图6-12所示。在经济发展新常态的背景下，我国GDP不断增加，人民的收入不断提高，对于旅游需求也在不断升级，在人均旅游消费金额方面，从2008年的511元到2018年的925元，2030年的仿真值达到3000元。在旅游业方面，在经济的推动下，游客总数不断增加，使得旅游总收入也在不断增加，但是在2020年有大幅下降，这是由于新冠疫情的影响，旅游业的发展受到抑制。由于人们对日益增长的美好生活需要以及对旅游休闲的需求不断增加，旅游业在GDP中占据重要地位，对未来我国经济发展具有极大的推动作用。

6.4.3　不同方案模拟结果及分析

为了更加清晰地展示政府的财政支出以及固定资产投资过程中对于我国游客总数、旅游总收入、GDP的影响，参考赵鑫磊（2019）、张丽丽等（2014）提出的调控方法，对固定资产投资与财政支出的政策力度数值进行设定，并制定以下方案。

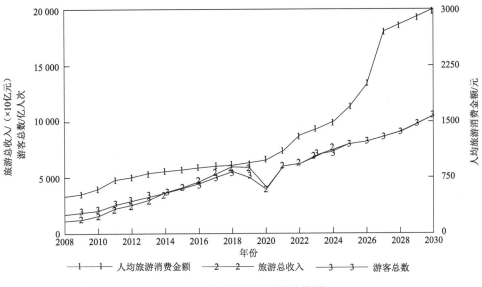

图 6-12　旅游需求子系统趋势图

方案一：固定资产投资与财政支出的政策力度增强，分别由 1 变成 1.3 进行预测。

方案二：固定资产投资与财政支出的政策力度减弱，分别由 1 变成 0.7 进行预测。

方案三：固定资产投资与财政支出的政策力度维持不变，按原始参数发展模式进行预测。

图 6-13～图 6-15 分别表示的是游客总数、旅游总收入、GDP 不同的方案下的不同的系统仿真结果。图 6-13 中，游客总数随着固定资产投资与财政支出的政

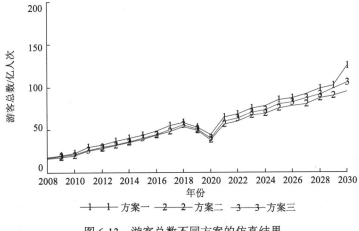

图 6-13　游客总数不同方案的仿真结果

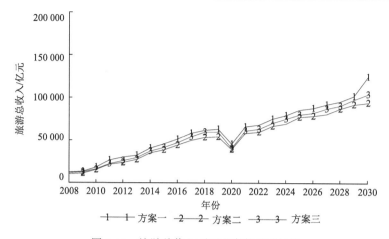

图 6-14　旅游总收入不同方案的仿真结果

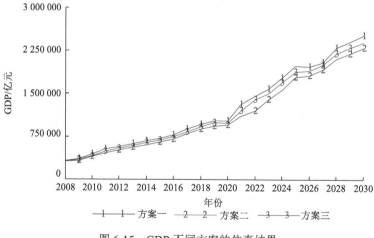

图 6-15　GDP 不同方案的仿真结果

策力度增加而提高，随固定资产投资与财政支出的政策力度削弱而减少。图 6-14 中，固定资产投资与财政支出的政策改善对旅游总收入起到促进作用，说明固定资产投资与财政支出的政策对游客总收入的提升具有正向促进作用。如图 6-15 所示，GDP 的波动也受到固定资产投资与财政支出的影响，并且呈正相关，加强固定资产投资与财政支出的投入有利于经济的发展。虽然三个方案中，在 2020 年游客总数、旅游总收入、GDP 都不同程度受到新冠疫情的影响，但是在政府以及人民的努力下，我国旅游业不断恢复发展，我国 GDP 也在此以后逐渐恢复稳定。

　　从方案一、方案二、方案三的仿真结果中可以得到，固定资产投资与财政支出政策力度增强有利于我国旅游业的游客总数、旅游总收入以及我国 GDP 的发展。因此可以选择方案一，加强对固定资产的投资，有利于我国旅游业中星级酒店数量、旅行社数量、在线旅游平台数量的增加；加大政府的财政支出，有利于我国的旅游科技创新的发展，增加旅游从业人数，改善旅游环境质量，保障旅游安全，促进旅游供给侧结构性改革，进而加快中国旅游经济高质量发展，持续推动我国经济快速发展。

6.5　本　章　小　结

本章运用系统动力学模型，对中国旅游经济高质量发展的供给侧结构性改革动力系统进行分析，模拟中国旅游经济高质量发展的供给侧结构性系统运行状况。通过模拟结果，需要从提升旅游高端供给、加大对旅游 R&D 与人才的投入、改善旅游资源与环境、创新旅游制度与管理、满足旅游消费需求等方面推进旅游产业的发展，以期推进我国旅游供给侧结构性改革，发展我国旅游业，推进我国旅游经济高质量发展。

第7章 中国旅游经济高质量发展的供给侧结构性改革动力发展路径研究

本章基于中国旅游经济高质量发展供给侧结构性改革动力的宏观探索与微观验证和中国旅游经济高质量发展的潜力挖掘，以及中国旅游经济高质量发展的供给侧结构性改革动力系统动态仿真分析，结合中国旅游业发展现状与供给侧问题，探索中国旅游经济高质量发展的供给侧结构性改革动力发展路径。

7.1 完善旅游制度，确保游客权益

7.1.1 优化旅游管理制度，保障旅游出行体验

游客在旅游途中难免会遇到一些困难或危险，因此需要政府加强对旅游管理制度的完善。首先，在旅游景区周边或者路途中，政府可以设置"旅游警察"，保护游客的出行安全，让游客出行更有安全感；其次，相关旅游部门需要全天候提供服务，保证游客遇到问题能及时得到相关部门的帮助；最后，通过完善景区以及旅游目的地的安全管理，使游客出行更加安全。

在假日制度方面，政府可以借鉴发达国家（地区）带薪休假制度，完善相关法律法规，通过明确的法律法规以及具体的执行办法，延长带薪休假时间，逐渐全面落实带薪休假制度，保证居民旅游消费时间，有利于推进旅游业发展，进而促进旅游供给侧结构性改革。

另外，在旅游景区，设置简单、易懂的指示牌以及逃生通道标志，让游客一眼就能看懂，保障游客的安全，旅游工作人员在游客需要帮助时能够及时指引。制定合适的旅游规范，给消费者带来更高质量的旅游体验，使旅游者安全得到保障，推动旅游方便、安全，才能更好地使旅游业转型升级。

面对逐渐放开的政策，政府以及企业对于旅游业需要采取措施，恢复旅游业经济发展。政府可以通过发放旅游消费券的方式来刺激旅游业的相关消费，缓解一些旅游企业的压力。通过无息贷款以及减免税收的政策可以帮助旅游相关企业渡过难关，恢复企业运作；并针对新冠疫情的放开，旅游相关企业可以通过更高效的、更丰富的旅游供给，吸引旅游者，刺激旅游经济复苏发展。

7.1.2　完善旅游法律法规，维护旅游消费权益

由于现有旅游法律法规还存在不完善的问题，诸如部分旅游景点存在高票价现象，普通消费者难以承担。因此，政府可以采取以下措施。第一，政府可以结合当地的实际情况，实施景区门票降价和减免、在旅游淡季免费开放景区、举办一些文化和旅游消费季活动等政策，为文旅消费者提供旅游服务。第二，推进打造一批具有高品质的旅游景区，以及适合的重点路线，为游客出行提供更多的选择，拓宽游览的范围。第三，提升旅游景区景点以及餐饮住宿等旅游业相关配套的服务质量，如多语种服务、适合外国游客需求的旅游路线，推广我国的入境旅游业，并完善入境旅游游客的移动支付，使外国游客体会到便利性。第四，通过完善这些旅游法律法规政策，维护旅游消费者的权益。

7.2　创新旅游技术，加速产业升级

7.2.1　创新旅游科学技术，改善旅游出行体验

当前处于新时代机遇期，科学技术作为第一生产力工具，运用好科学技术驱动旅游业转型升级，有利于旅游业焕发真正活力。第一，充分运用大数据技术，旅游企业能够充分知晓游客的偏好以及需求，提供符合游客需求的服务；运用语音识别的新技术，通过智能设备使酒店智能化，使得住宿体验更加科技化、智能化；运用在线导游、语音讲解、智能识别景区，为游客提供智能服务。第二，推进"VR 技术"在各景区的普及，让消费者足不出户观赏到景区美景、欣赏到历史文物的精美，如 VR 敦煌石窟"搬"到北京，通过高保真壁画复刻以及三维重建技术，立体呈现敦煌石窟之美。第三，推动我国所有旅游目的地的支付升级，方便游客支付及购物。运用强大的数字技术的推动力量，通过创新技术改变新时代旅游业面貌，运用新科技改善旅游出行体验，促进旅游业供给侧结构性改革。

7.2.2　运用"互联网+旅游"，助推旅游产业升级

互联网使得旅游业更加智能化，加快互联网升级有利于推动实现旅游者"一部手机游天下"的期望。首先，通过在线旅游平台选择旅游的目的地，根据旅游社区分享查找旅游攻略。其次，通过智能旅游系统办签证、网上导游，推进一键智能，将互联网与旅游进行关联，让旅游更加简便化。再次，在线旅游平台提供游客反馈渠道和留言以及旅游投诉等，使得在线旅游平台了解游客需求，并做出针对性的改进，提升游客满意度舒适体验。最后，通过移动互联网，让旅游中的购物、美食能够更好地满足游客的需求。新时代旅游企业要抓住"互联网+"，

不断创新旅游产业，运用"互联网+旅游"，挖掘数字科技的潜能，助推旅游业转型升级。

7.3　深挖旅游潜力，拓展产业链条

7.3.1　加快"文化+旅游"融合，助推旅游产业发展

如今，人们不再局限于 5A 级景区、博物馆等观光类型的旅游，"文化+旅游"体验开始成为游客的新兴需求，这为文化和旅游的融合发展，提供了广阔的旅游市场及发展空间。

一方面，文化和旅游业的融合可以创新多样性、高质量、深内涵、注重精神品质的文化旅游产品，给旅游者带来的不仅有审美的体验，还有精神方面的提升，增强了人民的文化自信和对我国传统文化的认同感。另一方面，建设文化和旅游融合的示范点，将其发展成为经济增长的新动力源，如广东陆河世外梅园、上海宋庆龄故居、江苏苏州园林、北京故宫等景区。通过文旅融合，推广文化旅游景点，加快资源的整合以及产业的融合，推动旅游产业价值链向高端发展。

7.3.2　推动"夜间经济"模式，延伸旅游消费体验

随着经济的发展，人们对于夜间出行消费的需求增多，夜间经济发展成为新的增长点。当前一些景区存在过路游客多，而过夜游客少的情况。对此，首先，通过打造"不夜城"等措施，延长游客停留和消费时间，满足游客多元化需求，如四川成都的锦里是夜间经济网红打卡地；其次，通过夜间经济与旅游结合，挖掘消费的新增长动力；最后，通过营造夜间经济的氛围，培育居民夜间消费的习惯，充分展示夜间旅游的魅力。

目前来看，夜间旅游产品的供给还存在不足，需要旅游相关企业在夜间旅游经济领域加强投资，并且因地制宜地做好规划，根据每个城市的不同特点，系统规划、科学布局，发展夜间旅游，注重品牌建设，凸显城市夜间旅游产品，开发旅游业经济新的增长点，延伸消费者旅游新体验。

7.4　重构旅游模式，创造消费需求

7.4.1　构建全域旅游模式，推动旅游产业发展

全域旅游的发展，使得旅游业不断出现新兴的模式。首先，目前，有些游客喜欢自由舒畅的自驾游，旅游企业通过推出个性化的一对一旅游路线及方式，通

过共享旅游的新模式，利用新模式不断吸引旅游者，极大推动旅游业的发展。

其次，乡村旅游业新模式发展迅速，具有特色的民宿也得到飞速发展。加大家庭旅馆的宣传力度，可以实现住宿服务最优化。通过创新乡村旅游新模式，以游客服务中心为依托，延长旅游链条，如徽派民居"画里乡村"宏村，人间净土、中国第一村的禾木村，有壮观土楼的初溪村等一些知名的特色乡村，确保旅游体验最优化，同时带动村民增收致富，实现共同富裕。

最后，通过这些旅游目的地相关产业的相互促进、相互融合，以及社会各要素的参与，有效构建全域旅游新模式，推动旅游业快速发展。

7.4.2　协调三方联动发展，拓展旅游经营方式

在旅游开发与环境保护之间，政府、旅游景区、旅行社三方需要做出最优策略，考虑最优收益、旅游环境系统保护以及生态环境保护情况，互相维护经营，统筹协调，共同发展旅游业。

首先，加强旅游景区与旅行社合作，协调旅游景区或博物馆等旅游目的地推出优惠活动；其次，通过三方合作，运用新型营销途径和方式，如"网络营销"、旅游大篷车、发放旅游优惠券等；最后，在互联网的推动下，携程、去哪儿等网站的促销经营活动，带动旅游业的消费，拓展旅游新经营方式。

7.4.3　推进媒体营销方式，满足旅游消费需求

当前电视广告仍为全国各地旅游景区的宣传手段，在各地旅游营销费用占有一定的比重。但随着互联网的兴起，如今的移动新媒体、短视频等渐渐成为消费者获取旅游目的地的主要来源。

由于移动新媒体的发展，加之其具有居民使用频率高、具有较高依赖度、获取信息方便等特点，可以推进全国各地旅游景点平台的建立，如微博、微信公众号等；通过新媒体的日常宣传，加大旅游目的地的曝光度。由于在资金以及人才方面仍然存在不足，需要加大资金和招揽人才投入，推进旅游新媒体发展。通过精准定位旅游者的新需求，开发与之匹配的旅游新产品，满足消费者的旅游新需求。

7.5　优化基础设施，串联节点网络

7.5.1　优化旅游交通服务，便利旅游消费出行

对于旅游业发展，旅游交通基础设施服务的完善具有重要推进作用。为了进一步优化全国各地区旅游资源，不断扩大旅游相关产业规模，需要加强旅游运输

的转型发展。

首先，各地政府、文化和旅游部门开通覆盖各县（市、区）以及周边乡村的公交车或旅游直通车，建立覆盖全市各地区主要景点的旅游服务网络，方便旅游出行。其次，实现"旅游+交通"深度融合发展，加强与旅游景点周边实际情况结合，科学分析、实地调研，并发挥旅游企业的优势，不断整合景区周边的配套服务，如停车场、公路、智慧旅游等资源信息。最后，通过开通景区直通车，提供多形式以及自由出行的多样服务，将旅游交通服务与景区完美对接，让旅游者安全、便捷地出行。

7.5.2　完善旅游基础设施，凸显旅游体验特色

近年来，全域旅游不断推进，迫切需要完善旅游基础设施建设，为旅游综合体验的提高提供有力的保障，显现旅游体验特色。

第一，全国各地区在推进全域旅游模式的同时，需要不断提高各地区全域旅游公路的建设升级。第二，通过结合旅游景区、乡村旅游、民宿、特色小镇的各种布局，全面提升全国旅游城市全域旅游设施，加强旅游目的地地区的绿化工作，通过打造道路风景线，全面提升游客旅游体验。第三，政府通过建设旅游服务中心，规划高品质旅游路线，各地区打造精品的旅游线路品牌，构建全域旅游交通体系。第四，加强对旅游安全体系的建设，需要统筹协调交通、消防、食品监管等部门，推动旅游的食品安全、交通安全、设施消防安全等。第五，加大旅游相关人才队伍的建设，规范旅游经营主体，提升旅游服务质量，为游客提供舒适的旅游服务。

7.6　开发人力资源，提高配置效率

人力资源是促进我国旅游业高质量发展的核心动力所在。目前我国旅游业存在高质量人才供给不足、旅游业从业人员整体素质偏低等问题，这在很大程度上制约了我国旅游经济的高质量发展，应当不断深化旅游业人力资源开发，提高旅游业竞争力，促进旅游业高质量发展。

7.6.1　健全人才相关机制，保障人才有效供给

第一，健全人才引进机制。大力开发旅游业人力资源，实施相应的人才引进计划，对旅游行业工作的内涵和价值进行宣传推广，建立尊重人才、赏识人才的良好风气，适当用优惠政策吸引人才，通过相关政策的限制和扶持，提高旅游业从业人员的收入待遇，使更多旅游人才流入，不断壮大旅游业从业人员队伍，引导更多高质量人才流向旅游市场，扩大旅游业人力资源的储备和规模。

第二，健全人才留用机制。改进和创新管理模式，为旅游从业人员创造人性化的工作环境和自由轻松的氛围。建立人才激励机制，完善惩罚措施，建立人才表彰制度，提高薪资待遇和员工福利，建立清晰且公正的员工晋升渠道，采取职称评定制度，给予旅游从业人员充分的上升和发展的空间，从而达到充分的激励效果，更好地留住人才。

7.6.2　优化人才资源结构，提高人才综合素质

第一，调整旅游人力资源的结构，从年龄、学历、专业等各个方面对现有的旅游市场人力资源结构进行调整，增加年轻人才、高学历人才和专业对口人才在整个行业中所占的比例，让旅游行业更加年轻化、专业化，提高旅游业服务质量，提高旅游业现有从业人员的专业素质和综合素质，推动旅游业供给侧结构性改革。第二，强化旅游人才培训和培养。对现有的旅游人才进行长期培训，完善旅游人才培训体系，制订相应的培训计划，培训内容要紧跟旅游业的发展，不仅要包括岗位专业知识，还要涉及服务业其他方面的知识。旅游企业可以和学校建立合作，共同制订人才培养培育计划，培养更多应用型和实践型的旅游人才，这样既能让学校的相关专业人才更好地就业，也可以为企业输入更多的专业旅游人才，提高旅游业人才的综合素质。

7.7　引导有效投入，发挥资本效率

产业资本也是促进我国旅游经济高质量发展的核心动力。我国旅游业存在资金供给不足、资金链断裂、融资渠道不通畅等问题，许多旅游企业面临着融资渠道少，且从商业银行融资困难的问题，如何有效利用产业资本对旅游业的高质量发展起着至关重要的作用。

7.7.1　提高产品供给质量，增强产业竞争效力

产业资本供给的重要目的是提高商品的有效供给，获取高收益。旅游产品供给又分为旅游产品和旅游服务供给，提高旅游产品的供给质量可以达到有效利用产业资本的目的。可以从以下两个方面提高旅游商品的供给质量。第一，提高旅游产品质量。对于旅游产品的开发，应当因地制宜，使旅游产品和服务更具吸引力和当地特色，发挥更大的经济价值，让产业资本得到充分的利用。第二，提高旅游服务质量。旅游全流程的从业人员如酒店前台、导游等，其个人素质和服务水平很大程度上影响着游客的旅游体验。应当把更多产业资本投入旅游从业人员个人素质和服务水平建设上，同时花费更多资本用于处理客户的投诉并给予高质量的反馈，从而提高旅游服务质量。

7.7.2　提升资本运营效率，助推产业健康发展

第一，完善资本运营的相关法规，构建法律监督保障体系。通过完善的配套政策和政策指引，进一步提升产业资本的使用效率，避免重复性的建设和投资。同时，旅游企业应当严格遵守与执行目前正在实施的涉及资本运营的相关规范性法律。第二，企业应当加强资本运营人才的培养和培训，在资本运营的相关岗位上重用更多的拥有经济、金融学等相关背景的专业人才，从而更好地提升产业资本的运营效率。第三，政府应当更多发挥协调和引领的作用，支持企业的资本运营政策，取消过多的限制，放松对企业资本运营的管制，尊重企业的自主创新，出台相应的政策对旅游企业金融创新进行扶持，在企业和银行之间发挥桥梁与媒介作用，为企业提供更多的金融支持，助推旅游产业健康可持续发展。

7.8　优化产业政策，整合多方资源

中国旅游业目前存在许多不完善的地方，通过对中国旅游业供给侧问题进行分析可知，目前中国旅游产业存在客体缺乏有效供给、供给缺乏系统性、管理和政策不完善、区域内景点分散且同质化严重的突出问题，仅靠某个企业努力，难以有效解决这些问题。亟须政府加速完善旅游产业政策，应对目前存在的问题并推动中国旅游经济高质量发展。

7.8.1　改进旅游产业配套政策，统筹相关行业发展

政府应改进旅游产业配套政策研究，合理组织旅游相关的"食""住""行""游""购""娱"六大要素相关企业，不断加速旅游业各行业的协调。发展旅游经济不仅依赖于旅游景区内部，还依赖于其他服务企业的协调。例如，交通方面，目前同一区域的不少景区之间，景区与火车站、地铁站或市中心之间的交通道路存在不灵活、不完善、不通畅等问题。政府应该制定政策加速完善景区交通，与此同时，制定旅游景区及周边餐饮、住宿、游览、购物、娱乐等行业的相关政策，不断完善基础设施，解决旅游相关的安全、健康问题，以保障消费者的合法权益，提高游客对旅游景区和整个城市的满意度，统筹相关"食""住""行""游""购""娱"行业的共同发展。

7.8.2　优化旅游产业组织政策，强化旅游企业联系

旅游产业组织政策是调整旅游产业内、企业间及企业内部组织结构的关系的政策，政府应优化旅游产业组织政策，进一步强化旅游企业联系，助推旅游企业高质量发展。中国旅游业目前供给缺乏系统性规划，品牌意识不强，同一区域内

的景点比较分散，联动不够，缺乏合作意识，难以实现规模经济和集聚效应。政府应当进行整体性规划，加速完善旅游产业组织政策，加强区域内景点之间的联系与合作，强化各自的独特性，并将其有机结合在一起，形成具有吸引力的旅游产品品牌，打造具有特色的旅游城市。通过系统性的管理与合理的组织，加强旅游企业间的联系，更好地实现低碳旅游等整体战略目标。

7.8.3 完善旅游产业结构政策，发挥旅游资源优势

政府应当尽快完善旅游产业结构政策。区域旅游产业的发展状况在很大程度上取决于其所在区域内旅游资源的丰富程度，同时也依赖于区域内资源的有机结合情况。这要求各地要整合所有优势旅游资源，打通行政规划的限制，集中力量发挥自己的优势，优化旅游产业布局，打造城市旅游特色或者省份旅游特色，通过旅游资源的集聚效应吸引国内外游客。

7.8.4 完善旅游产业发展政策，加速旅游升级发展

政府应完善旅游产业发展政策。为促进旅游产业的发展，政府应当加快大数据、人工智能和云计算等数字科技与旅游产业的深度融合，打造智能旅游服务平台；加大对旅游产业的金融支持，帮助旅游企业拓宽融资渠道，降低资金成本，缓解资金短缺问题。增加旅游客体的有效供给，完善基础设施建设；促使旅游企业根据自身特点，寻找自己的比较优势，并倾听游客需求，结合游客旅游偏好打造出具有独特性的旅游产品和项目，满足顾客"商、养、闲、情、奇"的新体验需求。通过以上政策加速旅游产业的数字化、差异化进程，促进旅游产业的高质量发展。

7.9 加强旅游监管，维护市场秩序

部分企业的不良行为扰乱了整个旅游市场的秩序，这迫切需要旅游部门、公安部门、价格主管部门、工商部门等多个相关部门加强沟通和协调，加强对旅游业市场的联合监管，在加大执法力度的同时及时回应游客诉求，解决游客遇到的问题。为更有效地加强市场监管，应当加速大数据、云计算、人工智能等数字技术与旅游市场监管体系的融合，构建智能监管平台和信用体系，不断提高旅游服务质量。落实各项政策，加强知识产权保护能有效加强市场监管，打击违法行为，促进旅游产业高质量发展。

7.9.1 强化旅游政策执行，落实服务主体责任

政府应当强化对旅游市场的监管，以及强化旅游政策执行，落实服务主体责

任。旅游负面问题的不断出现表明政府应当加强对旅游市场的监管。这些问题时常出现在互联网上，对旅游经济的高质量发展产生了巨大的负面影响。2016年2月，《国务院办公厅关于加强旅游市场综合监管的通知》印发，强调了要依法落实旅游市场监管责任、创新旅游市场综合监管机制等内容。2021年5月，《文化和旅游部关于加强旅游服务质量监管 提升旅游服务质量的指导意见》印发，强调要落实旅游服务质量主体责任、各省级文化和旅游行政部门要加强对旅游服务质量监管和提升工作落实情况的跟踪评估等内容。但上述问题在旅游管理部门的重点强调下依然存在，尤其是在部分偏远地区和远离市区的景点更为严重。

7.9.2 促进知识产权保护，激发旅游创新干劲

对知识产权缺乏监管也抑制了旅游产业的创新，阻碍了旅游经济高质量发展。部分企业或商家缺乏知识产权意识，抢注商标、虚假宣传、生产或销售假冒伪劣产品等行为不仅损害了游客的权益，还使得其他消费者也失去了对旅游地区和旅游产品的信任，阻碍了旅游经济的高质量发展。政府应当强化旅游业管理部门工作人员的知识产权保护意识，加强对旅游企业负责人的培训，强化其法律观念，保护消费者权益和其他旅游企业的知识产权，保障旅游产业的良性发展。建立完善的旅游产业知识产权保护制度，加大对侵权行为的处罚，对创新行为进行奖励，如提供资助补贴或者贷款。通过促进对知识产权的保护，保障并激发旅游企业的创新积极性和干劲，促进旅游产业高质量发展。

7.10 本 章 小 结

本章在以上各章理论分析、现状问题分析、实证研究以及系统动态仿真模拟基础上，探索中国旅游经济高质量发展的供给侧结构性改革动力发展路径。主要从以下九个方面着手。第一，完善旅游制度，确保游客权益；第二，创新旅游技术，加速产业升级；第三，深挖旅游潜力，拓展产业链条；第四，重构旅游模式，创造消费需求；第五，优化基础设施，串联节点网络；第六，开发人力资源，提高配置效率；第七，引导有效投入，发挥资本效率；第八，优化产业政策，整合多方资源；第九，加强旅游监管，维护市场秩序。

第8章 结论与展望

8.1 主要结论

本书基于中国旅游经济高质量发展的供给侧结构性改革的内涵,从我国旅游业发展现状与供给侧问题入手,对典型旅游城市进行分析。通过对中国旅游经济高质量发展供给侧结构性改革动力的宏观探索与微观验证,对中国旅游经济高质量发展的潜力进行挖掘,构建中国旅游经济高质量发展的供给侧结构性改革动力系统动态仿真模型,系统地分析中国旅游经济高质量发展的供给侧结构性改革动力因素并模拟未来我国旅游业发展的动态情况,提出中国旅游经济高质量发展供给侧结构性改革动力的发展路径。基于以上研究,得出以下结论。

第一,在中国旅游经济高质量发展的供给侧结构性改革动力研究的相关理论基础上,对供给、旅游经济学、高质量发展、供给侧结构性改革的相关理论进行分析,充分界定旅游经济高质量发展与旅游经济高质量发展的供给侧结构性改革动力概念,研究表明供给侧结构性改革动力有力地促进中国旅游经济高质量发展,在旅游业进行产业结构优化,有效配置旅游业资源,能有效推动旅游经济高质量发展,具有内在的逻辑性。

第二,我国近年来旅游业取得了诸多进步,旅游业逐渐由国民经济重要产业向战略性支柱产业转变,作为人口众多的超级大国,我国具有较大的购买力规模,由于不断升级的旅游需求,部分居民不局限于国内旅游需求,对国外的旅游需求也在增强,入境旅游也由于对外开放得到持续发展。我国旅游市场潜力大,通过激发旅游业潜力,可以促进旅游业发展。中国旅游业存在技术不成熟以及旅游管理和政策、假日制度的不完善等问题,需要有效推动旅游供给侧结构性改革有效解决这些问题。以西安、厦门、成都、杭州、三亚这五个典型旅游城市为例,对这五个城市的旅游供给特色、旅游经济发展现状和旅游业供给侧问题三个方面进行了全面分析,研究中国旅游经济高质量发展。

第三,从微观和宏观两个角度对中国旅游经济高质量发展供给侧结构性改革的动力进行了探索,在宏观探索方面,首先从省域的层次,采用因子分析法对中国旅游经济高质量发展动力因子进行研究,得出中国省域旅游发展主要受五个主导性因子的影响,即社会文化动力因子、经济发展动力因子、技术创新动力因子、环境条件动力因子和旅游资源动力因子,从而构建出省域旅游发展动力系统模型。

其次，从宏观政策的维度分析了旅游经济高质量发展的动力，使用双重差分法探究文化和旅游消费试点政策对旅游经济高质量发展的影响，得出文化和旅游消费试点政策的实施能够显著促进旅游经济高质量发展。最后，利用空间计量模型探究数字经济对旅游经济高质量发展的空间效应，得出旅游经济高质量发展存在显著正向的空间相关性，且数字经济对旅游经济高质量发展存在显著的正向促进作用的结论。在微观探索方面，利用旅游新技术、旅游新产业、旅游新模式、旅游新经营、旅游新制度的五大转型高质量发展因子对消费者满意度的影响进行分析，构建中国旅游经济高质量发展的供给侧结构性改革系统概念模型，结果显示，这五个因子对消费者满意度皆具有正向影响，消费者满意度对消费期待具有正向影响。这对促进中国旅游业不断转型升级，以及旅游供给侧结构性改革具有重要意义，可以促进旅游业快速发展，进而推动中国经济稳定持续发展。

第四，首先基于反映我国旅游消费实际情况的 1617 份调查问卷进行相关分析，运用 Apriori 算法对消费者特征与旅游消费认可度、旅游消费动机和消费偏好、旅游消费问题认知和问题偏好解决进行关联规则数据挖掘，得出了以下结论。一是对于旅游新技术、旅游新产业、旅游新模式、旅游新经营以及旅游新制度，不同特征的消费者的认可度存在差异。二是我国旅游消费者选择消费的动机大多是缓解生活压力，放松自己以及锻炼身体，促进身体健康，并且他们更倾向于选择去自然风景区。三是消费者认为目前旅游主要存在旅游活动内容缺乏新意、旅游产品价格太贵、旅游活动场所较少和旅游产品宣传不到位等问题，同时他们认为改善相关问题，需要将开发与保护并重，发展可持续旅游，将会促进旅游消费。其次，基于多重对应分析对中国旅游消费者市场进行细分研究，从年龄、性别、月收入水平、户籍等维度进行划分，分析了这些消费者对于旅游目的地的偏好，得出如下结论：年轻群体更倾向于选择游乐园、主题公园以及购物游的旅游方式，而中年群体则更多地选择自然风景区和人文景点的旅游目的地；性别与户籍对消费群体的旅游选择影响很小；月收入水平在一定程度上决定了旅游消费支出水平。我们应该根据不同消费群体的特征推出相应的旅游模式。再次，基于结合分析法对旅游产品选择偏好的影响因素进行分析，将旅游产品根据它的重要性划分为八个属性并划分出属性水平，通过衡量不同属性，游客可以选出最适合自己的旅游产品类型，从而可以分析出旅游产品属性中的关键因素。结果显示，旅游产品的类型、旅游方式、线路游玩项目、导游素养、产品热度、价格、旅游天数、旅行社口碑等会在很大程度上影响消费者的选择。应着重从以上的因素进行考虑，提升消费者的旅游满足感和体验感。最后，基于文本挖掘的旅游消费者舆情分析与满意度研究，得出如下结论：从词频分析看，长三角地区的江苏、浙江和安徽高频词相关度高，然而由于各自的旅游资源不同，其关注点也有差异。从网络语义看三个地区分度差异性较大，旅游消费者的总体感受有差别。从 LDA 主题模型的特征分析看，江苏地区 LDA 模型可以整理出三个主题：文化古迹旅游、园林古镇旅游、亲子游园旅游。浙江地区 LDA 模型可以预设为古镇旅游、自然旅游和乐园旅游三个类型。安徽地区 LDA 模型可以预设为登山旅游和古镇旅游两类。从用户评论情感倾向分析看，三个地区游客总体满意度很高，江苏地区游客认可度最高，积极情绪占比达到 94.5%左右，浙江地区游客积极情绪占比达到 92.5%左右，安徽地区游客积极情绪占比达到 89.9%左右。总之旅游参与者对长三角地区旅游体验是愉快和满意的。

第五，运用系统动力学模型，对中国旅游经济高质量发展的供给侧结构性改革动力系统进行分析，模拟中国旅游经济高质量发展的供给侧结构性改革动力系统运行状况。通过模拟结果，需要从提升旅游高端供给、加大对旅游 R&D 与人才的投入、改善旅游资源与环境、创新旅游制度与管理、满足旅游消费需求等方面推进旅游产业的发展，以期推进我国旅游供给侧结构性改革，发展我国旅游业，推进我国旅游经济高质量发展。

第六，对于中国旅游经济高质量发展的供给侧结构性改革动力发展路径应着重从以下九个方面着手：①完善旅游制度，确保游客权益。一是优化旅游管理制度，保障旅游出行体验；二是完善旅游法律法规，维护旅游消费权益。②创新旅游技术，加速产业升级。一是创新旅游科学技术，改善旅游出行体验；二是运用"互联网+旅游"，助推旅游产业升级。③深挖旅游潜力，拓展产业链条。一是加快"文化+旅游"融合，助推旅游产业发展；二是推动"夜间经济"模式，延伸旅游消费体验。④重构旅游模式，创造消费需求。一是构建全域旅游模式，推动旅游产业发展；二是协调三方联动发展，拓展旅游经营方式；三是推进媒体营销方式，满足旅游消费需求。⑤优化基础设施，串联节点网络。一是优化旅游交通服务，便利旅游消费出行；二是完善旅游基础设施，凸显旅游体验特色。⑥开发人力资源，提高配置效率。一是健全人才相关机制，保障人才有效供给；二是优化人才资源结构，提高人才综合素质。⑦引导有效投入，发挥资本效率。一是提高产品供给质量，增强产业竞争效力；二是提升资本运营效率，助推产业健康发展。⑧优化产业政策，整合多方资源。一是改进旅游产业配套政策，统筹相关行业发展；二是优化旅游产业组织政策，强化旅游企业联系；三是完善旅游产业结构政策，发挥旅游资源优势；四是完善旅游产业发展政策，加速旅游升级发展。⑨加强旅游监管，维护市场秩序。一是强化旅游政策执行，落实服务主体责任；二是促进知识产权保护，激发旅游创新干劲。

8.2　研究展望

本书对中国旅游经济高质量发展的供给侧结构性改革动力因素进行了系统研

究，分析了供给侧结构性改革促进中国旅游经济高质量发展的影响机制并结合实证分析，取得一定的研究成果，对理论分析研究和研究方法的运用具有一定的创新性。但是还存在以下不足。其一，受新冠疫情影响，部分数据的收集有滞后性和不可获性，实证分析中，由于样本存在一些偏差性和个性化，不能全面有效地分析中国旅游经济高质量发展的供给侧结构性改革动力因素；其二，中国旅游经济高质量发展的供给侧结构性改革系统仿真模型对未来的测度和模拟，是基于相关指标变量正常运行情况的分析，未考虑复杂外界环境突变等影响因素。因此，在今后的旅游业发展研究中需要考虑数据的全面性和外界环境的不确定性对旅游经济高质量发展的影响，将这些因素纳入模型构建和分析中则更能科学客观地分析中国旅游经济高质量发展的供给侧结构性改革动力和路径问题。

参 考 文 献

保继刚, 刘雪梅. 2002. 广东城市海外旅游发展动力因子量化分析[J]. 旅游学刊, (1): 44-48.

卞显红. 2010. 江浙古镇保护与旅游开发模式比较[J]. 城市问题, (12): 50-55.

曹培培. 2017. 基于熵权: TOPSIS 法的城市旅游与城市发展协调性评价研究: 以江苏省 13 市为例[J]. 现代城市研究, (7): 124-129.

陈国生, 陈政, 刘军林. 2016. 旅游供给侧改革中的信息化推动与产业博弈[J]. 湖南社会科学, (3): 126-130.

陈海波, 刘晓洋, 刘洁. 2013. 我国居民文化消费特征的关联规则分析[J]. 统计与决策, (20): 72-74.

陈琳琳, 徐金海, 李勇坚. 2022. 数字技术赋能旅游业高质量发展的理论机理与路径探索[J]. 改革, (2): 101-110.

陈萍. 2021. 乡村旅游与数字经济对接的推进路径研究[J]. 农业经济, (11): 67-69.

陈伟军, 孟宇. 2022. 西部地区文化和旅游产业数字赋能策略[J]. 中南民族大学学报(人文社会科学版), 42(6): 92-100, 185.

陈晓琴, 苗圃. 2016. 互联网思维下常州市旅游供给侧改革的探索[J]. 经济研究导刊, (21): 168-169, 197.

陈晔, 贾骏骐. 2022. 数字经济下旅游目的地发展的新路径[J]. 旅游学刊, 37(4): 6-8.

陈怡宁, 李刚. 2019. 空间生产视角下的文化和旅游关系探讨: 以英国博物馆为例[J]. 旅游学刊, 34(4): 11-12.

陈玥. 2017. "互联网+旅游": 中国文化艺术传播新途径探究[J]. 宏观经济管理, (S1): 276-278.

成党伟, 杨东拓. 2018. 基于产业升级的陕南"茶旅融合"发展策略研究[J]. 当代经济, (15): 89-91.

成娅. 2011. 试论人力资本价值提升与旅游业可持续发展: 以贵州红色旅游为例[J]. 商业时代, (3): 129-130.

程德年, 周永博, 魏向东. 2017. 旅游目的地意象固化与更新的动力机制研究: 以苏州为例[J]. 旅游学刊, 32(2): 42-52.

狄蓉, 曹静, 赵袁军. 2019. 旅游"新零售"背景下在线旅游运营模式: 以携程旅行网为例[J]. 中国流通经济, 33(7): 45-52.

段兆雯, 李开宇. 2016. 西安城郊乡村旅游发展动力系统评价研究[J]. 西北大学学报(自然科学版), 46(3): 443-447.

方澜. 2010. 论旅游产品创新开发的主要途径[J]. 企业经济, (3): 137-139.

冯烽. 2022. 北京冬奥会背景下中国冰雪经济高质量发展的推进策略[J]. 当代经济管理, 44(3): 41-47.

冯智杰, 刘丽珑. 2021. 金融科技、固定资产投资与区域金融风险: 基于空间计量模型的研究[J]. 商业研究, (6): 65-72.

戈冬梅, 陈群利, 赖志柱. 2021. 中国省域旅游、经济与生态环境的耦合协调分析[J]. 生态经济, 37(4): 132-139.

龚振. 2000. 加强旅游创新 发展国际旅游[J]. 经济问题探索, (2): 119-121.

谷静. 2016. 以供给侧改革推进江苏旅游人才培养的质量提升[J]. 中国商论, (21): 93-94.

郭又荣. 2016. "互联网+"下旅游电商个性化旅游产品营销策略: 以途牛网为例[J]. 改革与战略, 32(2): 110-112.

韩元军. 2022. 传承红色文化 提升新时代革命博物馆的旅游体验[J]. 中外文化交流, (5): 28-31.

何建民. 2018a. 新时代我国旅游业高质量发展系统与战略研究[J]. 旅游学刊, 33(10): 9-11.

何建民. 2018b. 我国旅游业供给侧结构性改革的理论要求、特点问题与目标路径研究[J]. 旅游科学, 32(1): 1-13.

何蓉蓉. 2020. 基于结合分析法的旅游产品选择偏好影响因素分析[J]. 经济研究导刊, (7): 159-160, 171.

侯新烁, 刘萍. 2023. 文化消费试点政策能否推动地区旅游经济增长?[J]. 消费经济, 39(2): 70-80.

胡抚生. 2019. "天价"旅游产品的治理对策研究[J]. 价格理论与实践, (1): 42-45.

胡静, 贾垚焱, 谢鸿璟. 2022. 旅游业高质量发展的核心要义与推进方向[J]. 华中师范大学学报(自然科学版), 56(1): 9-15.

胡孝平. 2016. 苏州旅游产业供给侧改革研究[J]. 常熟理工学院学报, 30(3): 59-63.

黄萍. 2018. 以文化和旅游产业的深度融合推动新时代经济高质量发展[J]. 四川省干部函授学院学报, (3): 1-5.

黄蕊, 李雪威. 2021. 数字技术提升中国旅游产业效率的机理与路径[J]. 当代经济研究, (2): 75-84.

黄天饶. 2018. 我国旅游警察执法模式初探[J]. 北京警察学院学报, (4): 68-73.

黄颖祚, 王姗. 2022. "双碳"背景下我国乡村旅游发展的时代要义及创新路径[J]. 甘肃社会科学, (3): 218-228.

黄远林. 2007. 基于数字信息技术的城市旅游产业布局初探[J]. 商业时代, (16): 88-89.

黄震方, 徐沙, 吴耀宇. 2002. 旅游业推行清洁生产与可持续旅游发展[J]. 中国人口·资源与环境, (4): 112-115.

计金标. 2015. 利用税收政策促进旅游消费的探讨[J]. 税务研究, (3): 17-21.

冀雁龙, 李金叶. 2022. 数字经济发展对旅游经济增长的影响研究[J]. 技术经济与管理研究, (6): 13-18.

贾生华, 邬爱其. 2002. 制度变迁与中国旅游产业的成长阶段和发展对策[J]. 旅游学刊, (4): 19-22.

姜国华. 2017. 中国家庭旅游消费影响因素研究[J]. 广西社会科学, (5): 75-79.

蒋桂莉. 2022. 高铁网络视域下旅游经济联系空间格局及其影响因素研究: 以浙江省为例[J]. 旅游论坛, 15(1): 37-49.

蒋瑛, 刘琳, 刘寒绮. 2022. 智慧旅游建设促进了旅游经济高质量发展吗?——全要素生产率视角下的准自然实验[J]. 旅游科学, 36(2): 44-62.

焦世泰. 2017. 左右江区域红色旅游开发模式研究[J]. 改革与战略, 33(12): 149-152, 191.

李鹏, 邓爱民. 2022. 旅游业高质量发展促进共同富裕的路径分析[J]. 社会科学家, (2): 37-41.

李兴国. 2016. 基于 TOPSIS 法的河北省城市旅游产出竞争力综合评价[J]. 华北电力大学学报(社会科学版), (1): 89-91, 108.

李燕. 2019. 基于灰色关联度分析的北部湾海洋旅游业发展影响因素及对策研究[J]. 西南师范大学学报(自然科学版), 44(1): 56-61.

梁树佳. 1995. 增创新优势发展大旅游[J]. 统计与预测, (3): 48-50.

林汉连. 2020. 供给侧结构性改革背景下中国旅游业转型驱动力与发展路径研究[D]. 镇江: 江苏大学.

刘长生, 简玉峰, 尹华光. 2009. 旅游信用、人力资本与旅游产业发展[J]. 旅游学刊, 24(11): 13-20.

刘晨, 钮钦. 2021. 黄河流域旅游经济的时空分异及影响因素研究[J]. 广西社会科学, (10): 133-139.

刘大均, 谢双玉, 逯付荣. 2012. 中国旅游业发展质量空间差异综合分析[J]. 资源开发与市场, 28(8): 761-763.

刘戈衡, 王素珍. 2002. 创新休假制度促进假日旅游可持续发展[J]. 商业研究, (10): 145-146.

刘静, 王宝林, 刘朝峰. 2022. 科技创新与旅游高质量发展的时空耦合协调: 以京津冀为例[J]. 技术经济与管理研究, (6): 41-46.

刘伟, 朱立龙. 2012. 我国居民消费影响因素分析及管理对策研究[J]. 中国管理科学, 20(S1): 232-236.

刘彦秀, 孙根紧. 2022. 全国文明城市评选是否促进了旅游经济高质量发展?——来自准自然实验的经验证据[J]. 资源开发与市场, 38(9): 1126-1136.

刘英基, 韩元军. 2020. 要素结构变动、制度环境与旅游经济高质量发展[J]. 旅游学刊, 35(3): 28-38.

刘英基, 邹秉坤, 王二红. 2022. 制度与服务: 黄河流域文旅融合高质量发展的驱动逻辑——基于黄河沿线九省区的面板数据分析[J]. 河南师范大学学报(自然科学版), 50(5): 9-18, 172.

龙江智, 保继刚. 2005. 城市旅游发展的动力: 理论分析与案例研究[J]. 中国人口·资源与环境, (1): 45-49.

龙志, 曾绍伦. 2020. 生态文明视角下旅游发展质量评估及高质量发展路径实证研究[J]. 生态经济, 36(4): 122-128, 162.

罗剑宏, 杨茹. 2014. 智慧旅游对旅游消费者行为的影响机制研究[J]. 青海社会科学, (5): 75-80.

吕腾捷. 2020. 旅游业高质量发展的测度与促进: 基于效率分解视角的研究[D]. 北京: 中国社会科学院研究生院.

马红梅, 郝美竹. 2020. 高铁建设、区域旅游与经济高质量发展研究: 以粤桂黔高铁经济带为例[J]. 重庆社会科学, (2): 79-90.

马仪亮. 2013. 旅游产品价格波及影响: 方法建构与实证测算[J]. 旅游科学, 27(4): 71-79.

彭华. 1999. 旅游发展驱动机制及动力模型探析[J]. 旅游学刊, (6): 39-44.

齐子鹏, 田玲. 1998. 制度与旅游资源保护[J]. 地域研究与开发, (S1): 87-89.

齐子鹏, 王颖. 2015. 创意: 中国旅游经济增长的新动力[J]. 管理世界, (5): 178-179.

任保平. 2018. 我国高质量发展的目标要求和重点[J]. 红旗文稿, (24): 21-23.

沈浩, 柯惠新. 1998. 结合分析的原理和应用[J]. 数理统计与管理, (4): 40-46.

生延超, 刘晴. 2020. 人力资本促进区域旅游经济效率的空间差异研究[J]. 地理科学, 40(10): 1710-1719.

盛晓菲. 2022. 政绩诉求、经济高质量发展与雾霾污染[J]. 山西财经大学学报, 44(7): 16-28.

师博, 任保平. 2021. 大型体育赛事助推城市高质量发展的效应研究: 基于第 14 届全运会的分析[J]. 西安体育学院学报, 38(2): 134-139.

石京, 辛磊. 2018. 海南省旅游业发展与预测[J]. 长安大学学报(社会科学版), 20(2): 42-50.

宋瑞. 2022. 创新研究视角下的中国旅游发展[J]. 社会科学家, (6): 9-14.

宋长海. 2016. 旅游业发展质量评价指标体系构建与指数编制方法[J]. 统计与决策, (5): 39-42.

宋子千. 2020. 科技引领"十四五"旅游业高质量发展[J]. 旅游学刊, 35(6): 10-12.

苏建军, 孙根年. 2017. 要素禀赋结构升级对旅游经济发展的影响与地区差异[J]. 宁夏社会科学, (3): 71-80.

孙健慧. 2019. 低碳背景下政府与旅游景区、旅行社合作策略研究[J]. 价值工程, 38(17): 18-23.

孙领, 东亚, 刘伟, 等. 2019. 自驾游交通路线仿真分析[J]. 系统仿真学报, 31(3): 429-437.

孙晓, 刘力钢, 陈金. 2021a. 中国旅游经济高质量发展的测度[J]. 统计与决策, 37(17): 126-130.

孙晓, 刘力钢, 陈金. 2021b. 东北三省旅游经济质量的区域差异、动态演进及影响因素[J]. 地理科学, 41(5): 832-841.

唐承财, 钟全林, 周超明, 等. 2007. 城市旅游发展动力模型判别[J]. 经济地理, (6): 1030-1033.

唐睿. 2022. 长三角数字经济和旅游业高质量发展的空间特征分析[J]. 经济体制改革, (5): 51-59.

唐业喜, 左鑫, 伍招妃, 等. 2021. 旅游经济高质量发展评价指标体系构建与实证: 以湖南省为例[J]. 资源开发与市场, 37(6): 641-647.

陶佳琦. 2021. 苏州旅游经济高质量发展评价研究[J]. 商丘职业技术学院学报, 20(2): 57-60, 82.

田里, 李佳. 2018. 四川藏区贫困地区旅游经济差异及其影响因素[J]. 广西民族大学学报(哲学社会科学版), 40(6): 22-29.

田美玲, 方世明. 2019. 资源枯竭型城市工业遗产旅游开发: 以黄石国家矿山公园为例[J]. 资源与产业, 21(4): 103-106.

童纪新, 王琳. 2016. 环太湖区域旅游业发展的灰色关联分析[J]. 重庆理工大学学报(自然科学), 30(1): 111-116.

王昌林, 付保宗, 郭丽岩, 等. 2017. 供给侧结构性改革的基本理论:内涵和逻辑体系[J]. 宏观经济管理, (9): 14-18.

王大树. 2022. 新发展理念与高质量发展[J]. 北京工商大学学报(社会科学版), 37(5): 11-19, 113.

王德刚. 2022. "双循环"背景下旅游高质量发展与用地政策创新研究[J]. 贵州社会科学, (1): 121-127.

王娟, 齐钰. 2021. 旅游边缘城市网络嵌入性及影响因素分析: 以山东省为例[J]. 地域研究与开发, 40(3): 80-85, 92.

王坤, 黄震方, 余凤龙, 等. 2016. 中国城镇化对旅游经济影响的空间效应: 基于空间面板计量模型的研究[J]. 旅游学刊, 31(5): 15-25.

王庆生, 刘诗涵. 2019. 全域旅游视角下我国省域旅游竞争力研究[J]. 中州大学学报, 36(5): 29-35.

王胜鹏, 乔花芳, 冯娟, 等. 2020. 黄河流域旅游生态效率时空演化及其与旅游经济互动响应[J]. 经济地理, 40(5): 81-89.

王曙光, 雷雪飞. 2020. 中国文化产业发展: 打造强大文化资本的模式创新与制度支撑[J]. 艺术评论, (2): 29-47.

王婷伟, 张慧. 2021. 中国旅游经济高质量发展评价研究[J]. 广西职业师范学院学报, 33(3): 37-46.

王新越, 芦雪静, 朱文亮. 2020. 我国主要旅游城市旅游业发展影响因素分析与评价[J]. 经济地理, 40(5): 198-209.

王燕. 2019. 以智慧旅游平台推进烟台乡村旅游发展的研究[J]. 农业经济, (8): 64-66.

王兆峰. 2015. 人力资本投资对区域旅游经济发展的效应及空间分异: 基于省份面板数据的实证[J]. 财经理论与实践, 36(1): 123-128.

王兆峰. 2019. 科技创新驱动旅游产业发展能力的时空分异特征研究: 以湖南武陵山片区为例[J]. 湖南师范大学社会科学学报, 48(1): 69-75.

王兆峰, 刘庆芳. 2021. 中国省域旅游效率空间网络结构演化及其影响因素[J]. 地理科学, 41(3): 397-406.

魏翔. 2022. 数字旅游: 中国旅游经济发展新模式[J]. 旅游学刊, 37(4): 10-11.

乌兰敖登. 2016. 基于消费者体验价值的乡村旅游产品开发策略[J]. 农业经济, (12): 106-107.

吴丹丹, 冯学钢, 马仁锋, 等. 2023. 数字经济发展对旅游业全要素生产率的非线性效应[J]. 旅游学刊, 38(2): 47-65.

吴侃侃, 金豪. 2018. 全域旅游背景下浙江旅游度假区高质量发展的思考[J]. 浙江社会科学, (8): 147-150, 160.

吴媛媛, 宋玉祥. 2018. 中国旅游经济空间格局演变特征及其影响因素分析[J]. 地理科学, 38(9): 1491-1498.

吴云超. 2022. 文化产业聚集赋能旅游经济高质量发展[J]. 商业经济研究, (11): 171-174.

吴志才, 黄诗卉, 张凌媛. 2021. 数字人文: 红色旅游发展的新路径[J]. 旅游学刊, 36(6): 7-9.

习近平. 2017-10-28. 决胜全面建成小康社会 夺取新时代中国特色社会主义伟大胜利: 在中国共产党第十九次全国代表大会上的报告[N]. 人民日报, (1).

夏杰长, 徐金海. 2017. 以供给侧改革思维推进旅游公共服务体系建设[J]. 河北学刊, 37(3): 126-130.

徐爱萍. 2021. 我国旅游业高质量发展评价及影响因素研究[D]. 上海: 华东师范大学.

徐金海, 夏杰长. 2016. 以供给侧改革思维推进中国旅游产品体系建设[J]. 河北学刊, 36(3): 129-133.

徐紫嫣. 2022. 国内旅游消费与人力资本相关性研究: 基于 GRA 与 VAR 模型的实证分析[J]. 价格理论与实践, (6): 177-181.

薛秋童, 封思贤. 2022. 数字普惠金融、居民消费与经济高质量发展[J]. 现代经济探讨, (7): 26-40.

杨方燕, 高东. 2017. 基于多目标的旅游产品质量屋建模及应用[J]. 科研管理, 38(7): 145-152.

杨建春, 施若. 2014. 金融支持旅游产业发展的动态效应比较: 以贵州、浙江两省为例[J]. 社会科学家, (6): 88-92, 126.

杨立勋, 殷书炉. 2008. 人工智能方法在旅游预测中的应用及评析[J]. 旅游学刊, (9): 17-22.

杨柳. 2017. 全域旅游视角下江西省旅游立法的完善[J]. 企业经济, 36(12): 181-185.

杨美霞, 张鸿飞. 2010. 我国旅游产业知识产权保护框架体系研究[J]. 资源开发与市场, 26(2): 184-186.

杨晓霞. 2004. 我国旅游资源产权问题探析[J]. 经济地理, (3): 419-422.

杨兴雨, 田波, 张凤太, 等. 2022. 中国旅游经济发展差异时空演变及影响因素研究[J]. 资源开发与市场, 38(6): 745-751.

杨勇, 朱星霖. 2018. 中国省域旅游业竞争力综合评价及影响因素研究[J]. 旅游论坛, 11(4): 76-87.

杨智勇. 2017. 生态文明视角下内蒙古区域旅游评估体系的构建与实证[J]. 生态经济, 33(10): 155-158.

姚云浩, 栾维新, 王依欣. 2017. 基于 AHP-熵值法的游艇旅游制度评价研究[J]. 旅游论坛, 10(2): 107-117.

于法稳, 黄鑫, 岳会. 2020. 乡村旅游高质量发展: 内涵特征、关键问题及对策建议[J]. 中国农村经济, (8): 27-39.

湛研. 2019. 智慧旅游目的地的大数据运用: 体验升级与服务升级[J]. 旅游学刊, 34(8): 6-8.

张朝枝, 杨继荣. 2022. 基于可持续发展理论的旅游高质量发展分析框架[J]. 华中师范大学学报(自然科学版), 56(1): 43-50.

张丹. 2019. 共享经济视角下乡村旅游民宿业发展新规划[J]. 农业经济, (8): 50-52.

张广海, 孙文斐. 2010. 城市旅游发展动力机制评价分析: 以山东滨海城市为例[J]. 中国海洋大学学报(社会科学版), (4): 76-81.

张红娟. 2017. 中国游客出境自由行的市场短板及提升途径[J]. 对外经贸实务, (4): 81-84.

张洪昌. 2019. 新时代旅游业高质量发展的治理逻辑与制度创新[J]. 当代经济管理, 41(9): 60-66.

张俊, 程励. 2019. 旅游发展与居民幸福: 基于系统动力学视角[J]. 旅游学刊, 34(8): 12-24.

张丽丽, 贺舟, 李秀婷. 2014. 基于系统动力学的新疆旅游业可持续发展研究[J]. 管理评论, 26(7): 37-45.

张凌云. 2022. 从描述现象、提出问题到寻找规律: 做有学术思想的研究[J]. 旅游学刊, 37(1): 1-2.

张艳. 2022. 乡村特色旅游产品开发困境与创新模式研究[J]. 农业经济, (6): 143-144.

张玉钧, 高云. 2021. 绿色转型赋能生态旅游高质量发展[J]. 旅游学刊, 36(9): 1-3.

张玉蓉, 蔡雨坤. 2022. 数字文旅产业高质量发展的契机、挑战与对策研究[J]. 出版广角, (7): 53-57.

赵建平. 2021. 玉龙雪山景区旅游发展驱动力变化研究[D]. 昆明: 云南师范大学.

赵金金. 2016. 中国区域旅游经济增长的影响因素及其空间溢出效应研究: 基于空间杜宾面板模型[J]. 软科学, 30(10): 53-57.

赵磊, 全华. 2011. 中国国内旅游消费与经济增长关系的实证分析[J]. 经济问题, (4): 32-38.

赵琴琴, 任国征. 2022. 旅游业协同发展的逻辑路径研究: 基于人力资源与实体经济、现代金融、科技创新协同发展的视角[C]//中国旅游研究院. 2022 中国旅游科学年会论文集: 旅游人才建设与青年人才培养. 北京: 中国旅游研究院: 411-416.

赵鑫磊. 2019. 对外直接投资逆向技术溢出对中国制造业全要素生产率的影响研究[D]. 镇江: 江苏大学.

钟海生. 2000. 旅游科技创新体系研究[J]. 旅游学刊, (3): 9-12.

周成, 冯学钢, 张旭红. 2022. 中国旅游科技创新的时空结构、重心轨迹及其影响因素研究[J]. 世界地理研究, 31(2): 418-427.

周宏春, 宋智慧, 刘云飞, 等. 2019. 生态文明建设评价指标体系评析、比较与改进[J]. 生态经济, 35(8): 213-222.

周锦, 王廷信. 2021. 数字经济下城市文化旅游融合发展模式和路径研究[J]. 江苏社会科学, (5): 70-77.

周琳. 2014. 中国旅游业的制度创新研究[D]. 长春: 吉林大学.

周小梅, 黄鑫. 2021. 乡村生态旅游资源价值实现路径: 政府和社会资本合作（PPP）模式的制度创新[J]. 价格理论与实践, (9): 23-27, 39.

周永广, 江一帆. 2008. 基于游客体验的在线交付模型初探: 以旅行社"自由行"产品为例[J]. 旅游学刊, (12): 34-39.

Agiomirgianakis G, Serenis D, Tsounis N. 2017. Effective timing of tourism policy: the case of Singapore[J]. Economic Modelling, 60: 29-38.

Agyeiwaah E. 2019. Over-tourism and sustainable consumption of resources through sharing: the role of government[J]. International Journal of Tourism Cities, 6(1): 99-116.

Alleyne L D, Okey O O, Moore W. 2021. The volatility of tourism demand and real effective exchange rates: a disaggregated analysis[J]. Tourism Review, 76(2): 489-502.

Andergassen R, Candela G. 2013. Less developed countries, tourism investments and local economic development[J]. Review of Development Economics, 17(1): 16-33.

Baggio R. 2017. Network science and tourism–the state of the art[J]. Tourism Review, 72(1): 120-131.

Barbieri C. 2019. Agritourism research: a perspective article[J]. Tourism Review, 75(1): 149-152.

Bardolet E, Sheldon P J. 2008. Tourism in archipelagos: Hawai'i and the Balearics[J]. Annals of Tourism Research, 35(4): 900-923.

Benur A M, Bramwell B. 2015. Tourism product development and product diversification in destinations[J]. Tourism Management, 50: 213-224.

Buckley R. 2007. Adventure tourism products: price, duration, size, skill, remoteness[J]. Tourism Management, 28(6): 1428-1433.

Buhalis D. 2020. Technology in tourism-from information communication technologies to eTourism and smart tourism towards ambient intelligence tourism: a perspective article[J]. Tourism Review, 75(1): 267-272.

Butzmann E, Job H. 2017. Developing a typology of sustainable protected area tourism products[J]. Journal of Sustainable Tourism, 25(12): 1736-1755.

Calvaresi D, Leis M, Dubovitskaya A, et al. 2019. Trust in tourism via blockchain technology: results from a systematic review[M]//Pesonen J, Neidhardt J. Information and Communication Technologies in Tourism 2019. Cham: Springer: 304-317.

Carlisle S, Kunc M, Jones E, et al. 2013. Supporting innovation for tourism development through multi-stakeholder approaches: experiences from Africa[J]. Tourism Management, 35: 59-69.

Chen H L, Huang X, Li Z Y. 2022. A content analysis of Chinese news coverage on COVID-19 and tourism[J]. Current Issues in Tourism, 25(2): 198-205.

Chhabra D, Healy R, Sills E. 2003. Staged authenticity and heritage tourism[J]. Annals of Tourism Research, 30(3): 702-719.

Chirozva C. 2015. Community agency and entrepreneurship in ecotourism planning and development in the Great Limpopo Transfrontier Conservation Area[J]. Journal of Ecotourism, 14(2/3): 185-203.

Connell J. 2013. Contemporary medical tourism: conceptualisation, culture and commodification[J]. Tourism Management, 34: 1-13.

Cooper G. 1991. The destination life cycle[J]. The State of the Art, (57): 340-346.

Cosma S, Bota M, Tutunea M. 2012. Study about customer preferences in using online tourism products[J]. Procedia Economics and Finance, 3: 883-888.

David F. 1997. The third international national research conference on quality management[J]. Measuring Customer Satisfaction in Tourism Industry, (8): 56-70.

de Bruin A, Jelinčić D A. 2016. Toward extending creative tourism: participatory experience tourism[J]. Tourism Review, 71(1): 57-66.

Divisekera S, Nguyen V K. 2018. Determinants of innovation in tourism evidence from Australia[J]. Tourism Management, 67: 157-167.

Dogru T, Marchio E A, Bulut U, et al. 2019. Climate change: vulnerability and resilience of tourism and the entire economy[J]. Tourism Management, 72: 292-305.

Ehigiamusoe K U. 2021. The nexus between tourism, financial development, and economic growth: evidence from African countries[J]. African Development Review, 33(2): 382-396.

Erol I, Neuhofer I O, Dogru T, et al. 2022. Improving sustainability in the tourism industry through blockchain technology: challenges and opportunities[J]. Tourism Management, 93: 104628.

Estol J, Font X. 2016. European tourism policy: its evolution and structure[J]. Tourism Management, 52: 230-241.

Gannon M, Rasoolimanesh S M, Taheri B. 2021. Assessing the mediating role of residents' perceptions toward tourism development[J]. Journal of Travel Research, 60(1): 149-171.

Garrod B, Wornell R, Youell R. 2006. Re-conceptualising rural resources as countryside capital: the case of rural tourism[J]. Journal of Rural Studies, 22(1): 117-128.

Ghandour R, Buhalis D. 2003. Third-generation mobile services and the needs of mTravellers[M]//Frew A J, Hitz M, O'Connor P. Information and Communication Technologies in Tourism 2003. Vienna: Springer: 222-231.

Gozgor G, Lau M C K, Zeng Y, et al. 2022. The impact of geopolitical risks on tourism supply in developing economies: the moderating role of social globalization[J]. Journal of Travel Research, 61(4): 872-886.

Gravari-Barbas M. 2018. Tourism as a heritage producing machine[J]. Tourism Management Perspectives, 26: 5-8.

Gross S, Grimm B. 2018. Sustainable mode of transport choices at the destination–public transport at German destinations[J]. Tourism Review, 73(3): 401-420.

Hadad S. 2019. Developing rural tourism in the context of sustainable bioeconomy–a Romanian perspective[C]//Proceedings of the International Conference on Business Excellence. Warsaw: Sciendo: 537-547.

Hall C M, Jenkins J. 2003. Tourism and Public Policy[M]. London: Routledge.

Higham J. 2021. Sport tourism: a perspective article[J]. Tourism Review, 76(1): 64-68.

Hjalager A M. 2010. A review of innovation research in tourism[J]. Tourism Management, 31(1): 1-12.

Hunter C, Green H. 1995. Tourism and the Environment: A Sustainable Relationship?[M]. London: Green Routledge.

Inbakaran R, Jackson M. 2006. Resident attitudes inside Victoria's tourism product regions: a cluster analysis[J]. Journal of Hospitality and Tourism Management, 13(1): 59-74.

Jacobs L, Du Preez E A, Fairer-Wessels F. 2020. To wish upon a star: exploring Astro tourism as vehicle for sustainable rural development[J]. Development Southern Africa, 37(1): 87-104.

Jafari J. 1979. The tourism market basket of goods and services: the components and nature of tourism[J]. Tourism Recreation Research, 4(2): 1-8.

Khadaroo J, Seetanah B. 2007. Transport infrastructure and tourism development[J]. Annals of Tourism Research, 34(4): 1021-1032.

Kim H B, Park J H, Lee S K, et al. 2012. Do expectations of future wealth increase outbound tourism? Evidence from Korea[J]. Tourism Management, 33(5): 1141-1147.

Kline R B. 2011. Principles and practice of structural equation modelling[J]. Journal of the American Statistical Association, 101(12): 21-41.

Lai C S, Chiu C J, Yang C F, et al. 2010. The effects of corporate social responsibility on brand performance: the mediating effect of industrial brand equity and corporate reputation[J]. Journal of Business Ethics, 95(3): 457-469.

Lee J, Lee H. 2015. Deriving strategic priority of policies for creative tourism industry in Korea using AHP[J]. Procedia Computer Science, 55: 479-484.

LeSage J, Pace R K. 2009. Introduction to Spatial Econometrics[M]. New York: Chapman and Hall.

Li Z H, Wang D K, Abbas J, et al. 2022. Tourists' health risk threats amid COVID-19 era: role of technology innovation, transformation, and recovery implications for sustainable tourism[J]. Frontiers in Psychology, 12: 769175.

Liu Z H, Yin J, Huang S S. 2018. Managing tourism impacts in China's wetlands: a total relationship flow management perspective[J]. Asia Pacific Journal of Tourism Research, 23(3): 231-244.

Marrese-Taylor E, Velásquez J D, Bravo-Marquez F, et al. 2013. Identifying customer preferences about tourism products using an aspect-based opinion mining approach[J]. Procedia Computer Science, 22: 182-191.

Marsh H W, Hocevar D. 1985. Application of confirmatory factor analysis to the study of self-concept: first- and higher order factor models and their invariance across groups[J]. Psychological Bulletin, 97(3): 562-582.

Martínez R M, Galván M O, Lafuente A M G. 2014. Public policies and tourism marketing. An analysis of the competitiveness on tourism in Morelia, Mexico and Alcala de Henares, Spain[J]. Procedia-Social and Behavioral Sciences, 148: 146-152.

Mata J. 2019. Intelligence and innovation for city tourism sustainability[M]//Fayos-Solà E, Cooper C. The Future of Tourism. Cham: Springer: 213-232.

McGladdery C A, Lubbe B A. 2017. Rethinking educational tourism: proposing a new model and future directions[J]. Tourism Review, 72(3): 319-329.

Melese K B, Belda T H. 2021. Determinants of tourism product development in southeast Ethiopia: marketing perspectives[J]. Sustainability, 13(23): 13263.

Mikulić J, Prebežac D, Šerić M, et al. 2017. Campsite choice and the camping tourism experience: investigating decisive campsite attributes using relevance-determinance analysis[J]. Tourism Management, 59: 226-233.

Nam K, Dutt C S, Chathoth P, et al. 2021. Blockchain technology for smart city and smart tourism: latest trends and challenges[J]. Asia Pacific Journal of Tourism Research, 26(4): 454-468.

Nie X R, Xiong B J, Zhao H L. 2013. The application of total quality management in rural tourism in the context of new rural construction–the case in China[J]. Total Quality Management & Business Excellence, 24(9/10): 1188-1201.

Ohe Y, Kurihara S. 2013. Evaluating the complementary relationship between local brand farm products and rural tourism: evidence from Japan[J]. Tourism Management, 35(4): 278-283.

Prideaux B. 2019. Drive and car tourism: a perspective article[J]. Tourism Review, 75(1): 109-112.

Rahman M K. 2019. Medical tourism: tourists' perceived services and satisfaction lessons from Malaysian hospitals[J]. Tourism Review, 74(3): 739-758.

Rigall-I-Torrent R, Fluvià M. 2011. Managing tourism products and destinations embedding public good components: a hedonic approach[J]. Tourism Management, 32(2): 244-255.

Rodríguez I, Williams A M, Hall C M. 2014. Tourism innovation policy: implementation and outcomes[J]. Annals of Tourism Research, 49: 76-93.

Romão J, Nijkamp P. 2019. Impacts of innovation, productivity and specialization on tourism competitiveness-a spatial econometric analysis on European regions[J]. Current Issues in Tourism, 22(10): 1150-1169.

Rosselló J, Becken S, Santana-Gallego M. 2020. The effects of natural disasters on international tourism: a global analysis[J]. Tourism Management, 79: 104080.

Saito H, Ruhanen L. 2017. Power in tourism stakeholder collaborations: power types and power holders[J]. Journal of Hospitality and Tourism Management, 31: 189-196.

Santos M C, Ferreira A, Costa C, et al. 2020. A model for the development of innovative tourism products: from service to transformation[J]. Sustainability, 12(11): 4362.

Sharpley R. 2002. Rural tourism and the challenge of tourism diversification: the case of Cyprus[J]. Tourism Management, 23(3): 233-244.

Smith S L J. 1988. Defining tourism a supply-side view[J]. Annals of Tourism Research, 15(2):179-190.

Streifeneder T. 2016. Agriculture first: assessing European policies and scientific typologies to define authentic agritourism and differentiate it from countryside tourism[J]. Tourism Management Perspectives, 20: 251-264.

Tang S Y. 2022. Research on the development of eco-health tourism products based on IPA model in Internet plus[J]. Mobile Information Systems, (1): 9137006.

Tiwari A K, Das D, Dutta A. 2019. Geopolitical risk, economic policy uncertainty and tourist arrivals: evidence from a developing country[J]. Tourism Management, 75: 323-327.

Torres-Delgado A, Palomeque F L. 2012. The growth and spread of the concept of sustainable tourism: the contribution of institutional initiatives to tourism policy[J]. Tourism Management Perspectives, 4(1): 1-10.

Urban G L, Hauser J R. 1993. Design and Marketing of New Products[M]. London: Pearson Custom Pub.

Vaso J, Oliver G. 2016. Cities as destinations of urban ecotourism: the case study of Novi Sad[J]. Acta Economica Et Turistica, 2(2): 155-166.

Wilkins E, de Urioste-Stone S, Weiskittel A, et al. 2018. Effects of weather conditions on tourism spending: implications for future trends under climate change[J]. Journal of Travel Research, 57(8): 1042-1053.

Wöber K W. 2003. Information supply in tourism management by marketing decision support systems[J]. Tourism Management, 24(3):241-255.

Woodside A G, Dubelaar C. 2002. A general theory of tourism consumption systems: a conceptual framework and an empirical exploration[J]. Journal of Travel Research, 41(2): 120-132.

Zakaria A Z, Salleh I H, Rashid M S A. 2014. Identity of Malay garden design to be promoted as the cultural tourism product in Malaysia[J]. Procedia - Social and Behavioral Sciences, 153:

298-307.

Zhai L R. 2023. Research on tourism management education under the background of new liberal arts construction[J]. International Journal of Electrical Engineering & Education, 60: 436-445.

Zhang X Y, Song H Y, Huang G Q. 2009. Tourism supply chain management: a new research agenda[J]. Tourism Management, 30(3): 345-358.

Zhang Y R. 2011. Strategy of the information construction in modern tourism enterprise[J]. Advanced Materials Research, 201/202/203: 759-762.

Zhong L S, Yu H, Zeng Y X. 2019. Impact of climate change on Tibet tourism based on tourism climate index[J]. Journal of Geographical Sciences, 29(12): 2085-2100.

附　　录

关于中国旅游消费状况的调查问卷

　　您好！随着中国经济的快速发展，旅游业逐步成为新的经济增长点，旅游消费开始受到越来越多人的重视。此问卷主要了解您的旅游消费及消费需求情况，从而进一步促进我国旅游高质量发展。由于本问卷稍长，请您耐心认真填写，您的填写对我们的科研有很大帮助，感谢您的合作！此次问卷采用不记名的方式，所得调查结果仅供团队内部研究使用。问卷采用匿名形式，请您按照自己的实际情况和感受回答，对您的回答我们将严格保密。再次感谢您的合作和支持！

　　第一部分　文化消费者个人信息
　　1. 您的性别 [单选题]

○男
○女

　　2. 您的年龄 [单选题]

○20 岁及以下
○21～30 岁
○31～40 岁
○41～50 岁
○51～60 岁
○61 岁及以上

　　3. 您长期居住的地区 [单选题]

○北京	○安徽	○重庆	○福建	○甘肃	○广东	○广西	○贵州
○海南	○河北	○黑龙江	○河南	○湖北	○湖南	○江苏	○江西
○吉林	○辽宁	○内蒙古	○宁夏	○青海	○山东	○上海	○陕西
○山西	○四川	○天津	○新疆	○西藏	○云南	○浙江	

4. 您的户籍 [单选题]

○城镇

○乡村

5. 您的职业 [单选题]

○大学生	○中小学生	○教师
○公务员	○企业高管	○企业职工
○医护人员	○新闻工作者	○文艺工作者
○金融业者	○军人	○农民
○个体商业者	○律师	○其他 _____

6. 您正在攻读或已获得的最高学历 [单选题]

○小学	○初中	○高中	○中专
○大专	○大学本科	○硕士研究生	○博士研究生

7. 您目前的月收入 [单选题]

○还没有收入

○3000 元及以下

○3000～5000 元（含）

○5000～10 000 元（含）

○10 000～30 000 元（含）

○30 000 元以上

8. 您的每月平均支出 [单选题]

○1000 元及以下

○1000～2000 元（含）

○2000～3000 元（含）

○3000～5000 元（含）

○5000 元以上

9. 您通常进行以下哪几类旅游消费活动？ [多选题]

□观光型旅游　　　　　　　　　　□文化知识型旅游

□保健型旅游　　　　　　　　　　□公务型旅游

□娱乐消遣型旅游

□其他 _____

10. 您个人每月平均用于旅游消费的支出是 [单选题]

○500 元及以下

○500～1000 元（含）

○1000～2000 元（含）

○2000 元以上

11. 您进行旅游消费的目的是 [多选题]

□获取信息、知识技能需要

□为了满足个人精神需要和提高生活质量

□缓解生活压力，放松自己

□锻炼身体，促进身体健康

□为了消磨闲暇时间

□其他 _____

12. 下列因素对您进行旅游消费影响的重要程度是：1 非常不重要 2 不重要 3 一般 4 重要 5 非常重要[矩阵量表题]

	1	2	3	4	5
经济收入	○	○	○	○	○
业余时间	○	○	○	○	○
个人兴趣爱好	○	○	○	○	○
学习工作压力	○	○	○	○	○
旅游产品种类	○	○	○	○	○
旅游产品价格	○	○	○	○	○
旅游设施完备	○	○	○	○	○

续表

	1	2	3	4	5
旅游目的地远近	○	○	○	○	○
个人消费观念	○	○	○	○	○
亲朋好友影响	○	○	○	○	○
媒体宣传力度	○	○	○	○	○

13. 您对您目前旅游消费的满意度是 [单选题]

○非常不满意	○不满意	○一般	○满意	○非常满意

14. 您认为当前旅游消费存在的主要问题是 [多选题]

□旅游服务质量不到位　　　　□旅游产品的价格太贵　　　　□旅游产品内容缺乏新意

□旅游产品宣传不到位　　　　□对旅游景区的保护及继承意识缺失　　　　□身边的旅游氛围营造不足

□政府的引导和扶持工作欠缺　　　　□其他 _____

15. 您认为如何才能更好地促进旅游消费 [多选题]

□经济繁荣发展　　　　　　　　　　□定期免费开放旅游文化场所

□多放长假，促进旅游消费　　　　　□发展文化旅游活动，让更多人参与

□引导树立公众旅游消费意识　　　　□加强旅游基础设施建设

□创建旅游品牌，加大媒体宣传力度　□加强创新，丰富旅游相关产品种类，降低旅游产品价格

□没有想过　　　　　　　　　　　　□其他 _____

16. 您认为以下哪些旅游消费对您有吸引力 [多选题]

□名胜古迹　　　　　　　□特色饮食　　　　　　　□戏剧影视

□博物馆、艺术会展等　　□传统习俗表演　　　　　□其他 _____

17. 以下哪些旅游文化给您留下深刻印象 [多选题]

□历史文化　　　　　　　□饮食文化　　　　　　　□戏剧文化

□语言文化　　　　　　　□文学艺术　　　　　　　□传统习俗

□园林文化　　　　　　　□其他 _____

18. 关于未来的旅游行业，您还有什么期待和建议? [填空题]

第二部分　旅游消费量表设计

下面是对旅游消费的一些描述，请您根据您的实际情况来选择相应的分数（非常不同意的为 1 分，非常同意的为 7 分）[矩阵量表题]

潜变量	序号	测量变量
旅游新技术	Q1	借助北斗位置服务科技，我能够浏览三维智慧景区
	Q2	运用云技术和人工智能技术基础，我在旅游时消费的旅游文化产品符合我的个性需求
	Q3	应用智能机器人导游解说，让我能享受更好的旅游体验
	Q4	应用 VR 技术，使我事先了解我国旅游景区
	Q5	应用第三方在线旅游平台，如携程网、飞猪网等，让我能方便快捷预订旅游时的机票、酒店
旅游新产业	Q6	我比较喜欢休闲农业旅游、乡村旅游等
	Q7	我比较喜欢工业旅游，如：观赏伊利工厂
	Q8	我可以接受"茶旅融合"新方式，边观赏茶山、边品茶
	Q9	我喜欢夜间旅游，如"夜游锦里"
	Q10	我喜欢新型博物馆旅游（借助 AR、3D 技术，实现数字化藏品展现）
旅游新模式	Q11	我比较倾向于自由的自驾游
	Q12	我非常喜欢旅行社推出的个性化、私人定制"一对一"旅游
	Q13	我喜欢比较刺激野外生存式的"露营式"旅游
	Q14	我比较喜欢"共享旅游"（短期租赁民宿、共享出游攻略、拼团游拼租车、旅游资源共享等）
旅游新经营	Q15	旅游景区与旅行社合作，使我得到更好旅游体验
	Q16	旅游景区或博物馆等旅游目的地的优惠活动促使我进行旅游消费
	Q17	我喜欢出现的新型营销途径和方式，如"网络营销"、旅游大篷车、发放旅游消费券等
	Q18	携程、去哪儿等网站的促销经营活动吸引我进行旅游消费
旅游新制度	Q19	在旅游消费中，"旅游警察"让我更有安全感
	Q20	在旅游消费中，遇到问题能及时得到相关部门解决
	Q21	在旅游消费中，我能及时得到指示牌或工作人员的指引
	Q22	在旅游消费中，我能够享受到"旅游新法规"带来的更高质量的旅游体验
消费者满意度	Q23	在旅游消费中，新技术的运用使我的旅游体验更加丰富
	Q24	在旅游消费中，新型的旅游产业让我感到很满意

潜变量	序号	测量变量
消费者满意度	Q25	在旅游消费中，新型的旅游模型更加满足我的旅游体验
	Q26	在旅游消费中，新的旅游经营方式让我感到很满意
	Q27	在旅游消费中，制度保障使得问题的解决方式能够让我感到满意
消费期待	Q28	我希望能出现更多的运用新技术的旅游文化产品
	Q29	我期待出现具有我国传统文化元素的新奇创意性强的旅游产业
	Q30	我期待更加新奇的新型旅游模式
	Q31	我期待旅游企业创造出更方便快捷的旅游消费方式
	Q32	我期待更有安全保障的旅游体验

后　记

本书全面梳理了中国旅游经济高质量发展的供给侧结构性改革的基本内涵，从我国旅游业发展态势与供给侧问题入手，对典型旅游城市进行分析。通过对中国旅游经济高质量发展供给侧结构性改革动力的宏观探索与微观验证，对中国旅游经济高质量发展的潜力进行挖掘，构建中国旅游经济高质量发展的供给侧结构性改革动力系统动态仿真模型，提出中国旅游经济高质量发展供给侧结构性改革动力的发展路径。

本书是在国家社会科学基金一般项目"中国旅游经济高质量发展的供给侧结构性改革动力与路径研究"（项目号：18BJY198）的基础上形成的。2022 年底完成初稿，2023 年 4 月通过结项验收，2025 年 5 月完成修改，形成本书。

本书着重于中国旅游经济高质量发展的供给侧结构性改革动力研究，历时三年多时间，期间搜集了大量有关旅游、环境、经济、社会发展的数据，全方位描述了供给侧结构性改革背景下我国旅游经济高质量发展的全貌，较好地刻画了我国旅游经济高质量发展的基本情况和关键问题，取得了一定的研究成果。在进一步修改期间，笔者又更新、完善了部分数据，重新构建了评价指标体系和系统动力学等模型。后续的研究中，我们将继续关注我国旅游经济高质量发展的进程，验证本书的相关结论，并进一步在实践活动的基础上一方面不断调整模型的适用性，另一方面不断完善对策体系，从而加快中国旅游经济高质量发展。

在本书即将出版之际，感谢全国哲学社会科学规划办公室给予的资助，感谢江苏大学专著出版基金项目的资助，感谢本书参考文献中的各位学者，他们的研究成果给我们带来了许多启发和帮助。此外，研究生吴甜、张颖、何蓉蓉、卢嘉玮、姜熠洁、杨春丽、马琳楠、张琳琳、刁芸菲、季爽、董瑞、周玉洁、周泽林等参与了课题研究和本书的修改。特别感谢林汉连对本书进行了认真地修改和校对。科学出版社编辑为本书的出版付出了辛劳和汗水，在此一并表示感谢！